Architektur der Welt

Gilbert Picard
Henri Stierlin (Hrsg.)

Imperium Romanum

Fotos: Yvan Butler
Vorwort: Paolo Portoghesi

evergreen

Herausgeber der Reihe Henri Stierlin
Grafische Gestaltung Marcel Wyss SWB VSB
Ausführung der Pläne Georges Berthoud EPF SIA
Übersetzung aus dem Französischen Alfred P. Zeller

EVERGREEN is a lable of Benedikt Taschen Verlag GmbH

Printed in Germany
ISBN 3-8228-9523-7

Anlage des Buches

Rom und die organische Baukunst

Vorwort von Paolo Portoghesi, Architekt

Bezeichnend für die vergangenen zwei Jahrzehnte der Geschichte moderner Architektur war das – manchmal mehrdeutig eklektizistische, manchmal ehrliche und fortschrittliche – Bestreben, zur Kontinuität der architektonischen Kultur zurückzufinden, die durch die polemisierende Haltung der rationalistischen Bewegung zwangsläufig unterbrochen war.

Im Jahre 1929 hatte Le Corbusier in einem in Buenos Aires gehaltenen Vortrag erklärt: «Heute hält man mich für einen Revolutionär. Und doch muß ich gestehen, daß ich nur einen einzigen Lehrmeister, die Vergangenheit, und eine einzige Anleitung, das Studium der Vergangenheit, gehabt habe.» In der Tat hat dieses Studium der Vergangenheit Le Corbusier und die anderen großen Vertreter der modernen Architektur gelehrt, sich gegen jede formalistische Bindung an die Tradition aufzulehnen; es hat ihnen die historische Notwendigkeit geoffenbart, daß sie, um klar sehen und den richtigen Weg beschreiten zu können, zum «Nullpunkt» zurückkehren und jede Unterordnung unter den von der Zivilisation hervorgebrachten Formenschatz ablehnen mußten. So fegte in den zwanziger Jahren unseres Jahrhunderts eine heilsame Zurückhaltung jeden Rest von stilistischem Eklektizismus hinweg und ermöglichte dadurch eine ganz neuartige Auseinandersetzung mit der Vergangenheit, wobei man an den für unsere moderne Zivilisation bezeichnenden Werten und technischen Verfahren stets festhielt.

Die Schöpfungen Le Corbusiers zeigen, daß diese Zurückhaltung ebenso notwendig wie zeitgebunden war. Nach den unruhigen Kriegsjahren und der ersten revolutionären Phase der modernen Kunst ging der große Baumeister dazu über, in Ronchamp, Chandigarh und im Kloster La Tourette sich gründlicher mit den Lehren der Vergangenheit zu befassen und der Erinnerung eine fundamentale Rolle zuzuweisen: durch die Verwendung von traditionellen Formen, die ins Moderne transponiert wurden, suchte er nach einer Möglichkeit, mit dem Betrachter auf der Grundlage seiner visuellen Kultur und des Symbolwerts, den diese Formen erlangen können, in Verbindung zu treten.

Ganz offensichtlich zeigt sich dieses historische Interesse auch bei Wright; er war oft bemüht, bestimmte Möglichkeiten auszuschöpfen, die im stilistischen Repertoire der Vergangenheit enthalten, aber nicht zum Ausdruck gekommen sind. Bei der Gestaltung der Johnson-Gebäude hat er diese Methode auf ein typisch modernes Bauwerk angewandt

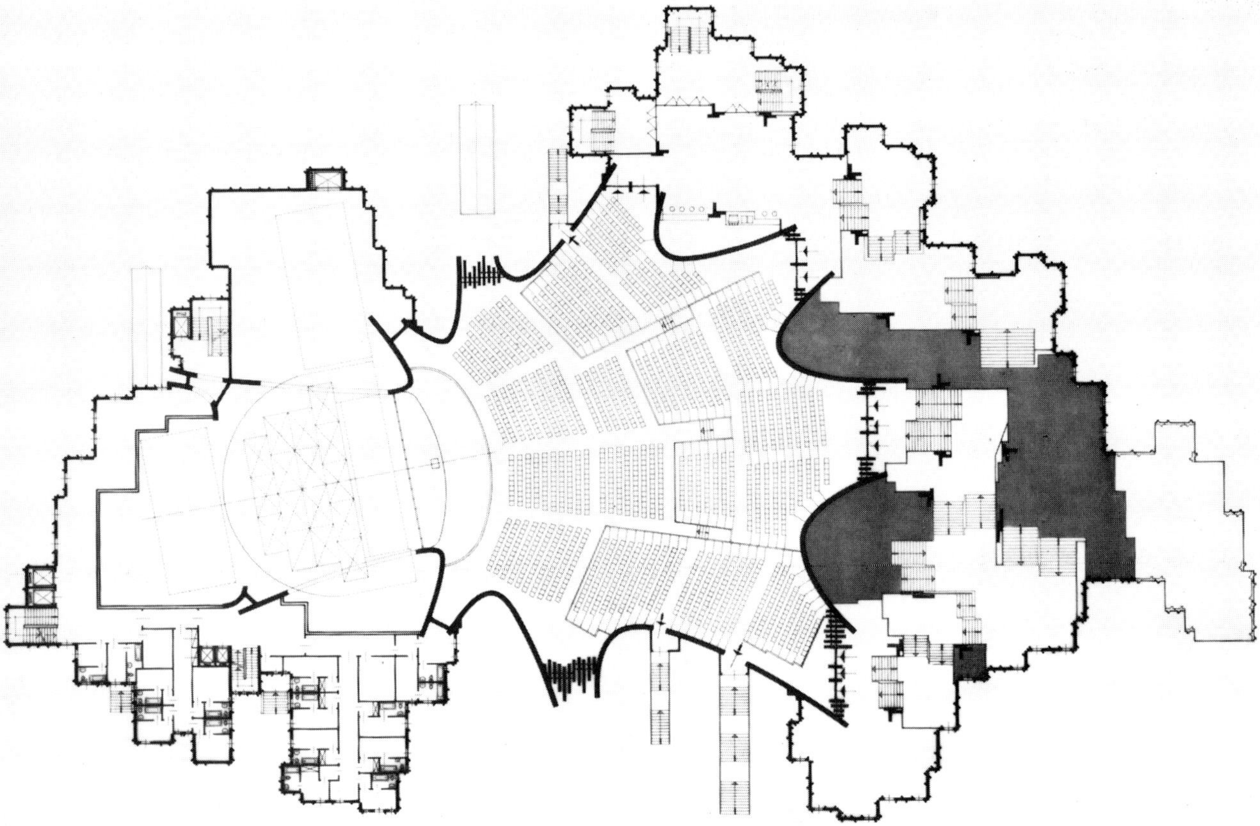

▲ Projektiertes Stadttheater in Cagliari von
Paolo Portoghesi u.a.

und durch ein solches Zusammenspiel eine einzigartige Wirkung erzielt. Ebenso griff er mit der paradoxen Übertragung der architektonischen Rhythmik von Bauschöpfungen der Maya bei den Villen seiner ersten kalifornischen Periode Gestaltungswerte auf, die in der in ihrer Entwicklung so jäh unterbrochenen mittelamerikanischen Kultur nur angedeutet waren.

Die römische Architektur, die bei der Ausbildung der starren Regeln des Akademismus des 19. Jahrhunderts eine so bedeutsame Rolle gespielt hat, gilt vielen modernen Architekten – besonders jenen, die in der von Ruskins und Morris' romantischem und neugotischem Stil beeinflußten angelsächsischen Tradition stehen – als suspekt. Selbst Le Corbusier schreibt in «Vers une architecture»: «Die Lehre Roms ist für die Weisen, für jene, die wissen und abwägen, widerstehen und kritisieren können. Rom ist das Verderben jener, die nicht viel wissen.» Diese Feststellung gilt noch heute: Je nachdem, wie man sie studiert oder wahrnimmt, kann die römische Baukunst zu Konformismus und akademischer Restauration führen, oder aber die Ausarbeitung einer gleichzeitig anpassungsfähigen und präzisen Methode ermöglichen; diese beruht auf einem vom einzelnen Gebäude über die Stadt bis zur Gesamtlandschaft sich erstreckenden Begriff organischer Ordnung.

Diese organische Ordnung ist das Grundkonzept römischer Baukunst. Sie leitet sich von den Prinzipien der Geschlossenheit und der «menschlichen Proportionen» der griechischen Architektur her, geht aber noch darüber hinaus. Die römische Baukunst gelangt von der körperlichen Geschlossenheit zur räumlichen Geschlossenheit: der architektonische Organismus ist nicht mehr ein Objekt, das zu seiner landschaftlichen Umgebung und zu anderen raumgestaltenden Elementen in Beziehung gesetzt ist; vielmehr wird er in erster Linie zur Hohlform, die auch sehr komplexe, nach dem Grundsatz der Übersichtlichkeit und der hieratischen Ordnung durchorganisierte Funktionen in sich zu beschließen vermag. Organismus ist nun nicht mehr bloß das Gebäude, sondern die Abfolge von Gebäuden oder der Platz, der – etwa bei den Foren der Kaiserzeit – oft so in sich geschlossen ist, daß keine Verbindung zur Umgebung besteht und er ein autonomes architektonisches Ganzes bildet. Organismus ist die Bauschöpfung infolge der Entsprechung – und hier wird der Einfluß des römischen Rechts deutlich – mit vorgegebenen Gesetzen: mit den auf der Beziehung deduktiver Abhängigkeit beruhenden Gesetzen für die Zusammenfügung der Einzelelemente und den auf dem Zusammenfassungswert der Gesamtansichten und der Symmetrie basierenden Gesetzen des Gleichgewichts (wodurch übrigens die gegliederte, zentralisierte Struktur der sozialen und administrativen Organisation des Staates in der architektonischen Raumgliederung zum Ausdruck kommt).

▼ Projektiertes Stadttheater in Cagliari, Seitenansicht

▲ Rundtempel in Baalbek (Ausschnitt)

▲ Casa Baldi in Rom von Paolo Portoghesi (Ausschnitt)

Aus den vielfältigen Strömungen der römischen Baukunst hat die moderne Architektur vor allem zwei herausgegriffen, zwei Entwicklungsmöglichkeiten, denen die technischen Gegebenheiten unserer Zeit und unser Kunstempfinden ein neues Feld eröffnet haben. Dies sind einerseits die in sich geschlossenen, auf einen Zentralpunkt hin ausgerichteten Bauwerke wie das Pantheon und die großen Tempel: sie wurden durch die Techniker des 20. Jahrhunderts in unsere Zeit übertragen, wobei sich die Bautechnik in ihr Gegenteil verkehrt hat. Aus den massiven, mit Nischen durchsetzten Mauern ist das durchbrochene, elegante Rippenwerk eines Pier Luigi Nervi geworden. Anderseits sind es die großen «erzählenden» Schöpfungen – weitläufige Anlagen wie die Villa Hadriana und jene Bauwerke, bei denen die Schwere des Materials durch die luftige Gliederung aufgehoben zu sein scheint. Dieser Bestandteil des römischen Erbes, der in der Spätkaiserzeit weiterentwickelt wurde, hat die abendländische Baukunst von der Romanik bis zum Barock entscheidend beeinflußt und vermittelt noch heute eine Fülle von künstlerischen und technischen Anregungen.
In diesen Bauwerken finden sich die großen städtebaulichen Schöpfungen vorgebildet, die man heute als «Verwaltungszentren» bezeichnet. In ihnen wird erstmals eine Gestaltungsweise sichtbar, in der sich Ordnung und Freiheit, organische Geschlossenheit und Individuation harmonisch verbinden.

Durch das Schaffen von Saarinen, Kahn und Johansen hat die Architektur unserer Zeit das Zwiegespräch mit der vielseitigen, widersprüchlichen Kultur des Römischen Reiches wieder aufgenommen und ist im Begriff, die uns angemessenen Werte dieser Kultur für uns zu erschließen.

Rom 1965

1. Funktion und Struktur der Stadt

Diese Buchreihe hat sich die Aufgabe gestellt, das Wesen der Architektur bestimmter Kulturkreise anhand von je etwa zwanzig besonders charakteristischen Bauwerken aufzuzeigen. Ein solches Unterfangen könnte vermessen erscheinen angesichts der Tatsache, daß in dem neuesten Werk über römische Baukunst, der ausgezeichneten Arbeit von L. Crema, mehr als achthundert Bauwerke besprochen werden. Andererseits ist zu bedenken, daß die straffe Zentralisierung der Kaiserzeit zu einer starken Vereinheitlichung der Programme geführt hat und daß sich in jeder Stadt des Römischen Reiches nahezu die gleichen, nach fast übereinstimmenden Normen errichteten Gebäude finden. Allerdings darf man diese Einheitlichkeit wiederum nicht überbewerten; nur ein schlechter Baumeister kann übersehen, mit welch feinem Gespür seine früheren Kollegen es verstanden haben, die ihnen erteilten Richtlinien entsprechend den aktuellen Gegebenheiten und ihrem künstlerischen Empfinden auszulegen. So ist es eines der Ziele unseres Buches, diese Unterschiede deutlich werden zu lassen und aufzuzeigen, daß, entgegen einer allzu lange verbreiteten Ansicht, die römische Architektur nicht unveränderlich und starr war, sondern sich stetig entwickelte und zu neuen Ausdrucksformen oder zu einer Vervollkommnung früherer Lösungen fand und dabei immer kühner und origineller wurde.

Mehr als jede andere Kunst hängt die Architektur von den politischen und sozialen Gegebenheiten ihrer Zeit ab. Deshalb werden in der vorliegenden Darstellung die Dinge von der Warte des Historikers, nicht von der des Technologen aus betrachtet (eine technologische Behandlung würde über die Zuständigkeit des Verfassers hinausgehen), was sich nach unserer Meinung um so eher rechtfertigen läßt, als die politischen Führer des römischen Volkes die eigentlichen Baumeister waren, während die Berufsarchitekten lediglich als ausführende Organe dienten.

Diese Auffassung liegt der Einteilung unseres Buches zugrunde; sie ist weder chronologisch noch nach formalen Gesichtspunkten ausgerichtet. Zunächst werden wir die römische Stadt als Ausdrucksform der kaiserlichen Ordnung kennenlernen. Danach werden wir aufzeigen, wie die Bauwerke bestimmten Kategorien dieser Ordnung entsprechen und inwiefern ihr ästhetischer Wert und ihre stilistische Aussage sich nicht aus der Anwendung abstrakter Prinzipien, sondern aus ihrer genauen Zweckentsprechung ergeben. Wir werden erkennen, daß in einem römischen Bauwerk der Geist des römischen Volkes während der Kaiserzeit ebenso offenbar ist wie in den literarischen Zeugnissen jener Zeit, und daß sich in jedem dieser Bauwerke das ganze Reich widerspiegelt.

Eine urbane Architektur

Die römische Architektur hat, wie die gesamte römische Kultur, vorwiegend städtischen Charakter. Gewiß gab es auch auf dem Land große, baulich sehr interessante Wirtschaftsgüter sowie Landhäuser, die der Erholung dienten; mit einem dieser Gutshäuser, das als kaiserliche Residenz in vieler Hinsicht recht außergewöhnlich ist, werden wir uns näher befassen: mit der Hadriansvilla in Tibur, dem heutigen Tivoli. Aber die überwiegende Mehrzahl der Bauwerke, die wir betrachten wollen, waren für eine Bevölkerung bestimmt, die in mehr oder weniger großen Ansiedlungen zusammengefaßt war. Wir müssen uns also zunächst den übrigens vollkommen eigenständigen Wesenszügen der römischen Stadt zuwenden.

Die Entwicklung Roms

Mehr als drei Jahrhunderte lang unterschied sich Rom in nichts von Hunderten anderer italischer Ansiedlungen. Gegründet wurde Rom, als sich um die Mitte des 8. vorchristlichen Jahrhunderts mehrere, auf Hügeln über einer sumpfigen Niederung am Südufer des an dieser Stelle ziemlich leicht zu überschreitenden Tibers gelegene Dörfer zusammenschlossen. Im 7. Jahrhundert wurden die Täler trockengelegt, so daß in einem von ihnen ein politisches Zentrum der Föderation geschaffen werden konnte, das Forum, das bis zum Ende der Antike der Mittelpunkt eines sich ständig ausdehnenden Staates blieb. Bald kam die Stadt unter die Herrschaft der Etrusker, die die ersten größeren Bauwerke errichteten: man hat die Reste und Ornamente einiger Tempel aus dieser Zeit gefunden und kann den wichtigsten von ihnen, das 509 v. Chr. eingeweihte Kapitol, ziemlich genau rekonstruieren. Doch im gleichen Jahr schüttelten die Römer die Fremdherrschaft ab, und es kam im Inneren und mit den Nachbarvölkern zu erbitterten politischen Auseinandersetzungen, die drei Jahrhunderte lang das weitere Wachstum der Stadt hemmten. Bis um 200 v. Chr., als die Römer bereits einen Großteil der italischen Halbinsel erobert hatten, blieb Rom ein politisches und militärisches Zentrum mit sehr begrenztem Wirtschaftsleben. Die ständig wachsende Bevölkerung errichtete ihre Behausungen, wo es ihr paßte und wo noch ein Platz frei war; die einzigen großen Bauwerke – die durch die Kriegsbeute bereicherten Tempel – wurden nach etruskischen oder großgriechischen Vorbildern erstellt. Auch das Forum, der politische und kulturelle Mittelpunkt Roms, wurde nicht planmäßig gestaltet, sondern willkürlich umbaut. – Erst im Laufe des ersten vorchristlichen Jahrhunderts versuchten einige autoritäre Herrscher, in dieses Durcheinander, in dem bereits fast eine Million Menschen lebten, ein wenig Ordnung zu bringen: nacheinander bemühten sich Sulla, Pompeius, Cäsar und später die Kaiser; doch es gelang ihnen nie, die für antike Verhältnisse ungeheuer große Stadt systematisch zu gestalten. Jeder von ihnen schaffte sich inmitten des Gewimmels Raum für prächtige Bauten, aber nur Cäsar und Nero dachten daran, die Stadt als Ganzes neu zu ordnen – und sie scheiterten beide.

Rom wuchs in dem Maße, in dem sich das Römerreich vergrößerte, doch war und blieb es bis zuletzt im wesentlichen ein politisches Zentrum. Allmählich wurde es auch zum kulturellen Mittelpunkt, und seit Beginn der Kaiserzeit entwickelte es einen Lebensstil, der in der ganzen antiken Welt nachgeahmt wurde. Seine militärische Bedeutung hingegen schwand, je weiter die Grenzen des Reiches vorgeschoben wurden. In wirtschaftlicher Hinsicht spielte die Stadt praktisch nur durch ihren allerdings gewaltigen Konsum eine Rolle, der riesige Versorgungsanlagen erforderlich machte. Die religiöse Funktion der Stadt deckte

▼ Rom: Plan des Trajansforums (nach Kähler). 1:2000

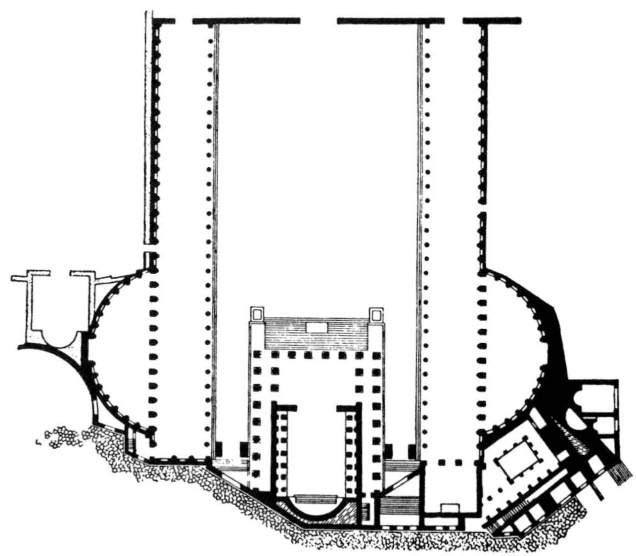

sich etwa mit ihrer politischen und kulturellen Funktion; erst in dem Augenblick, da die Ewige Stadt dem Untergang geweiht zu sein schien, führte der Sieg des Christentums eine schicksalhafte Wende herbei, durch die Rom zum neuen religiösen Mittelpunkt der abendländischen Welt wurde.

Die Kolonien

Rom dehnte seinen Herrschaftsbereich nicht nur durch militärische Eroberungen und Bündnisse, sondern auch durch die Errichtung von Kolonien ständig aus. Um die Mitte des 4. vorchristlichen Jahrhunderts stieß diese Bewegung bereits über die Grenzen Italiens hinaus und veränderte gleichzeitig ihren Charakter. Von Ausnahmen abgesehen, ging es von da an nicht mehr darum, gefährdetes Reichsgebiet abzuschirmen, sondern einen Bevölkerungsüberschuß abzugeben, den der heimatliche Boden nicht mehr ernähren konnte. Während der Bürgerkriege und zu Beginn der Kaiserzeit verfolgte man mit der Kolonisation das Ziel, den Veteranen, die die Länder rings um das Mittelmeer unterworfen und ihre Heerführer zur höchsten Staatsgewalt emporgetragen hatten, einen friedlichen, volkswirtschaftlich nutzbringenden Ruhestand zu sichern. Wesen und Zweck dieser Einrichtung wandelten sich erneut im 2. nachchristlichen Jahrhundert, wenn auch die Bezeichnung beibehalten wurde: bis dahin hatten sich dadurch die Sieger auf Kosten der Besiegten bereichert; von nun an aber diente die Kolonisierung dem politischen und sozialen Aufstieg der Besiegten. Nie zuvor waren so viele Kolonien «gegründet» worden; in den kleinasiatischen und nordafrikanischen Provinzen zählten sie bald nach Hunderten. Allerdings handelte es sich hier nicht um neu angelegte Siedlungen, sondern um sehr alte Städte, die sich ebenso dem «römischen Stil» anpaßten wie ihre von den alten Landesbewohnern abstammende Bevölkerung, welche die Gleichstellung mit den Bürgern von Rom gefordert und durchgesetzt hatte.

Diese von Rom abhängigen Städte – die übrigens juristisch verschiedenen Kategorien angehörten, entweder eigentliche Kolonien mit Vollbürgerrecht oder rechtlich unterschiedlich gestellte Munizipien waren – hatten etwa die gleichen Funktionen wie die Mutterstadt, doch war ihre Struktur völlig anders. Sie waren vor allem politische und kulturelle Zentren; die Bürgerschaft, die in diesen Städten die Macht in Händen hatte, verwaltete sehr uneigennützig ein mehr oder weniger großes Gebiet und verbreitete dort römische Lebensweise: römische Sprache, Kultur, Gebräuche und Annehmlichkeiten. Für die gewerbliche Produktion waren sie allesamt wenig bedeutungsvoll; zwar gab es auch damals schon große Gewerbebetriebe, doch befanden sie sich meist nicht in Städten, sondern auf dem Land.

In manchen Ansiedlungen, vor allem in den Hafenstädten, blühte der Handel, was die Errichtung riesiger Speicher, wie der Horrea Epagathiana in Ostia, bedingte. Im allgemeinen lebte jedoch die römische Stadt mehr oder weniger unmittelbar vom Land: so wurden die Bauten durch die von der Landwirtschaft erzielten Überschüsse finanziert. Diese Überschüsse waren keineswegs das Ergebnis vervollkommneter Produktionstechniken, sondern gingen darauf zurück, daß in den westlichen Provinzen ständig neues Land unter den Pflug genommen wurde, und daß die Römer zwei Jahrhunderte lang keinen größeren Krieg zu führen hatten. In dieser Zeit standen im ganzen Reich nur etwa 400000 Mann unter Waffen, so daß die Kosten für den Unterhalt der ausschließlich an den Grenzen stationierten Legionen und der Ausfall an Arbeitskräften kaum ins Gewicht fielen.

In der Kaiserzeit kam den Städten praktisch keinerlei militärische Aufgabe mehr zu. Befestigte Orte finden wir, von den Grenzgebieten abgesehen, erst nach den Barbareneinfällen im 3. Jahrhundert n. Chr. wieder; durch diese Einfälle wurde, zumindest in Gebieten wie Gallien und zumeist infolge gewaltsamer Zerstörung, das Antlitz der Städte vollkommen gewandelt – in höherentwickelten Provinzen setzte dieser Wandel erst viel später ein. Die religiöse Funktion beherrschte das städtische Leben nur in einigen Städten des Ostens, so etwa in Baalbek. In Nîmes läßt sich verfolgen, wie aus einem gallischen Naturheiligtum, um das sich die ersten Landbewohner ansiedelten, im Laufe der Zeit eine Vergnügungsstätte wurde. In den Städten finden sich zahlreiche Tempel, die so angelegt sind, daß sie voll zur Geltung kommen; doch dienen sie weniger religiösen als politischen und kulturellen Zwecken. Die Kultstätten der Mysterienreligionen, denen bis zum ausgehenden 3. Jahrhundert auch die christlichen Kirchen zugerechnet werden müssen, sind meist wenig ausgeprägt und stellen, von den Mithräen abgesehen, keinen charakteristischen Bautyp dar; in den meisten Fällen handelt es sich um kaum veränderte Wohnhäuser. In Afrika, wo die Kulte punischen Ursprungs lange noch lebendig bleiben, stehen die meisten Tempel in den Vorstädten, während die keltischen Götter von ihren Anhängern in der freien Natur verehrt werden.

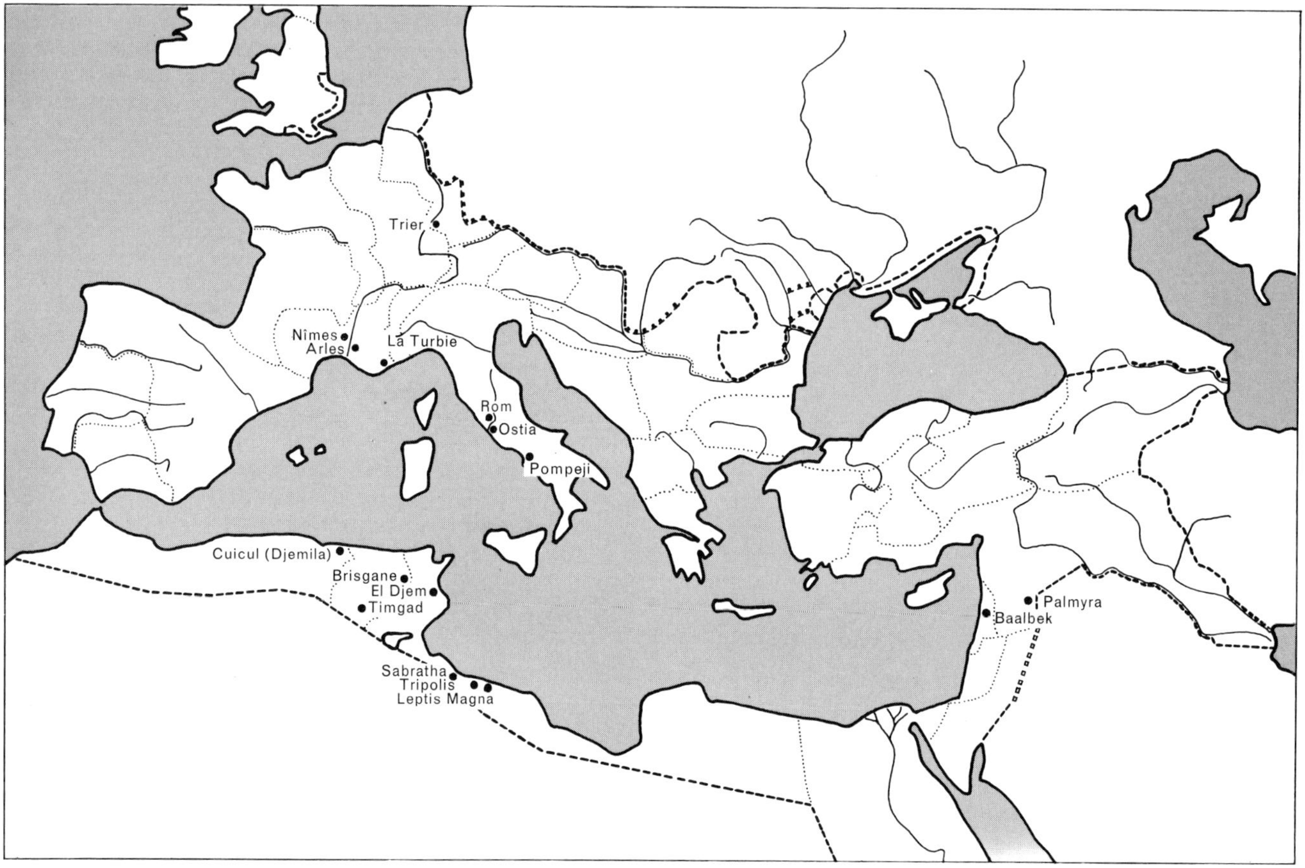

▲ Das Römische Reich mit den wichtigsten der im Text erwähnten Städte

---- Reichsgrenzen
.... Grenzwall
.... Provinzen

Die «urbs» unterscheidet sich also ebenso stark von den Städten Ägyptens und des Nahen Ostens, die von ihrem Tempel beherrscht werden, wie von den christlichen oder islamischen Städten des Mittelalters, in denen Kirche oder Moschee die einzigen wirklich öffentlichen Gebäude und gleichzeitig stark befestigte Refugien sind. Weit näher steht sie der griechischen «polis»: wie bei dieser bildet in der «urbs» ein Platz, auf dem sich die Bürger versammeln und auf dem öffentliche Angelegenheiten besprochen werden, den Mittelpunkt. Aber seit dem Beginn der Kaiserzeit werden die Bürger weit weniger vom Forum als von den Theatern, Amphitheatern, Thermen und Basiliken angelockt: eine der wesentlichsten Aufgaben römischer Baukunst war die Schaffung und Vervollkommnung dieser überdachten, geschlossenen Versammlungsorte – Bauten, für die ganz neue strukturelle und künstlerische Lösungen ausgearbeitet wurden. Sie dienen weniger den Geschäften als der Muße, wie ja auch die ganze «urbs» der Kaiserzeit hauptsächlich der Muße geweiht ist.

In Rom selbst führte diese Entwicklung zu einem Zustand, den man als regelrechtes Schmarotzertum bezeichnen kann: die Plebs der Stadt, das niedere Volk, wurde größtenteils auf Staatskosten ernährt und unterhalten; sie lebte gleichsam von den Zinsen des Kapitals, das ihre Vorfahren durch die Eroberung der Welt angesammelt hatten. In den Provinzen dagegen herrschten ausgeglichenere Verhältnisse. Zwar lebte auch dort die Stadt vom Land, aber wenn, wie etwa in den reichen Provinzen, die Bevölkerungsdichte in den Städten sehr hoch war, gab es keinen scharfen Gegensatz zwischen einem ausgebeuteten bäuerlichen Proletariat und einem müßigen Stadtbürgertum. In Africa proconsularis (dem heutigen Tunesien und Tripolitanien) beispielsweise lebten reiche Großgrundbesitzer in der Stadt, und auch die Landbevölkerung weilte oft dort, um Zerstreuung oder Belehrung zu suchen, sich der für die Allgemeinheit zugänglichen Annehmlichkeiten zu erfreuen und gewerbliche Erzeugnisse zu kaufen.

Der Städtebau nach geometrischen Gesetzen

Die Funktionen der Stadt sind also nahezu gleich, ob es sich um Rom oder um eine bescheidene Ansiedlung in einer der Provinzen handelt. Was allerdings die Anlage der Stadt angeht, so bildet die systematische Planung der Kolonien einen krassen Gegensatz zu dem in der Reichshauptstadt herrschenden Durcheinander.

Als Prototyp einer römischen Stadtanlage bezeichnet man meist das im 2. Jahrhundert gegründete Timgad (Thamugadi). Unser Luftbild läßt die streng geometrische Anordnung dieser auf der Südalgerischen Hochebene unweit von Aurès angelegten Kolonie erkennen: die Stadt bildet ein regelmäßiges Quadrat, das von zwei axialen, senkrecht aufeinanderstoßenden Hauptstraßen durchschnitten wird, dem «cardo», der Nordsüdachse, und dem «decumanus», der Ostwestachse. Dort, wo sich die beiden Straßen kreuzen, liegt das Forum, ein großer, rechteckiger Platz, an den sich das Theater anschließt. Den beiden Hauptstraßen parallel verlaufende Nebenstraßen teilen das ganze Stadtgebiet in Quadrate auf, in denen einst Häuser und öffentliche Gebäude standen.

Diese regelmäßige Stadtanlage geht auf eine alte italische Tradition zurück; man findet sie schon im 6. vorchristlichen Jahrhundert bei etruskischen Städten, wie etwa Marzabotto. Ihren Ursprung hat sie zweifellos in Kleinasien, wo sie von den Ioniern schon lange vor Lebzeiten des berühmten Hippodamos von Milet praktiziert wurde, dem man früher das Verdienst zuschrieb, den Stadtplan mit einem Netz sich rechtwinklig schneidender Straßen erfunden zu haben. Daß sie sich bei den Römern so rasch durchgesetzt hat, erklärt sich sowohl aus religiösen wie aus militärischen Gründen: Einerseits wurde sie durch das Verfahren der Auguren gerechtfertigt, die, um aus dem Flug der Vögel den Willen der Götter zu deuten, mit dem «lituus», dem Krummstab, am Himmel und auf der Erde mittels senkrecht aufeinanderstehender Geraden das «templum» umschrieben, in dessen Bereich sie die Zeichen beobachten; anderseits ist das römische Lager, wie es im 2. vorchristlichen Jahrhundert von Polybios geschildert wird, genauso aufgebaut wie Timgad und andere römische Städte: es ist von einem rechteckigen Wall umgeben, und zwei große Lagerstraßen schneiden sich rechtwinklig vor dem «praetorium», dem Zelt des Feldherrn. (Übrigens ist dieser Lagertyp weder sehr alt noch spezifisch römisch; vermutlich haben ihn die Legionen von König Pyrrhos von Epeiros übernommen, gegen dessen Heer sie 280–275 v. Chr. kämpften.)

Also geht die geometrische Stadtanlage der Römer letztlich auf den griechischen Rationalismus zurück. Allerdings wurde dieses Prinzip keineswegs so konsequent ver-

▼ Römisches Lager. Derselbe rechtwinklige Plan findet sich bei vielen Städten des Römerreiches

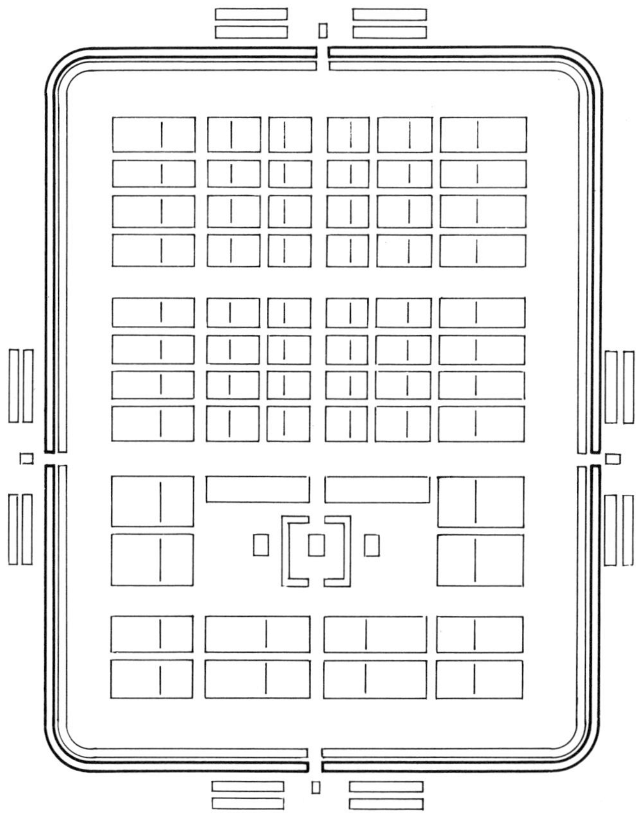

wirklicht, wie oft behauptet worden ist. In Rom selbst kam es, wie wir bereits gesehen haben, niemals zur Geltung; hingegen finden wir seine wesentlichen Elemente in Pompeji, in Alba Fucens, einer Kolonie in Mittelitalien, die derzeit vom Institut Belge in Rom ausgegraben wird, sowie in dem kurz nach der Mitte des 4. Jahrhunderts gegründeten Ostia. Aber nur in den seltensten Fällen konnte man sich ganz und gar an den streng geometrischen Grundplan halten, da die Beschaffenheit des Geländes meist Abweichungen verlangte. Vor allem jedoch entwickelte sich eine einmal angelegte Stadt ständig weiter, wodurch die regelmäßige Anlage bald mehr oder minder deformiert wurde.

So besteht Timgad keineswegs nur aus der sorgfältig eingeteilten trajanischen Kolonie: noch vor dem Ende des 2. Jahrhunderts n. Chr. wuchs die Fläche der Stadt durch ringsum sich anschließende neue Stadtteile auf das Vierfache. Diese wurden hauptsächlich längs der Straßen errichtet, die Timgad mit den Nachbarstädten verbanden und weder geradlinig noch – wie es die Straßen des Stadtzentrums sind – nach den Himmelsrichtungen ausgerichtet waren. In diesen neuen Stadtvierteln entstanden großartige, für das Leben der Stadt unerläßliche Bauwerke: das Kapitol, die beiden größten Thermen der Kolonie und am Südende ein prächtiges Heiligtum, das zur Zeit des Septimus Severus um eine Heilquelle errichtet wurde, deren Nähe dazu beigetragen hatte, daß man die Stadt an dieser Stelle gründete. Später wurde das Heiligtum in eine byzantinische Festung eingefügt, so daß es den Archäologen lange verborgen geblieben ist.

Indessen war der Plan mit geraden, sich rechtwinklig schneidenden Straßen ein Ideal, das von allen Städten angestrebt wurde. Besonders jene Städte, denen der Titel «römische Kolonie» ehrenhalber verliehen wurde, waren bemüht, sich den eigentlichen Kolonien anzupassen, die nach geometrischem Plan auf jungfräulichem Boden angelegt worden waren. Man zögerte nicht, notfalls alte Stadtviertel völlig niederzureißen, um sie nach streng geometrischen Regeln neu zu erbauen. Man hegte der Vergangenheit gegenüber keine allzu große Achtung: so wurde in Marseille während der Kaiserzeit der griechische Stadtkern ganz und gar eingeebnet. Wenn das Gelände hügelig war, schreckte man nicht vor kostspieligen Erdarbeiten zurück, legte an den Hängen breite Terrassen an und verband sie durch Treppen. Eines der ältesten Beispiele für ein solches Unternehmen ist die 35 Kilometer südöstlich von Rom gelegene Stadt Praeneste, das heutige Palestrina, wo sich ein sehr altes Fortuna-Heiligtum befand, das zweifellos zu

▲ Praeneste (Palestrina) ist die erste große Schöpfung römischer Städtebaukunst: Fortuna-Heiligtum

Beginn des 1. vorchristlichen Jahrhunderts, nachdem Sulla im Laufe des Bürgerkriegs die Stadt den italischen Aufständischen weggenommen hatte, völlig umgebaut worden ist. Man erstellte den Bau auf dem sehr steilen Hang eines Apenninenausläufers, der gleichzeitig die Stadt und die Höhle beherrscht, in der die Göttin angeblich ihre Orakel verkündete. Breite Treppen führten zunächst zu einer schmalen Terrasse, die auf der Hangseite von einem halbkreisförmig angelegten Portikus gesäumt war; von da aus gelangte man über eine weitere Treppe auf eine zweite Terrasse und zu einem großen Platz, der Cortina, die ebenfalls auf drei Seiten von einer Säulenhalle eingefaßt war. Darüber erhob sich eine Art von in den gewachsenen Fels gehauenes Theater. Diese großartige, pyramidenförmig aufgebaute Anlage kann als die erste der großen Schöpfungen römischer Stadtbaukunst gelten. Eine entsprechende Gestaltung der architektonischen Landschaft findet sich im Herkules-Heiligtum in Tibur (Tivoli), das um die gleiche Zeit entstanden ist. – Als 44 oder 42 v.Chr. die Triumvirn entsprechend dem Willen Cäsars die Gründung einer Kolonie an der Stelle des früheren Karthago beschlossen, wurden auf den die Küstenebene beherrschenden Hügeln systematisch Terrassen angelegt. Die Kuppe des Hügels, auf dem man das Kapitol errichten wollte, wurde eingeebnet und ringsum so abgetragen, daß sie ein regelmäßiges Rechteck bildete. Durch diese Erdarbeiten war es möglich, trotz des ungleichmäßigen Geländes die neue Kolonie ebenso streng geometrisch aufzuteilen, wie es in Timgad geschehen ist.

Cuicul (Djemila)

Das an der Grenze zwischen den Provinzen Mauretanien und Numidien gelegene Cuicul (das heutige Djemila) hingegen war eine kleine, an der Straße von Cirta (Constantine) nach Sitifis (Sétif) gelegene Kolonie, deren Entfaltung die Beschaffenheit des Geländes entgegenstand. Es war eine der letzten Kolonien, die eine militärische Aufgabe zu erfüllen hatte: die Überwachung der strategisch sehr wichtigen Bergregion mit ihrer recht aufsässigen Bevölkerung. Dementsprechend wählten die 97 n.Chr. mit der Gründung der Kolonie beauftragten Offiziere eine leicht zu verteidigende Stelle: den dreieckigen Ausläufer eines Hügels, zu dessen Füßen zwei Täler zusammenstießen. Bekanntlich wurden solche Bergvorsprünge in vorgeschichtlicher Zeit häufig besiedelt, während die römischen Städtebauer ihnen meist auswichen. Der Stadtkern von Cuicul hatte also die Form eines Dreiecks, dessen einen Schenkel eine lange, geradlinige Straße bildete. Diese bezeichnete man ihrer Ausrichtung wegen und weil sie an einer Seite des Forums vorbeiführte als «cardo». Sie war nicht die Achse der Stadt; diese entwickelte sich ausschließlich östlich von der Straße, wo rechteckige «insulae» das Forum auf drei Seiten umgaben. Eine Umfassungsmauer, die mit der «cardo» einen spitzen Winkel bildete, sicherte den Bergausläufer nach Süden hin ab. Ein Jahrhundert nach Gründung der Stadt war das umliegende Land nahezu befriedet, an der Verlängerung der Hauptstraße war eine Vorstadt entstanden, die größer war als das Stadtzentrum selbst. Dort errichtete man im ausgehenden 2. Jahrhundert große Thermen, während das Theater völlig außerhalb der Stadt am Hang des östlichen Tales angelegt wurde. Unter Septimus Severus beschloß man, der Stadt einen neuen Mittelpunkt zu geben. Man schuf ein neues Forum, dessen Trapezform durch die alte Umfassungsmauer bedingt war. Die Mauer selbst wandelte man in einen erhöhten Portikus um.

Leptis Magna

Es ist sehr interessant, die Entwicklung der afrikanischen Städte im 2. und 3. Jahrhundert zu verfolgen – einmal, weil

▼ Leptis Magna: Markt, Plan und Rekonstruktion (nach Bandinelli und Caffarelli). Ca. 1:1250

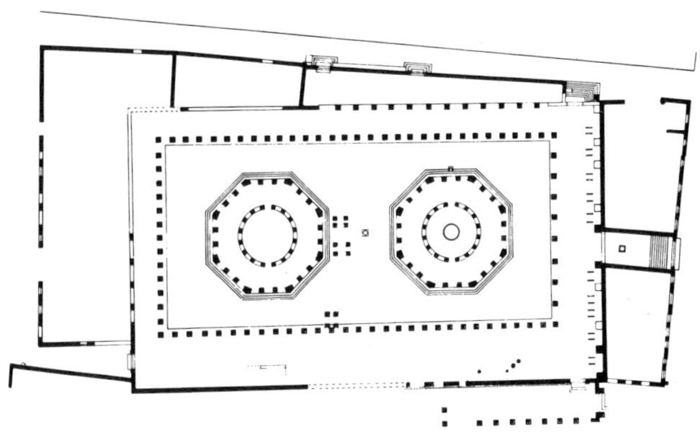

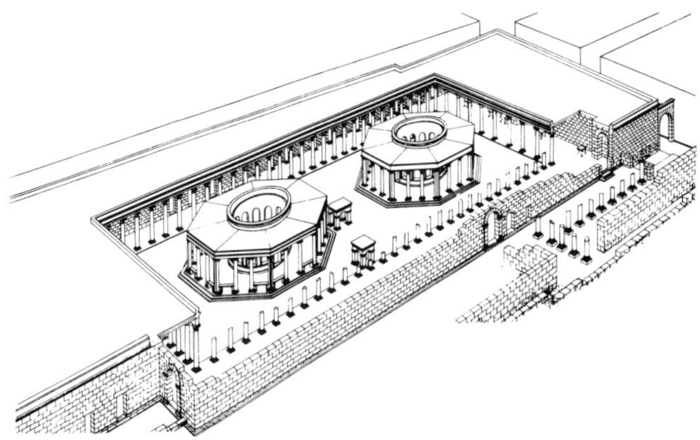

sie größtenteils seit dem Hochmittelalter nicht mehr bewohnt waren, was die Forschungsarbeiten sehr erleichtert, zum andern aber auch, weil die Entwicklung der Bevölkerung und der Wirtschaft in der damaligen Zeit die Städtebauer vor schwierige Probleme stellten, für die sie den Gegebenheiten angemessene Lösungen finden mußten. In Timgad und Cuicul waren die Möglichkeiten beschränkt, so daß sich keine sonderlich kühnen Pläne verwirklichen ließen. Ganz anders lagen die Dinge bei dem an der Ostgrenze von Tripolitanien gegründeten Leptis Magna. Dort hatten sich schon im 7.vorchristlichen Jahrhundert auf einer Halbinsel im Mündungsgebiet des Cinyps (des heutigen Wadi Lebdah) Phöniker niedergelassen. Die am Ende einer durch den Fessan führenden Transsahara-Straße gelegene Siedlung blühte rasch auf; bereits im 3. Jahrhundert betrugen die Zolleinnahmen täglich etwa ein Talent (ungefähr 15 000 Mark). Als die punische Stadt 46 v. Chr. von Cäsar eingenommen wurde, war ihr Zentrum zweifellos das «alte Forum», ein fast rechteckiger Platz; vielleicht erstreckte sie sich schon bis zu der Stelle, wo später über einer Nekropolis das Theater erbaut wurde. In den Hauptplatz mündete eine Straße ein, die parallel zum Fluß lief und vermutlich auf eine längere Strecke beidseits von Häusern gesäumt war. Die Römerstadt mit ihrem Markt, einem Gebäude für den Tuchhandel und schließlich einem Theater entwickelte sich nördlich von dieser Straße im Osten des Platzes. Im Laufe des ersten nachchristlichen Jahrhunderts wurde das Forum neu gepflastert, und ringsum wurden Tempel errichtet. Von da an wuchs die Stadt zu beiden Seiten der die Achse bildenden Hauptstraße, der im Nordosten eine zweite große Straße parallel lief. Beide wurden im rechten Winkel von weiteren Straßen geschnitten, so daß ein geometrisch angelegter Stadtkern vorhanden war. Die Hauptstraße, die man etwa als «cardo» betrachten kann, wurde durch Triumphbogen, die dem Tiberius und dem Trajan gewidmet waren, zur «via triumphalis». Unter Nero hatte man den Hafen weiter ausgebaut; unter Hadrian erhielt die inzwischen zur römischen Kolonie erhobene Stadt nach dem Beispiel Roms mit den neuesten Errungenschaften ausgestattete Thermen, die an einer Biegung des Flusses erbaut wurden. Wie in Timgad liegen sie am Stadtrand und sind in den geometrischen Plan nicht einbezogen.

In diesem Zustand befand sich die Stadt, als 193 n. Chr. einer ihrer Söhne, Septimus Severus, zur Kaiserwürde gelangte. Seinen Mitbürgern kam der Aufstieg des neuen Herrschers offenbar sehr zugute; es wurden Erweiterungspläne ausgearbeitet, durch die Leptis Magna nicht nur zur

▲ Leptis Magna: Severianische Basilika, Inneres (nach Bandinelli und Caffarelli)

würdigen Vaterstadt eines Kaisers, sondern auch zu einem noch bedeutenderen Handelszentrum werden sollte, nahm doch der Sahara-Handel durch die Eroberung neuer Gebiete einen gewaltigen Aufschwung. Man beschloß, den Fluß in ein anderes Bett zu leiten und das alte Mündungsgebiet nach dem Beispiel von Ostia in ein künstliches Hafenbecken umzugestalten. Nach Trockenlegung des früheren Flußbettes trassierte man an seiner Stelle eine breite, von Säulenhallen gesäumte Straße, wie sie in den Städten des Orients üblich waren. Dann errichtete man am Rand dieser Straße ein neues Stadtzentrum mit Forum und Basilika. Die Hadriansthermen wurden in das neue Stadtviertel einbezogen, zu dem eine breite, im rechten Winkel auf die «via triumphalis» stoßende Hauptstraße führte; auf der Kreuzung erhob sich ein vierbogiger Triumphbogen, dessen Reliefdarstellungen – mit die bemerkenswertesten Schöpfungen römischer Kunst in der Kaiserzeit – bereits den Sieg jener primitivistischen oder «barocken» Kunstströmungen erkennen lassen, die der byzantinischen Kunst den Weg bereiteten. Die von Säulenhallen gesäumte Straße wurde zur Achse der neuen Stadt: südlich vom Hafen entstand auf dem rechten früheren Flußufer ein bislang noch nicht ausgegrabenes neues Viertel, das sich bis zu dem fast zwei Kilometer vom neuen Forum entfernten Zirkus und dem Amphitheater erstreckte; es bedeckt eine ebenso große, wenn nicht größere Fläche als die alte Stadt.

Die neue Stadt wurde großzügig angelegt und verschwenderisch ausgeschmückt. Von besonderem Interesse für den Städteplaner ist die Art und Weise, wie es gelang, die Thermen und die neue Hauptstraße, deren Verlauf durch das frühere Flußbett vorgezeichnet war, in ein bereits existierendes Ganzes einzugliedern. Wo das Flußbett eine Biegung machte, wurde ein Nymphäum, ein Monumentalbrunnen, errichtet, der gleichsam den Drehpunkt der unterschiedlichen Ausrichtungen bildete. Eine zweite Abweichung in der Ausrichtung wurde dadurch ausgeglichen, daß man zwischen dem Forum und der Basilika, die eigentlich nach dem Beispiel des Trajans-Forums eine Seite des Platzes hätte einnehmen müssen, einen dreieckigen Platz schuf; verschieden tiefe Räume waren gegen das Forum hin offen und säumten den halbkreisförmigen Eingang, der vom Platz in die Basilika führte.

Diese großartige, wenn auch ein wenig allzu anspruchsvolle und zweifellos künstlich «aufgeblähte» Stadt hatte fast das gleiche Schicksal wie die Karawanenstädte Palmyra und Dura-Europos, mit denen sie so viel gemeinsam hatte. Seit dem 4. Jahrhundert hatte sie schwer unter Nomadenüberfällen zu leiden, wurde dann von Byzantinern besetzt, woran noch eine Umfassungsmauer und Kirchen erinnern, wurde im frühen Mittelalter aufgegeben und dann vom Sand zugedeckt, den der in sein altes Bett zurückgekehrte Fluß anschwemmte. Dadurch blieben das Forum und die severianische Basilika fast völlig erhalten; durch die Ausgrabungen italienischer Archäologen sind sie in ihrer ganzen Großartigkeit neu erstanden. Auch den fast ganz versandeten Hafen mit seinen Ufermauern, Dockanlagen und Tempeln konnte man in allen Einzelheiten erforschen. Heute ist es möglich, stundenlang durch die verlassenen Straßen zu wandern, in denen Mimosen und Lorbeerbäume wachsen.

Die Anordnung der Gebäude

Bei dem Gang durch Leptis Magna lernt man fast alle Gebäude und Anlagen kennen, die in keiner römischen Stadt fehlen durften: das Forum, an das sich ein zweites Forum anschließen kann, die Kurie, das Magistratsgebäude, die Basilika als Gerichtshalle, die den Schutzgöttern der Stadt und vor allem auch dem Kaiserkult geweihten Tempel, den Marktplatz als Zentrum von Handel und Gewerbe, während ansonsten die Gewerbetreibenden und Handwerker in über die ganze Stadt verstreuten Läden ihrem Beruf nachgingen (die Läden säumten meist die Vorhöfe von Privathäusern), schließlich und vor allem die der Muße dienenden Einrichtungen, nämlich Thermen, Theater und die Amphitheater, in denen Gladiatorenkämpfe und Tierhetzen veranstaltet wurden. Die Verteilung dieser Baulichkeiten im Stadtgebiet unterlag keinen strengen Vorschriften. Wenn das Gelände es zuließ, wurde das Forum im Mittelpunkt angelegt; das Amphitheater und der Zirkus sowie die Heiligtümer wenig romanisierter oder als gefährlich angesehener Götter (etwa Mars und Vulkan) befanden sich am Stadtrand. Sorgfältig richtete man Straßen und Gebäude nach den Himmelsrichtungen aus, nicht nur aus ästhetischen Gründen, sondern auch, um im Winter möglichst viel Sonnenwärme einfangen zu können, gab es doch, von den Provinzen im Norden abgesehen, in den Privathäusern keine Heizung.

Die Straße

Schließlich wollen wir noch versuchen, uns in die auf einer römischen Straße herrschende Atmosphäre zurückzuversetzen. Dies ist allerdings nur schwer möglich, wenn wir eine der großen Ausgrabungsstätten durchwandern: die Häuser sind meist eingestürzt, die Mauern bestenfalls noch ein bis zwei Meter hoch; in allen Fällen sind die Dächer, die oberen Stockwerke und die Balkone verschwunden, der Verputz ist abgesprungen, und die Farbe der Steine ist zwar warm und angenehm, aber doch stets gleich. Wenn wir Fassaden sehen wollen, die fast in voller Höhe rekonstruiert werden konnten und noch den ursprünglichen bemalten Putz tragen, müssen wir die neuen Ausgrabungen in der Via dell'Abbondanza in Pompeji aufsuchen. Dort hat man den Eindruck, als wandere man durch eine unversehrte Stadt, die nur vorübergehend von ihren Bewohnern verlassen wurde. Diese Ausgrabungen und Rekonstruktionen sind das Werk eines Mannes, der sein ganzes Leben Pompeji gewidmet und seine Arbeitsmethoden und deren Ergebnisse in einem großartigen, posthum erschienenen Buch niedergelegt hat: V. Spinazzola. Dank seiner spürt man, daß die Straßen der römischen Städte, zumindest in Italien, ebenso farbig und von wimmelndem

Leben erfüllt waren, wie es noch heute die «strade» von Neapel sind. Im Erdgeschoß hatten die Häuser, außer der Eingangstür, keine Öffnung zur Straße hin; aber in den oberen Stockwerken gab es zahlreiche Fenster und auch Balkone, Veranden und Loggien. Die Fassaden waren bunt bemalt; naive Fresken, die sich von den raffinierten Ausmalungen im Innern stark unterschieden, stellten die Götter der kleinen Leute dar: die pompejanische Venus auf ihrem von Elefanten gezogenen Karren, Merkur und den von einem Ferkel begleiteten Herkules oder den Schutzgott des Kaisers. Kaufleute und Handwerker ließen sich malen, wie sie in ihren Buden ihrem Beruf nachgingen, und darüber pinselten die Wahlagenten mit breiten Strichen die Parolen ihrer Kandidaten. In Ostia trat später an die Stelle dieser Vielfarbigkeit der Gegensatz zwischen den Ziegelsteinen des Mauerwerks und den Bauelementen aus weißem oder dunklem Stein. In keiner römischen Stadt aber herrschte das monotone Weiß moderner neoklassizistischer Marmorbauten oder der mit reinem Gips beworfenen Häuser der islamischen Welt.

Säulengänge und Brunnen

In der Folge werden wir kaum mehr Gelegenheit haben, auf die Straßen und Plätze der Städte zurückzukommen. Es ist jedoch anzunehmen, daß der Römer einen Großteil seiner Zeit dort verbrachte; so wissen wir, daß Horaz oft und gern auf der Via Sacra wandelte. Auf Straßen und Plätzen traf man sich mit seinen Freunden, wickelte seine Geschäfte ab und sprach über politische Angelegenheiten, denn auch während der Kaiserzeit blieb das Volk stets ein wenig aufsässig. Die Kaufleute breiteten vor den Läden ihre Waren aus; wie noch heute in der arabischen Welt, arbeiteten die Handwerker vor ihren Werkstätten; Kinder sagten vor dem Magister ihre Aufgaben auf; jung und alt vertrieb sich die Zeit an den ins Straßenpflaster eingelegten Feldern für Dame- und Schachspiel, von denen uns noch viele erhalten sind. Dazu war es natürlich nötig, sich vor der prallen Sonne oder den im Mittelmeergebiet so häufigen plötzlichen Regenschauern zu schützen; so war der Säulengang ein wesentlicher Bestandteil der römischen Stadt. Von Portiken waren alle Plätze und oft auch bestimmte Straßen gesäumt, wie es im Orient üblich war; die bemerkenswertesten Säulengänge sind in Palmyra und Apameia zu sehen.

Ein weiteres schmückendes Element der Städte sind die Brunnen, die man als ureigentlich römisch bezeichnen kann. Zwar hatten auch schon die griechischen Städte ihre Springbrunnen gehabt (so Athen den Enneakrounos und Korinth die Peirene), aber dank der Arbeiten von Physikern wie Heron von Alexandria hatte in späthellenistischer Zeit die Kunst der Hydraulik bedeutsame Fortschritte gemacht, so daß komplizierte Wasserspiele möglich wurden, die erst bei Brunnen voll zur Geltung kamen, die im römischen Gußmörtelverfahren hergestellt worden waren. Diese den Nymphen geweihten Monumentalbrunnen bezeichnete man als Nymphäen; von ihnen führt eine gerade Entwicklungslinie zu den heutigen Brunnen Roms – so zu den Schöpfungen Berninis auf der Piazza Navona und zur Fontana di Trevi von Nicolas Salvi. Vom Nymphäum in Leptis Magna und seiner städteplanerischen Bedeutung war schon die Rede. Weniger eindrucksvoll, aber seines guten Erhaltungszustands wegen berühmt, ist der obeliskförmige Brunnen in Cuicul, dem heutigen Djemila.

Heute fließt in den Ruinen kein Wasser mehr. Damit ist ein weiteres Element des Zaubers dieser Städte unwiederbringlich verloren. Hingegen hat man in neuer Zeit mancherorts in den Ruinenstädten Straßen und Plätze wieder bepflanzt, so daß, vor allem in Afrika, die Majestät der toten Steine erneut zur Geltung kommt; die Römer liebten es, in ihren Städten systematisch Grünanlagen zu errichten, deren Verteilung in der Hauptstadt von Pierre Grimal untersucht worden ist. In den volkreichen römischen Ansiedlungen waren schattige Promenaden unbedingt erforderlich. Dem Beispiel von Lukullus und Pompeius folgend, vermachte Cäsar die Gärten, die er zunächst für sich privat hatte anlegen lassen, dem römischen Volk; später taten die Kaiser ein Gleiches. Es scheint jedoch, daß in dieser Hinsicht nur wenige Städte in den Provinzen es mit der Hauptstadt aufnehmen konnten. Wie in Pompeji gab es überall fast nur Privatgärten; wer sich unter Bäumen ergehen wollte, mußte die um einige Tempel angelegten heiligen Haine oder die Friedhöfe am Stadtrand aufsuchen, wo oft die Mausoleen von heiligen Hainen umgeben waren. In Ostia hingegen hatten die Erbauer der großen Mietshäuser den sehr modernen Einfall, ihre Mieter für die Unannehmlichkeiten der Massenbehausung dadurch zu entschädigen, daß sie rings um das Gebäude eine Grünfläche anlegten. Einem schriftlichen Zeugnis aus dem 4. nachchristlichen Jahrhundert ist zu entnehmen, daß damals manche Straßen in Karthago von Bäumen gesäumt waren; aber dies war ein sehr seltener Luxus.

Anmerkungen

Timgad (Algerien)

Diese römische Kolonie wurde 100 n.Chr. von Trajan auf der Hochebene nördlich des Atlas (Aurès) gegründet; sie war für Veteranen der Legio Tertia Augusta bestimmt, die in Lambaesis (Lambèse) stationiert war. Ausschlaggebend für die Wahl dieser Stelle war eine nahe Quelle, deren Wasser als heilkräftig galten. Der Stadtkern, der der eigentlichen Kolonie entspricht, ist nach den Regeln der römischen Feldmeßkunst streng geometrisch aufgeteilt: Die Ostwest-Achse wird durch den «decumanus maximus» gebildet, eine breite, von Säulengängen gesäumte Straße. Von ihrer Mitte nimmt der «cardo maximus» nach Norden seinen Ausgang. Im Süden des «decumanus maximus» liegt als Mittelpunkt der Ansiedlung das rechteckige Forum, an dessen Ostseite sich die Gerichtshalle erhebt; das einzige religiöse Bauwerk auf diesem Forum ist ein nicht sehr großer Tempel. Ein südlich des Forums gelegener Hügel erlaubte die Errichtung von halbkreisförmigen Zuschauerrängen für ein Theater, das sich bis an den Stadtrand erstreckt. Das bedeutendste der übrigen öffentlichen Gebäude im eigentlichen Stadtbereich ist die Bibliothek.

Ursprünglich war die Kolonie für kleine Grundbesitzer gedacht gewesen, die in bescheidenen Verhältnissen lebten. Aber der wirtschaftliche Aufstieg Afrikas in der zweiten Hälfte des 2. und während eines Großteils des 3. Jahrhunderts brachte es mit sich, daß viele der Bürger reich wurden und die Bevölkerung rasch anwuchs; vermutlich hat Timgad damals etwa 15 000 Einwohner gehabt. Die angesehenen Bürger wollten ihre Häuser verschönern, die, wie in Afrika üblich, einen Säulenhof in ihrer Mitte hatten und sich hauptsächlich durch das Fehlen des Atriums von den italienischen Häusern stark unterschieden. Besonders im 3. Jahrhundert wurden die Häuser mit originellen Mosaiken geschmückt, die vor allem prächtige Akanthusmuster aufwiesen. Dem Gemeinwesen schenkten sie Baulichkeiten, die dem allgemeinen Wohl dienten – so die großen Thermen, die in den längs der Zufahrtsstraßen angelegten Vororten errichtet wurden. Dort wurden auch Markthallen und Kultstätten sowie das Kapitol erbaut. In erster Linie aber verehrten die Einwohner die Schutzgottheiten der Quelle, die zu Beginn des 3. Jahrhunderts während der Regierungszeit des aus Nordafrika stammenden Septimius Severus in eine prächtige, gleichzeitig medizinischen und kultischen Zwecken dienende Anlage umgestaltet wurde.

Die Eroberung des Landes durch die Vandalen (um 530) wurde für Timgad zum Verhängnis; die Stadt wurde zum Teil durch die umliegenden Bergstämme zerstört. Aber die romanisierten Ackerbauern des Gebietes gaben den Kampf nicht auf. Bereitwillig nahmen sie die Soldaten Justinians unter dem Patrizier Solomon in die Mauern ihrer Stadt auf; Solomon verwandelte das Quellheiligtum in eine mächtige Festung. Im Schutz der oströmischen Truppen bestand die römische Lebensweise weiter, bis die Stadt im 7. Jahrhundert von den Bergstämmen und Nomaden aus der Sahara endgültig überrannt wurde.

Apollodoros von Damaskus, der Baumeister Trajans

Apollodoros von Damaskus ist der letzte der großen Baumeister der Kaiserzeit, dessen Name uns überliefert ist. Über sein Leben und Schaffen wissen wir mehr als über jeden anderen römischen Architekten. Im Unterschied zu seinen Vorgängern, die, nach ihren Namen zu schließen, römischer Abkunft waren, war Apollodoros ein Grieche aus dem Nahen Osten. Man hat daraus geschlossen, daß er die in seiner Heimat üblichen Methoden der hellenistischen Baukunst nach Rom gebracht habe. In Wirklichkeit aber waren die größten Fortschritte auf diesem Gebiet in Italien bereits zwei Jahrhunderte früher gemacht worden. Die Baumaterialien, deren Apollodoros sich bediente – gebrannte Ziegel und Mörtelguß –, hatten nichts mit denen gemein, die von den Baumeistern der Seleukiden oder der Könige von Pergamon benutzt wurden. Die von Apollodoros verwandten Bauformen und vor allem die Gewölbe waren in Rom zuerst im Großen angewandt und dort ständig weiterentwickelt worden. Gewiß nahm in Syrien und in Kleinasien gegen Ende des 1. und zu Beginn des 2. Jahrhunderts das Bauwesen einen unerhörten Aufschwung; aber neben eigenständigen Techniken findet man in den damals errichteten Bauwerken zahlreiche Anleihen aus der römischen Architektur. – Übrigens ist durch nichts bewiesen, daß Apollodoros in seiner Heimat ausgebildet wurde. Zum erstenmal begegnen wir ihm im Gefolge Trajans während des Feldzugs gegen die Daker. Damals (104–105) baute er eine mächtige Brücke über die Donau, die auf der Trajanssäule abgebildet ist. Also war Apollodoros offensichtlich zunächst als Kriegsbaumeister tätig, was von großem Nutzen war in einer Zeit, in der fast nur die Armee über hochentwickelte technische Hilfsmittel verfügte. Nach dem Krieg wurde er mit dem Bau des Trajansforums und des Trajansmarktes beauftragt; durchgeführt wurde dieses Vorhaben in den Jahren 106–113 n. Chr.

Pont du Gard Aufriß 1:1000

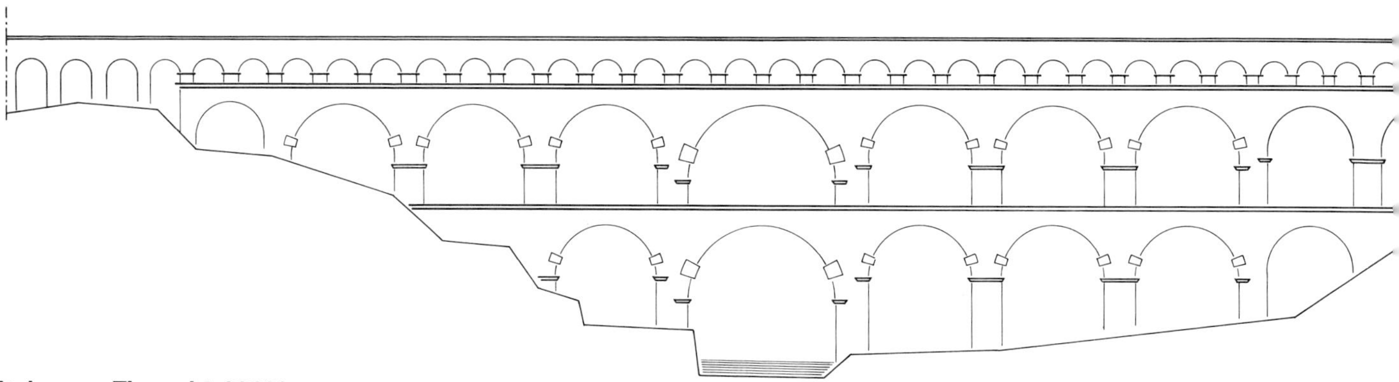

Stadtplan von Timgad 1:20000
A Trajansbogen

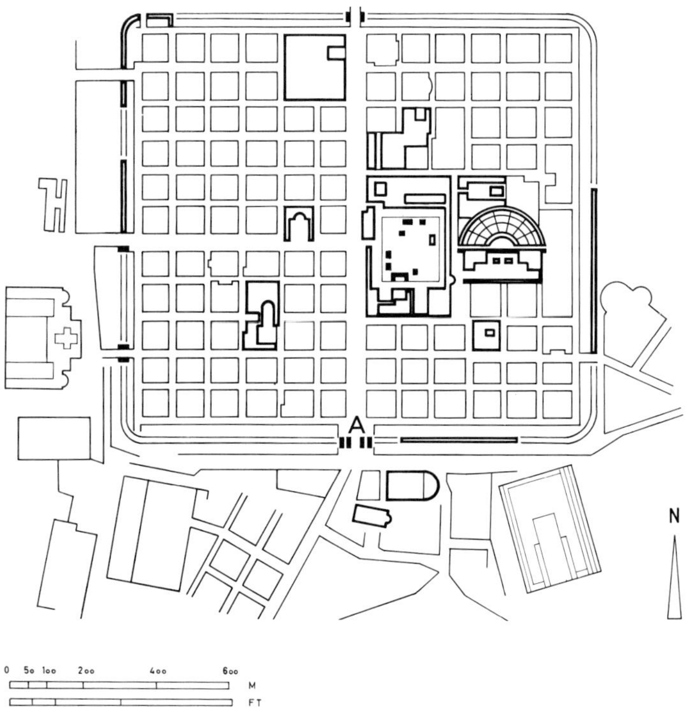

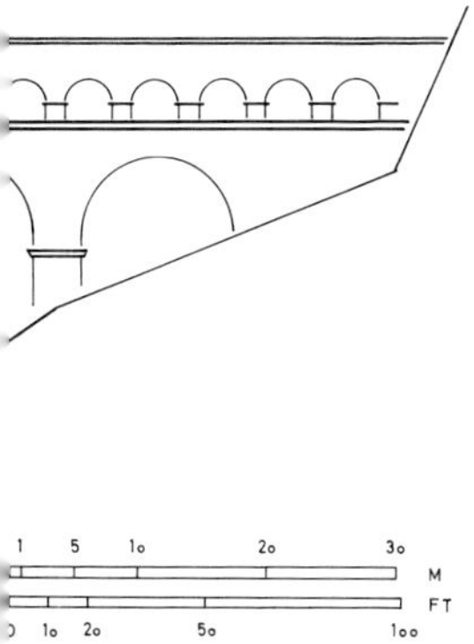

Der Trajansbogen in Timgad
Aufriß und Plan 1:300

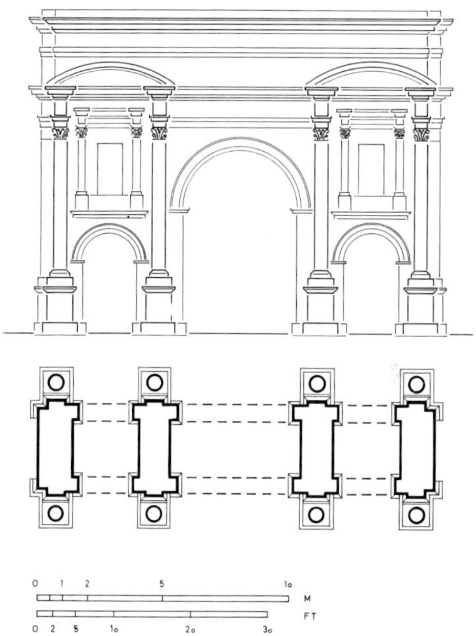

Die Kryptoportiken in Arles
Plan 1:1000, Längsschnitt und Querschnitt 1:200

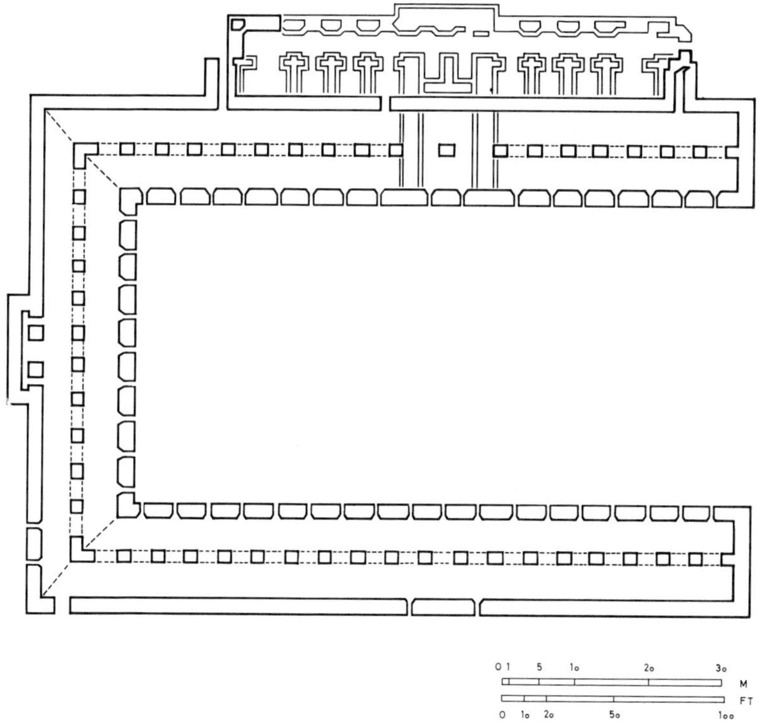

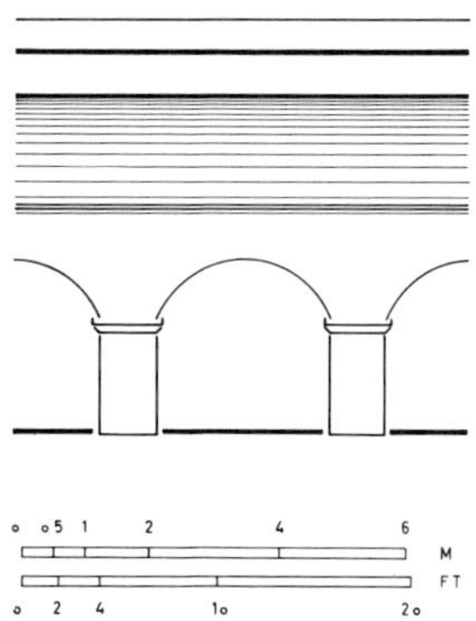

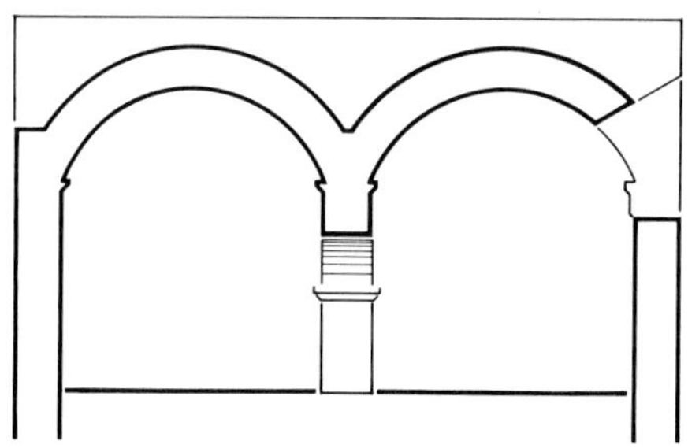

Legenden

Umgebung von Nîmes – Der Pont du Gard

21 Die dreigeschossige Bogenreihe des Aquädukts.

22–23 Funktionelle Architektur der augusteischen Zeit.

Timgad (Algerien)

24 Luftaufnahme der Stadtanlage. In der Mitte die quadratische trajanische Kolonie, die durch gerade, sich im rechten Winkel schneidende Straßen unterteilt wird.

25 Der Trajansbogen, Innenseite. Die Wirkung des gewaltigen «barocken» Tors beruht auf den harten Helligkeitskontrasten unter der Sonne Afrikas.

Arles – Die Kryptoportiken

26 Die das Forum säumenden, aber tiefer gelegenen unterirdischen Gänge waren zweifellos Lagerräume gewesen. Die durch Tonnengewölbe aus Hausteinen überdachten Gänge sind in der Mitte geteilt.

27 Durch Öffnungen in den Gewölben werden die Gänge erhellt.

Umgebung von Tebessa (Algerien) – **Die Ölmühle von Brisgane**

28 Der heutige Eindruck dieser außergewöhnlichen Konstruktion wird dadurch bestimmt, daß im Lauf der Jahrhunderte das füllende Mauerwerk aus Bruchsteinen zwischen den steinernen Stützbalken herausgefallen ist.

29 Im Vordergrund Tor und Mauer aus großen Hausteinen, im Hintergrund die Arkaden des Innenhofs.

30 Die Bogenreihe um den Innenhof.

31 Jeder Pfeiler nimmt die durch die Wölbsteine abgeleiteten Schubkräfte von zwei Bogen auf und trägt die waagrechten Platten des Sturzes, die über den Bogen liegen, deren Schlußsteine aber nicht berühren.

Ostia – Die Horrea Epagathiana

32 Der Hof des Epagathus. In der Wand zu beiden Seiten des von einem Flachbogen überdeckten Durchgangs zwei nischenförmige Ädikulen.

33 Eine Ädikula, in deren Nische einst zweifellos die Statue einer Gottheit stand.

34 Außenfassade mit dem Haupttor, das von einem architektonischen Dekor im klassischen Stil umrahmt ist.

35 Das Kapitell einer der Halbsäulen neben dem Tor. Es ist aus Ziegel und Stuck im Stil der im 1. Jahrhundert n. Chr. entwickelten «römischen» Säulenordnung – aus ionischen und korinthischen Elementen – gestaltet.

36 Der von Bogengängen gesäumte Hof wurde in hellenistischer Zeit ein wichtiges Element der dem Wirtschaftsleben dienenden Baulichkeiten.

Rom – Der Trajansmarkt

37 Die halbkreisförmige Fassade ist ein außergewöhnliches Beispiel für eine konkave Fassade mit Bogenreihen: im Erdgeschoß Läden, darüber ein Gang, durch den man zu den Lagerräumen gelangt.

38 Blick auf die Fassade von der Via Biberatica aus.

39 Tür zu einer der Treppen: Der Türstock aus Kalkstein ist ein kräftiger Kontrast zur Ziegelmauer.

40 Fassade eines dreistöckigen Lagerhauses an der Via Biberatica: Bänder aus keilförmigen Ziegelsteinen sind in die Pfeiler eingelassen. Dieses Verfahren erlaubt den Bau mehrstöckiger Gebäude ohne Gebälk.

41 Eingänge zu den Lagerräumen in der Galerie.

42 Aus Ziegelsteinen errichtete Pfeiler.

43 Die Basilica Ulpia (Trajansbasilika): die große Markthalle war durch Aneinanderreihung von Kreuzgewölben, die sich gegenseitig stützten, überdacht. An den Seiten befanden sich in beiden Stockwerken Läden.

44 Kreuzgratgewölbe in den Lagerräumen.

Die Ölmühle von Brisgane

Querschnitt, Längsschnitt und Plan 1:250

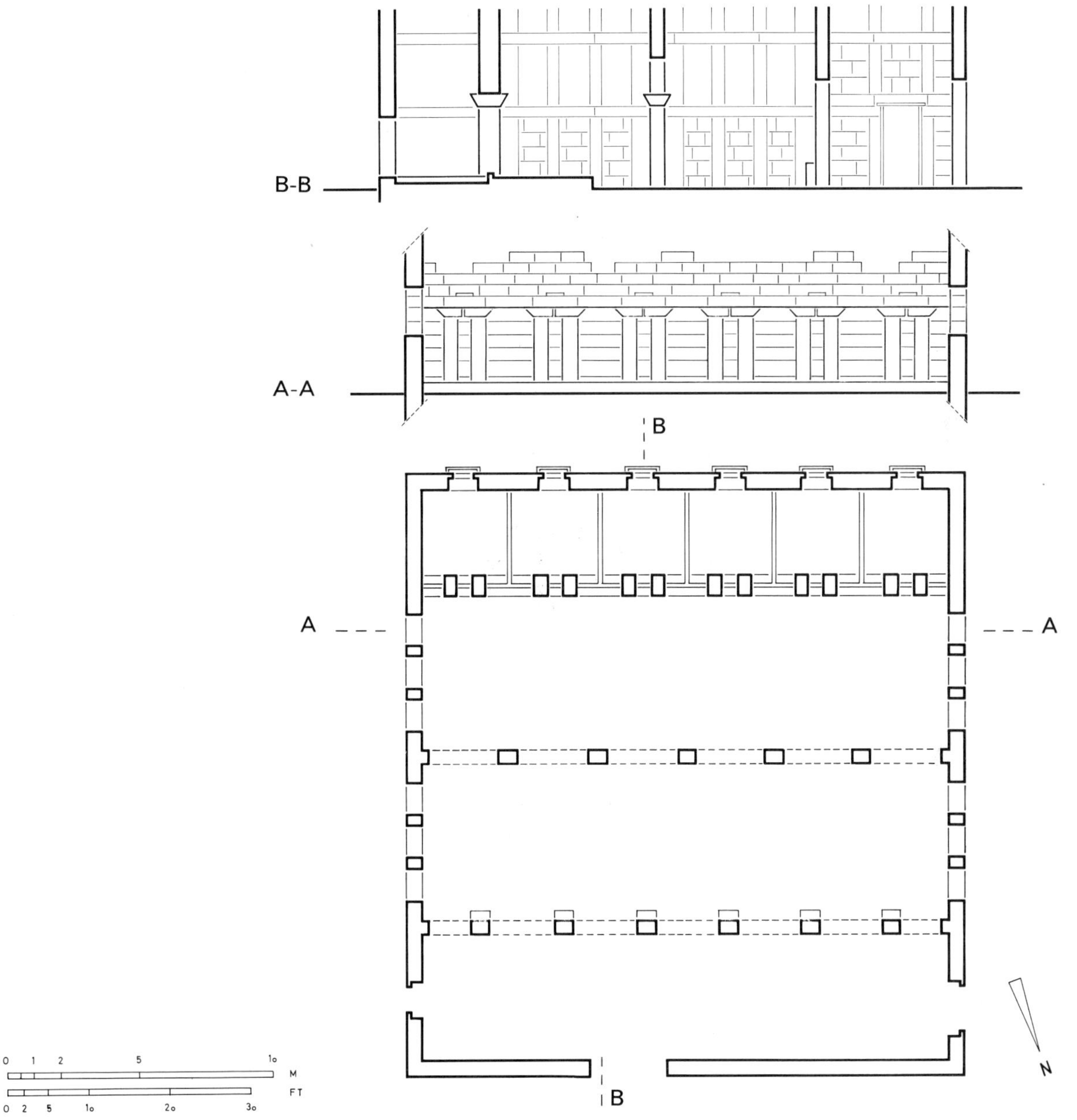

Der Trajansmarkt in Rom
Plan 1:1500 und Querschnitt 1:500

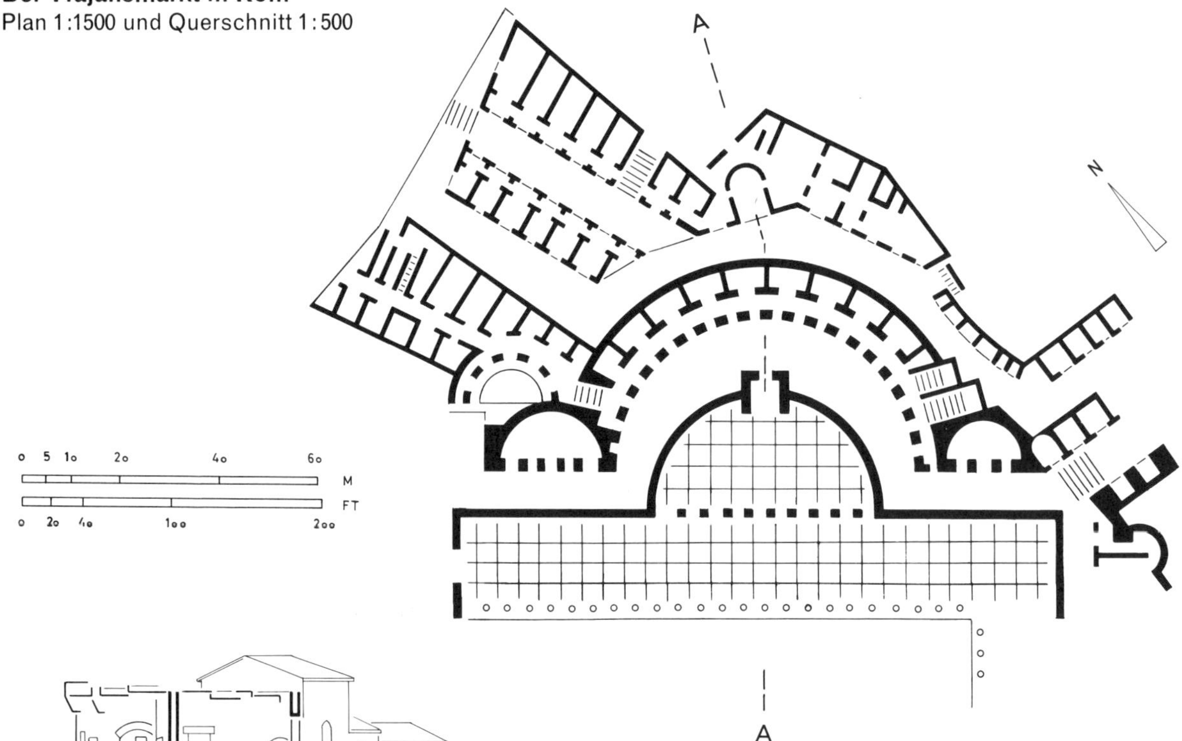

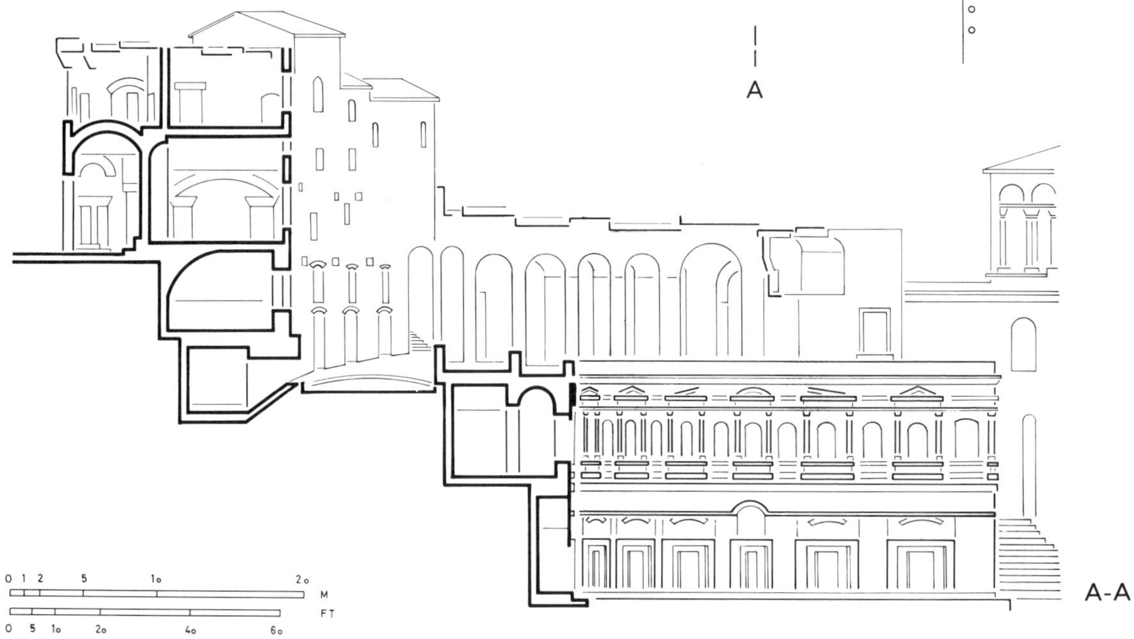

2. Eine zweckgebundene Architektur

«Man vergleiche mit den so zahlreichen und notwendigen Aquädukten die Pyramiden, die völlig nutzlos sind, oder auch die unnützen, aber überall berühmten Schöpfungen der Griechen.»

Dieser Satz aus «De aquaeductibus urbis Romae» von Frontinus könnte anstößig oder einfältig erscheinen, aber er offenbart uns das ureigenste Wesen der römischen Baukunst, das sie von jeder anderen Architektur unterscheidet, ausgenommen jene, die sich seit dem 19. Jahrhundert im industrialisierten Europa entwickelt hat. In jüngster Zeit hat Chruschtschow bei der Einweihung des Staudamms von Assuan fast wörtlich den Ausspruch des römischen Staatsmanns wiederholt, wenn ihm das auch sicherlich nicht bewußt war. Natürlich genügt diese Übereinstimmung nicht, um Frontinus zu rechtfertigen, aber sie macht augenfällig, wie «fortschrittlich» dieser Römer im ersten nachchristlichen Jahrhundert dachte.

Es ist erstaunlich festzustellen, daß fast überall und zu allen Zeiten die Architektur keiner strengen Zweckmäßigkeit unterworfen war, obgleich sie mehr Mühe und Kosten bedingt als jede andere Kunstform. Die wichtigsten Bauten in den fernöstlichen Kulturkreisen sind Tempel oder königliche Residenzen; die Ägypter haben nur für ihre Götter und Toten feste Gebäude errichtet; die prächtigen Bauwerke des präkolumbischen Amerika dienten ausschließlich Kultzwecken, während die Menschen, die sie ohne die in unseren Augen unabdingbaren technischen Hilfsmittel erstellten, in armseligen Laubhütten hausten. Auch der Geist Griechenlands, der die Menschheit zur Eroberung der realen Welt geführt hat, verkörpert sich vor allem im Parthenon. Das christliche Mittelalter lebt in seinen Kirchen, das islamische Mittelalter in seinen Moscheen weiter. Europa widmete während der Renaissance und dem 17. Jahrhundert seine besten Kräfte dem Bau von Schlössern und Palästen. Rom hingegen hat zwar seine Götter und Herrscher nicht vergessen, wollte aber in erster Linie den Millionen von Menschen in seinem Machtbereich materielle Wohlfahrt und kollektive Annehmlichkeiten sichern. Auf dieses zweite, ganz und gar «moderne» Bemühen werden wir in einem anderen Kapitel zurückkommen; zunächst wollen wir uns mit den für das Wirtschaftsleben bedeutungsvollen Gebäuden befassen.

Ihnen allen ist eine kraftvolle Strenge und Sachlichkeit gemeinsam, die sich, wie wir noch sehen werden, auch auf andere Baulichkeiten auswirkte. Dieses Prinzip geht auf die Grundgesetze der Baukunst zurück, wie sie von den

Römern verstanden wurden. Die Geisteshaltung des römischen Architekten war die gleiche wie die des Verwaltungsbeamten oder des Soldaten. Oder besser gesagt: der eigentliche römische Baumeister war der Politiker oder Heerführer, dem die Architekten lediglich zur Seite standen. So wurden die Bauwerke nicht nach Architekten benannt, sondern nach Kaisern oder Beamten – und das zu Recht, denn diese Inhaber der Staatsgewalt waren die wirklichen Urheber («auctores») der Bauten. Nichtsdestoweniger erfreuten sich die Architekten seit der Kaiserzeit eines hohen Ansehens, und wir kennen die bedeutendsten unter ihnen mit Namen. Allerdings waren Vitruv, Severus und Celer, die für Nero arbeiteten, Rabirius, der für Domitian tätig war, und Apollodoros von Damaskus, der das Forum Trajans erbaute, letztlich nur Helfer und Berater eines Herrschers, eines hohen Beamten oder auch eines einfachen «Bürgermeisters» einer römischen Stadt.

Es wäre falsch zu glauben, daß sich die Staatsmänner und Beamten damit begnügt hätten, die Tätigkeit ihrer Helfer nur aus der Ferne zu beobachten. In dieser Hinsicht ist wieder das Zeugnis des Frontinus aufschlußreich. Nachdem er Prätor, Konsul, General in Germanien, Statthalter von ganz Britannien und Prokonsul der Provinz Asia gewesen war, wurde diesem verdienten Senator 97 n.Chr., als er schon über 60 Jahre alt war, die Aufsicht über die Aquädukte von Rom übertragen, ein Posten, der als eines der wichtigsten Staatsämter galt. In seinem bereits genannten Werk schrieb er: «Ich kenne nichts, das für einen Menschen von bestimmtem Rang so ungeziemend wäre, als die ihm anvertraute Aufgabe nach den Anweisungen seiner Untergebenen durchzuführen. Dies ist stets dann unvermeidlich, wenn die Vorgesetzten sich ihrer Unerfahrenheit wegen anderer bedienen müssen, die zweifellos bei der Durchführung der Aufgabe eine wesentliche Rolle spielen, aber im Grund nur die Arme und Werkzeuge der Verantwortlichen sind. So habe ich mit den Bemerkungen, die ich zu dieser Frage habe zusammenstellen können, und nach einer Gewohnheit, der ich schon in vielen Ämtern gefolgt bin, in dieser Schrift eine systematische Darlegung und eine Art von zusammenfassendem allgemeinem Überblick niedergelegt, um mich daran als an die Richtlinie meiner Verwaltung zu erinnern.»

Diese Schrift, ein Musterbeispiel technischer Präzision, verrät ein mathematisches und physikalisches Wissen, das für eine Zeit, in der durch die Erziehung hauptsächlich literarische Kenntnisse vermittelt wurden, wahrhaft erstaunlich ist.

Alle diese Staatsbeamten hatten stets in erster Linie das öffentliche Interesse im Auge. Ihr Verdienst war es, daß sie die Schönheit nicht der Zweckmäßigkeit geopfert, sondern vielmehr eine ganz neue Ästhetik geschaffen haben.

Das «opus caementicium» und die dynamische Architektur

Zwar bediente sich die römische Architektur, vor allem im Innern der Gebäude, des Verputzes und eines reichen Dekors, auf dessen Ursprünge und Bedeutung wir in einem späteren Kapitel eingehen werden, aber die Fassaden verdankten ihre Schönheit der Ausdruckskraft des Baumaterials und dem ganz klar ersichtlichen Spiel der Kräfte.

Die griechische Baukunst beruht auf der Verwendung von geradlinig aneinanderstoßenden Blöcken, wodurch ihre Möglichkeiten begrenzt waren. Der Römer hingegen benützte nicht solche einzeln behauenen Blöcke, die wie Bauklötze zusammengesetzt wurden, sondern arbeitete mit einer aus Mörtel und Ziegel- oder Bruchsteinen hergestellten Gußmasse, die den Kern der Mauern bildete und kühnste Konstruktionen ermöglichte. Zur Verkleidung verwandte man zunächst noch große, ebenfalls durch Mörtel verbundene Blöcke, doch ging man bald zu kleineren Steinen und dann zu Ziegelsteinen über. Dieser revolutionierende Wandel in der Bautechnik, der ebenso bedeutungsvoll war wie die Einführung von Metallkonstruktionen im 19. Jahrhundert, erfolgte im 3. und 2. vorchristlichen Jahrhundert. Verursacht wurde er zweifellos in erster Linie durch das Bemühen, auf billigem Weg stabile Bauten zu errichten, doch spielte vermutlich auch das Beispiel der Karthager eine gewisse Rolle. Zudem erkannte man bald, daß durch die Verwendung von Mörtel der Gewölbebau erleichtert wurde. Das Gewölbe stammt aus dem Nahen Osten und der vorhellenischen Ägäis; die Griechen bedienten sich seiner nicht, doch die Etrusker vervollkommneten den Gewölbebau und errichteten vor allem Bogen aus großen Hausteinen; die Technik wurde später von den Römern übernommen. Ein prachtvolles Beispiel für ein aus großen behauenen Steinen errichtetes Gewölbe ist der gegen Ende des 1. nachchristlichen Jahrhunderts entstandene « Dianatempel » in Nîmes. Typisch römisch ist dieser Bau jedoch insofern nicht, als die Römer bald dazu übergingen, Gewölbe im Gußverfahren herzustellen; auf diese Weise bestanden die Gewölbe gleichsam aus einem Stück und waren von einer nie zuvor gekannten Festigkeit. Das Verfahren wurde unaufhörlich vervollkommnet: durch entsprechende Verbindungen wurde die Spannweite vergrößert, während man durch kühne Reduzierung der Mauerdicke die Möglichkeit zu Durchbrüchen schuf und damit raffinierte Lichtwirkungen erzielte. Natürlich wurde dadurch bei den Gebäuden auch die Linienführung verändert: die horizontalen und vertikalen Geraden wurden durch Kurven abgelöst, und so entstand jene «gemischtlinige» Architektur, wie die Italiener sagen, aus der der römische Barock hervorging. Andererseits war es infolge der Festigkeit des Mörtels und dem Kräftegleichgewicht innerhalb des Gußmauerwerks möglich, immer gewaltigere Bauten zu errichten und Unebenheiten des Geländes auszugleichen. Mit Hilfe dieser Techniken vermochten die römischen Baumeister die Landschaft umzugestalten, während die Griechen sich ihr untergeordnet hatten; sie konnten ihren Schöpfungen jene gigantischen Ausmaße geben, deretwegen man sie oft mit den Monumentalbauten der Ägypter verglichen hat, die allerdings mit weit weniger vollkommenen Mitteln erstellt worden waren.

Führen wir uns diese grundsätzlichen Gegebenheiten anhand einiger Beispiele vor Augen.

Der Pont du Gard

Beginnen wir mit dem Pont du Gard, einem Aquädukt, durch den das Wasser der Eure aus der Gegend von Uzès nach Nîmes geleitet wurde. Wir werden später noch darauf zu sprechen kommen, welche Rolle das Wasser für die kollektive Annehmlichkeit gespielt hat, die für die römische Kultur bezeichnend war. Man scheute keine Mühe, um Wasser in riesigen Mengen herbeizuschaffen; wie wir schon bei Frontinus gesehen haben, bekleidete der «curator aquarum» eines der höchsten Staatsämter. Allzuoft glaubt man jedoch, daß Aquädukte im wesentlichen nach dem eindrucksvollen Beispiel des Pont du Gard hohe Bogenreihen gewesen seien. In Wirklichkeit ist ein Aquädukt prinzipiell nichts anderes als eine im Mörtelgußverfahren hergestellte gedeckte Wasserleitung, durch die Quellwasser über mehr oder weniger große Entfernungen den Verbrauchern zugeführt wird. Sie mußte so angelegt sein, daß sie ein bestimmtes Gefälle aufwies, damit das Wasser durch sein eigenes Gewicht vorangetrieben wurde; und da die besten Quellen im Gebirge entspringen, mußte oft sehr unebenes Gelände überbrückt werden. Die von den alexandrinischen Wasserbautechnikern entwickelte Druckleitung war bei den Römern nicht beliebt; sie bedienten sich ihrer nur in Ausnahmefällen, so beispielsweise für die Wasserversorgung von Lyon. Gewöhnlich wurde die Leitung so angelegt, daß Senken durch Trassen aufgefüllt und Bodenerhebungen durch Einschnitte abgetragen wurden, so daß eine gleichmäßige, leicht fallende Linienführung entstand. Arkaden benützte man – wie beim Pont du Gard – zunächst nur, um Täler zu überbrücken. Allerdings erkannte man bald, daß sie eine Verschmutzung oder unberechtigte Entnahme des Wassers verhinderten, und so ging man dazu über, vor allem in der Umgebung Roms, einen Großteil der Zuleitung über Arkaden zu führen.

Die Wasserrinne, die das Kernstück des Aquädukts bildete, scheint eine im wesentlichen römische Schöpfung zu sein. Früh schon mußten die Bauern in Latium und im südlichen Etrurien Abzugskanäle anlegen, um der in diesem Gebiet stets drohenden Versumpfung Herr zu werden. In Rom selbst konnten die ersten Ansiedlungen auf den Hügeln nach den Tälern zu erst erweitert werden, nachdem die Bäche, die sich in die Niederungen ergossen, in Entwässerungskanäle geleitet worden waren; dies geschah seit dem 6. Jahrhundert v. Chr. Zuerst waren diese Anlagen recht einfach: die Cloaca Maxima war mehrere Jahrhunderte lang nichts als ein offener Wassergraben. Später deckte man ihn mit Brettern ab; doch das heute noch vorhandene Gewölbe stammt frühestens aus den letzten Jahren der Republik. Auf den Gedanken, solche Kanäle nicht nur zur Ableitung, sondern auch zur Herbeiführung von Wasser zu verwenden, kam man im ausgehenden 4. Jahrhundert v. Chr. Der Censor Appius Claudius Caecus, einer der größten Politiker jener Zeit und Mitbegründer des römischen Imperialismus, ließ gleichzeitig mit der Straße von Rom nach Capua (der Via Appia) eine Wasserleitung anlegen, die «Aqua Appia», durch die von einer etwa 15 Kilometer entfernten Quelle Wasser in die Hauptstadt geführt wurde. Das Wasser wurde im wesentlichen in einem in das Gestein gehauenen Kanal geleitet, während es bei lockerem Erdreich in ausgehöhlten, genau zusammengepaßten Steinblöcken floß.

Der Verlauf des Aquädukts von Nîmes wurde in seiner ganzen Länge (50 Kilometer) 1960 von vier Studenten der Ecole spéciale d'Architecture in Paris erforscht: von L. Dejean de la Bâtie, G. Cabrière, J. M. Guillaume und M. Havet; eingeführt wurden sie in die Arbeit von P. Eydoux. Es stellte sich heraus, daß bei diesem Aquädukt fast sämtliche technische Möglichkeiten, von der Druckleitung abgesehen, angewandt wurden: in den Boden eingelassene Leitungen, offene und gedeckte Geländedurchstiche, über dem Boden auf Unterstützungsmauern oder Bogen verlaufende gemauerte Kanäle. Für diese letzte Lösung ist der Pont du Gard lediglich das am besten erhaltene Beispiel; sie wurde in seiner unmittelbaren Umgebung noch sechsmal angewandt. Der Aquädukt ist vermutlich um 20 v.Chr. auf Befehl des Agrippa errichtet worden, der auch die sogenannte Maison Carrée in Nîmes erbauen ließ.

Im Prinzip unterscheidet sich der auf Bogen verlaufende Aquädukt nicht von einer Brücke, die ebenfalls als typisch römische Errungenschaft bezeichnet werden kann. Bis heute konnte noch keine befriedigende Erklärung dafür gefunden werden, warum die Inhaber eines der höchsten römischen Priesterämter «pontifices» (wörtlich: Brückenbauer) genannt wurden, doch ist die älteste Geschichte Roms eng mit der Geschichte der von ihm kontrollierten Sublicius-Brücke verknüpft. Wie alt diese war, geht aus der Tatsache hervor, daß sie ohne das kleinste Stückchen Metall ganz aus Holz erbaut war; erhalten geblieben ist natürlich nichts von ihr. Erst 179 v.Chr. ließen die Censoren über den Tiber eine Brücke schlagen, deren Pfeiler aus Stein waren, während die Brückenbahn wiederum aus Holz bestand; 142 schließlich wurden die Pfeiler durch Bogen miteinander verbunden. Um die Mitte des 2. vorchristlichen Jahrhunderts, zu der Zeit, da die römischen Baumeister alle Möglichkeiten des Gewölbebaus auszuschöpfen begannen, bediente man sich also des Gewölbes, um ein ungemein wichtiges technisches Problem zu bewältigen, für das man bis dahin keine zufriedenstellende Lösung hatte finden können: nur die Bogenbrücke vermochte dem im Mittelmeergebiet so plötzlich einsetzenden Hochwasser standzuhalten.

Während eine gewöhnliche Brücke nur aus einer einzigen Bogenreihe besteht, finden sich beim Pont du Gard drei Bogenreihen übereinander; darin unterscheidet er sich von fast allen anderen Aquädukten, die aus nur zwei Reihen bestehen. Auch seine Gestalt ist ganz anders als beispielsweise die des berühmten Aquädukts von Segovia: bei dem Bauwerk in Spanien sind die unteren Bogen hoch und schmal, während der Pont du Gard in der untersten Reihe nur sechs sehr weitgespannte Bogen aufweist (15,75 m bis 21,50 m Spannweite, 20,12 m hoch). Dies geht wahrscheinlich darauf zurück, daß der Pont du Gard einen reißenden Fluß überbrückt, während der Aquädukt von Segovia über trockenes Gelände führt. Die unterste Bogenreihe ist also nichts anderes als eine Brücke mit einer noch heute benützten regelrechten Brückenbahn; die Pfeilerköpfe weisen stromaufwärts. – Die darüberliegende Bogenreihe ist beinahe eine Wiederholung der unteren: sie ist ebenso hoch, und die mittleren Bogen, die auf der Brücke stehen, haben die gleichen Ausmaße; allerdings besteht diese Reihe nicht aus sechs, sondern aus elf Bogen, weil in der Höhe das Tal breiter ist. Durch die oberste Bogenreihe schließlich wird jedoch diese Gleichförmigkeit unterbrochen. Sie ist nur 8,50 Meter hoch und zählt 35, etwa bis zu einer Höhe von 4 Metern hochgeführte Bogen. Diese erfüllen eine rein ästhetische Funktion, denn man hätte die Wasserleitung ohne weiteres unmittelbar auf die zweite Bogenreihe oder auch auf eine massive Mauer legen können. Die oberste Bogenreihe ist demnach eine nicht zweckgebundene, ästhetische Bereicherung, die sich der Baumeister erlaubt hat. Im übrigen wollte er keinerlei Schmuck, verzichtete sogar auf die Nischen zwischen den Bogen, die bei römischen Brücken so oft durch die Ecksteine gebildet werden: er spürte genau, daß auch die kleinste Ausschmückung der kraftvollen Wirkung dieses allein durch das Baumaterial und die klaren geometrischen Formen beeindruckenden Werkes Abbruch getan hätte. Auch in einer anderen Hinsicht unterscheidet sich der Pont du Gard von den meisten übrigen Aquädukten: er ist ausschließlich aus großen behauenen Steinblöcken ohne jeden Mörtel zusammengefügt. Die Gewölbe bestehen aus länglichen Wölbsteinen, die aufeinander ruhen, aber nicht miteinander verbunden sind. Um die Sachlichkeit seiner Schöpfung zu betonen, ließ der Baumeister sogar die Kragsteine, die das Baugerüst getragen hatten, im Mauerwerk stehen; sie ragen auch am Ansatzpunkt eines jeden Bogengewölbes über dem einfachen Kranzgesims aus der Mauer. Doch vor allem bewies der Architekt seine Meisterschaft dadurch, daß sein Werk sich vollkommen in die herrliche Landschaft einfügt, die es umrahmt. Manche Kunsthistoriker haben behauptet, daß die Römer im Gegensatz zu den Griechen es nicht verstanden hätten, die Natur in ihre Schöpfungen einzubeziehen; ganz gewiß haben sie den Pont du Gard nie gesehen.

Die Kryptoportiken von Arles

Doch nun wollen wir uns dem Rhônetal zuwenden und uns nach Arles begeben. Dort finden wir ein erst vor kurzem entdecktes zweites Meisterwerk funktioneller römischer Baukunst, das etwa gleichzeitig mit dem Pont du Gard entstanden ist.

Es handelt sich hier um drei unterirdische, U-förmig angelegte Bogengänge; die Längsgänge sind fast 90 Meter, der Quergang 61 Meter lang. Ihre Breite beträgt 8,50 Meter, ihre

Höhe 4,40 Meter. Überdeckt sind sie von einem Doppelgewölbe, das auf der Außenseite jeweils auf den Mauern und innen auf einer in der Achse der Gänge verlaufenden Reihe von Pfeilern mit quadratischem Querschnitt aufliegt. Die Pfeiler sind untereinander durch Rundbogen verbunden, deren Struktur und Proportionen an die untere Bogenreihe des Pont du Gard erinnern. Bislang ist über dieses Bauwerk noch keine ausführliche Untersuchung veröffentlicht worden, so daß wir auf Einzelheiten verzichten müssen. Immerhin scheint es ganz zu Anfang der Kaiserzeit errichtet worden zu sein, wie die einfache Bauweise der Gewölbe bezeugt: sie wurden im Gußverfahren hergestellt, die seitlichen Mauern bestehen aus Bruchstein, während die Mittelpfeiler und die sie verbindenden Bögen aus großen behauenen Blöcken zusammengefügt wurden. Der Baumeister kannte offenbar noch nicht das Kreuzgratgewölbe, das entsteht, wenn sich zwei Tonnengewölbe senkrecht schneiden; es findet sich nicht einmal dort, wo die Gänge aufeinandertreffen Statt dessen steht dort am Knick des Ganges ein L-förmiger Eckpfeiler, auf dessen Schenkeln die Gewölbe der beiden Gänge aufliegen; sie stoßen in einer diagonal verlaufenden Kante zusammen. Diese Anordnung, aus der sich später das sogenannte Klostergewölbe entwickelte, findet sich erstmals in dem um die Mitte des 1. vorchristlichen Jahrhunderts errichteten Herkulestempel in Tivoli; das älteste Kreuzgewölbe befindet sich im «Haus des Kryptoportikus» in Pompeji, das zur Zeit des Augustus umgebaut wurde. Also dürften die Kryptoportiken in Arles in den ersten Regierungsjahren dieses Kaisers entstanden sein; bei den Ausgrabungsarbeiten fand man übrigens eine sehr schöne Marmorbüste, die den Herrscher als jungen Mann zeigt, als er noch Cäsar Octavian hieß und Triumvir war. An einer anderen Stelle grub man eine Marmorkopie des goldenen Schildes aus, den ihm der Senat 27 v. Chr. zusammen mit dem Titel «Augustus» verlieh, um seine Herrschertugenden zu würdigen.

Wie beim Pont du Gard resultiert die Schönheit dieser Gänge einzig und allein aus ihrer kraftvollen Konzeption, aus der harmonischen Linienführung und aus der Beschaffenheit des Baumaterials. Während beim Pont du Gard Sonne und Landschaft die Schönheit steigern, geschieht dies hier durch das geheimnisvolle Dunkel, das unter den Gewölben herrscht. Auch in anderen Teilen des Römerreichs findet man solche unterirdische Gewölbe, die an eine romanische Kathedrale erinnern, so in Rougga mitten im tunesischen Sahel, einige Kilometer südlich von El Djem, wo sich eine riesige Zisterne über tiefschwarzem Wasser wölbt.

Wofür waren diese unterirdischen Gänge in Arles bestimmt? Hierüber konnten sich die Archäologen bislang noch nicht einigen. Man bezeichnet sie als Kryptoportiken; darunter verstand man meist in den Landhäusern angelegte lange, schattige Gänge, in denen sich die Bewohner in der heißen Mittagszeit ergehen und ausruhen konnten. In Arles hingegen dürfte es sich um ein öffentliches Bauwerk handeln. Das von den Gängen umschlossene große Rechteck war höchstwahrscheinlich das Forum der Stadt; der große Tempel, der einst den Platz beherrschte und dessen Grundmauern auf die Gänge stoßen, war vermutlich das Kapitol; die in den Gewölben gemachten Funde (die Büste des Octavian und der «clipeus virtutis») beweisen, daß hier seit Beginn der Kaiserzeit die öffentlichen Kulthandlungen stattfanden. Entsprechende Gänge gibt es in Aosta, Narbonne und Reims; die in Reims sind nicht vor dem 2. Jahrhundert n. Chr. entstanden. Manche Historiker sehen in diesen Bauten Vorratslager für Lebensmittel, andere betrachten sie als echte, für die Allgemeinheit bestimmte Kryptoportiken. Für beide Annahmen wurden ernstzunehmende Gründe vorgebracht; eine endgültige Klärung werden zweifellos erst weitere Funde bringen.

Die Ölmühle von Brisgane

Die dem Wirtschaftsleben dienenden römischen Baulichkeiten waren zu einem großen Teil dem Handel gewidmet. Indessen kennt man auch einige Anlagen, die man als regelrechte Fabriken oder vielmehr als Manufakturen bezeichnen kann. Auch in dieser Hinsicht unterscheidet sich Rom von allen Kulturen der Antike oder des Mittelalters. Allerdings ist eine solche Zusammenfassung der Produktion in Einrichtungen mit mehreren hundert Arbeitern keine römische Erfindung: vor den Römern hatten schon die Herrscher der hellenistischen Welt derartige Unternehmungen gegründet, aber davon ist nichts erhalten geblieben. Auch von den großen römischen Manufakturen konnte nicht mehr viel aufgefunden werden; besonders die riesigen Ziegeleien, die unmittelbar dem Kaiser, seiner Familie und den hohen Würdenträgern des Staates unterstanden und vor den Toren Roms angelegt waren, sind spurlos verschwunden, ebenso die oströmischen Staatsmanufakturen, die die Beamtenschaft und die Armee mit Bekleidung und Waffen versorgten. Bislang konnten lediglich einige Nahrungsmittelbetriebe ausgegraben werden: so vor einigen Jahren in Barbegal (Südfrankreich) eine Mehlfabrik aus dem 4. nachchristlichen Jahrhundert, deren durch Wasserkraft angetriebene Mühlen bezeugen, daß in dieser von den Historikern völlig zu Unrecht sehr vernachlässigten Zeit der technische Fortschritt keineswegs zum Stillstand gekommen war.

Am eindrucksvollsten jedoch sind die Ruinen der Ölmühlen in den afrikanischen Steppen: sie stehen in einem heute praktisch menschenleeren oder nur sehr dünn besiedelten Gebiet, dessen Ölpflanzungen vom 2. bis 10. nachchristlichen Jahrhundert eine sehr zahlreiche Bevölkerung ernährten. Der Ölgewinnung dienten riesige Anlagen, die, wie die Ölmühle von Brisgane dreißig Kilometer südlich von Tebessa, oft gut erhalten sind. Den Kern bildeten die Räume, in denen die Ölpressen aufgestellt waren; an sie schloß sich ein großer, von Säulengängen gesäumter Hof an, der die Arbeitsräume von den Lagerräumen trennte; in diesen wurden die Oliven und Ölkrüge aufbewahrt. In Brisgane ist der Boden fahlrot. Die Ruine erinnert an einen riesigen Käfig, dessen Gitter durch gewaltige, rechteckige Kalksteinblöcke gebildet werden. Dieses eigenartige Aussehen geht auf die Verwendung einer sehr bemerkenswerten Bautechnik zurück: ein Mauerwerk aus kleinen Bruchsteinen wurde durch große verzahnte Blöcke armiert, auf denen horizontale Stützen ruhten, die ebenfalls aus großen Blöcken gebildet waren; die Ecken des Gebäudes und die den Hof säumenden Bogengänge bestanden ausschließlich aus großen Hausteinen. Auf den Arkaden liegen Balken aus Stein; um aber zu verhindern, daß sie mit dem ganzen Gewicht auf dem Schlußstein des Bogens aufliegen, wurden sie so verbunden, daß sie mit einem Ende auf den Wölbsteinen zu beiden Seiten des Schlußsteins ruhen; oder man benützte Steinbalken, deren Länge dem Durchmesser des Bogens entsprach, hob sie jedoch durch Blöcke, die direkt auf dem Pfeiler auflagen, einige Zentimeter über den Bogen und fügte sie in Einschnitte auf dem Rücken der Gewölbsteine ein. Da sie sich – mit Recht – auf die Festigkeit dieser Bauweise verließen, stellten die ländlichen Maurer an die Qualität des Mörtels geringere Ansprüche als ihre Kollegen in den Städten. Deshalb wurde durch die Unbilden des Wetters das dazwischenliegende Mauerwerk aus Bruchsteinen oft völlig zerstört, so daß nur noch die großen Haublöcke der Armierung übrigblieben, die der Ruine ein so merkwürdig käfigähnliches Aussehen geben.

Sehr interessant ist die Geschichte dieser Bautechnik. Als erste kamen die Karthager auf den Gedanken, die Mauern durch große Hausteine zu armieren, die durch Steinträger verbunden und deren Zwischenräume mit Bruchsteinen ausgefüllt waren. Zur Zeit der Punischen Kriege wurde das Verfahren von den Römern übernommen und beispielsweise in Pompeji angewandt, später aber in Italien durch das «opus caementicium» verdrängt; in Afrika jedoch, seinem Ursprungsland, bediente man sich seiner bis zum Ende der Antike und errichtete auf dem Höhepunkt der Kaiserzeit mit seiner Hilfe sogar Monumentalbauten. Das Beispiel der Ölmühle von Brisgane zeigt uns, daß die Baumeister in den südlichsten Regionen des Reiches mittels dieses Verfahrens eine Verteilung der Druckkräfte im Bauwerk erzielten, was von den Architekten der Hauptstadt durch weniger einfache Methoden erreicht wurde.

Von großem Interesse sind die Ölmühlen in den afrikanischen Steppen auch für die Geschichte des Römerreichs. Das Vorhandensein dieser Mühlen in jenen Gegenden bedeutet, daß bestimmte, in Massen hergestellte Produkte rasch abgesetzt werden konnten. Hauptabnehmer waren natürlich die Armee, die Verwaltung und die großen Städte, die so dicht besiedelt waren, wie es in einer Kultur ohne Maschinen überhaupt nur möglich ist. Vor allem Rom, das damals vermutlich über eine Million Einwohner zählte, wäre ohne die ständigen Bemühungen einer besonderen Behörde, der Annona, der eine riesige Handelsflotte zur Verfügung stand, unaufhörlich von Hungersnöten bedroht gewesen.

Die Horrea Epagathiana in Ostia

Eine der Hauptsorgen der Kaiser im 1. und 2. Jahrhundert galt der ausreichenden, regelmäßigen Versorgung der Bevölkerung mit Lebensmitteln, hing davon doch die Aufrechterhaltung von Ruhe und Ordnung ab. Gewaltige Arbeiten waren notwendig, um in Ostia einen entsprechend leistungsfähigen Hafen zu schaffen. Die von Claudius (41–53 n. Chr.) angelegten Hafenbecken wurden von Trajan erweitert; an diesem trajanischen Hafen wuchs eine neue Stadt, Portus Traiani, das spätere Porto. Die Hafenstädte verkörpern die bezeichnendsten und modernsten Züge der Kultur der römischen Kaiserzeit. Die Wohnviertel bestanden aus großen, mehrstöckigen Mietshäusern mit zahlreichen Wohnungen. Einen großen Teil des Stadtgebiets nahmen die Hafenanlagen und die Lagerhäuser ein. Die Baumeister entwickelten einen Gebäudetyp, der ebensogut als Wohnhaus wie als Sitz einer Handelsgesellschaft und sogar als Kaserne dienen konnte. Ein Beispiel ist das um die Mitte des 2. nachchristlichen Jahrhunderts errichtete Gebäude der beiden aus dem Nahen Osten stammenden Freigelassenen Epagathus und Epaphroditus, die eine große Import-

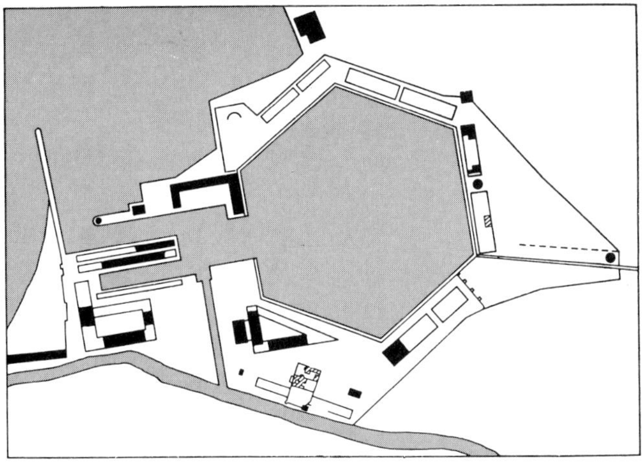

▲ Ostia: Trajanshafen. Ca. 1:20000

gesellschaft leiteten. Die über dem Portal angebrachte Inschrift bezeichnet das Haus als «Horrea», was man gewöhnlich mit «Speicher» übersetzt; aber angesichts der vielfältigen Formen und Verwendungszwecke der Baulichkeiten, die man «Horrea» nannte, würde man besser von «Magazinen» sprechen: wie wir bereits gesehen haben, dienten vielleicht auch die unterirdischen Bogengänge in Arles und Narbonne als «Horrea».

Die Horrea Epagathiana sind ein dreistöckiges, rechteckiges Gebäude, das vollständig aus Backsteinen erbaut ist. Die Fassade wird im Erdgeschoß durch Pfeiler in sechs gleichgroße Abschnitte geteilt; im (von der großen Arkade aus gerechnet) zweiten Abschnitt befindet sich das Portal, das also entgegen der römischen Bautradition nicht in der Achse der Fassade liegt. Dieses ausgezeichnet erhaltene Portal ist wahrhaft monumental; der große Bogengang, durch den man ins Vestibül gelangt, ist auf beiden Seiten von Halbsäulen flankiert, die wie das ganze Gebäude aus Ziegelsteinen errichtet sind; auf den Stuckkapitellen ruhen ein Gesims und ein Giebel. Eine Marmorplatte in der Mitte des Frieses trägt die Dedikation. In jedem der fünf übrigen Abschnitte befand sich ein Laden; über dem rechteckigen Eingang wölbt sich ein flacher Entlastungsbogen. Über den Pfeilern rahmen höhere Entlastungsbogen quadratische Fensteröffnungen ein; gekrönt wurde das Erdgeschoß von einem schmalen, rein dekorativen Balkon. In den beiden oberen Stockwerken waren vermutlich nach dem gleichen Schema je zwei Fenster zu einer architektonischen Einheit zusammengefaßt. Durch das Vestibulum gelangen wir in einen großen rechteckigen Hof, den ein von hohen Ziegelarkaden abgeschlossener Wandelgang säumt. Die Verteilung der Räume entspricht jener, die wir schon in der Ölmühle von Brisgane vorgefunden haben.

Bemerkenswert an diesem reinen Zweckbau ist nicht nur seine Großartigkeit, sondern auch seine künstlerische Gestaltung. Von den plastischen Wirkungen der Fassade war bereits die Rede; besonders augenfällig sind jedoch die farblichen Kontraste, die ganz einfach durch den Gegensatz zwischen den weißen Stuckkapitellen und der Marmorplatte einerseits und den Ziegeln anderseits erzielt wurden; im 2. Jahrhundert entdeckten die römischen Baumeister den ästhetischen Wert des Ziegelsteins, der ursprünglich lediglich als zweckmäßiges Baumaterial angesehen worden war. Im Innenhof finden wir zwei rein dekorative Elemente: gepflastert ist er mit einem schwarz-weißen Mosaik, das ein von einer Schlangenlinie eingefaßtes Hakenkreuz darstellt, und manche Pfeiler des Portikus weisen von kleinen Halbsäulen flankierte Nischen mit Giebeln auf; in die Nischenwand eingelegt sind rautenförmige (in der oberen Wölbung dreieckige) dunkelbraune Steine, die eine Art von sehr einfachem Wandmosaik bilden.

Dieses einfallsreiche Bemühen um künstlerische Wirkung mittels einfachster Mittel war das Ergebnis einer ästhetischen Entwicklung. Wie wir am Beispiel des Pont du Gard und der Kryptoportiken von Arles gesehen haben, beruhte im 1. Jahrhundert die Schönheit der römischen Zweckbauten ausschließlich auf ihrer Monumentalität. Der Baumeister der Horrea Epagathiana hingegen arbeitete mit formalen und farblichen Effekten, die von seinen italienischen Nachfolgern im ganzen Mittelalter und der Neuzeit immer wieder verwendet wurden, weil sie den Lichtverhältnissen

▼ Ostia: Horrea Epagathiana, Fassade. Ca. 1:400

des Landes und dem Wesen seiner Bewohner vollkommen angemessen sind. Wir kennen den Architekten, der die Entwicklung der römischen Baukunst in diese neuen Bahnen lenkte: es war Apollodoros von Damaskus, der für Trajan den großen Markt am Quirinal erbaut hat.

Der Trajansmarkt (Mercato di Traiano)

Die Marktanlage Trajans ist Teil eines noch gewaltigeren Ganzen. Die Kriegsbeute, die nach der Niederlage der Daker nach Rom kam, diente zur Sanierung des unter Domitian schwer erschütterten Staatshaushalts und erlaubte Trajan, die von Cäsar anderthalb Jahrhunderte zuvor begonnene bauliche Umgestaltung des Zentrums der Stadt zu vollenden. Dem Forum Iulium, das sich an das alte Forum Romanum angeschlossen hatte, waren im Norden und Osten weitere Foren gefolgt: das Forum Augusti, dann das Forum Transitorium und schließlich das von den Flaviern erbaute Forum Pacis mit dem Friedenstempel, der Aedes Pacis. Was Trajan geschaffen hat, ist ebenso gewaltig wie die Bauten aller seiner Vorgänger zusammengenommen: seine Anlage umfaßt (von Osten nach Westen) das Trajansforum, die Basilica Ulpia, zwei Bibliotheken zu beiden Seiten der berühmten Säule, die noch heute an ihrem alten Platz steht, und schließlich einen halbkreisförmigen Platz, auf dem nach seinem Tod von seinem Nachfolger Hadrian ein Tempel zu seinen Ehren errichtet wurde, das Templum Divi Traiani.

Beherrscht wird das Forum vom Trajansmarkt, der am Hang des Quirinals angelegt wurde; von diesem hatte man hundert Fuß hoch Erde abtragen müssen, um Platz für die gewaltigen Bauwerke zu gewinnen. Diese Marktanlage ist sehr originell gestaltet und unterscheidet sich grundlegend von den in den Provinzstädten errichteten «macella», die meist aus einem von Läden gesäumten rechteckigen Platz bestehen. Ausschlaggebend für die Gestaltung des Trajansmarktes waren der steil abfallende Baugrund und die Notwendigkeit, ihn der Form des Forums anzupassen. Apollodoros von Damaskus, der den gesamten Komplex errichtet hat, hätte sich nach dem Beispiel seiner Vorgänger darauf beschränken können, den Hang des Quirinals stufenförmig abzutragen und auf den einzelnen Stufen rechteckige Gebäude zu erstellen. Statt dessen gab er dem Zentrum des Marktes die Gestalt eines großen Halbkreises, womit er in erster Linie den Zweck verfolgte, den Hügel abzustützen. Zudem konnte er dadurch das Trajansforum auf beiden Seiten durch halbkreisförmige Ausbuchtungen

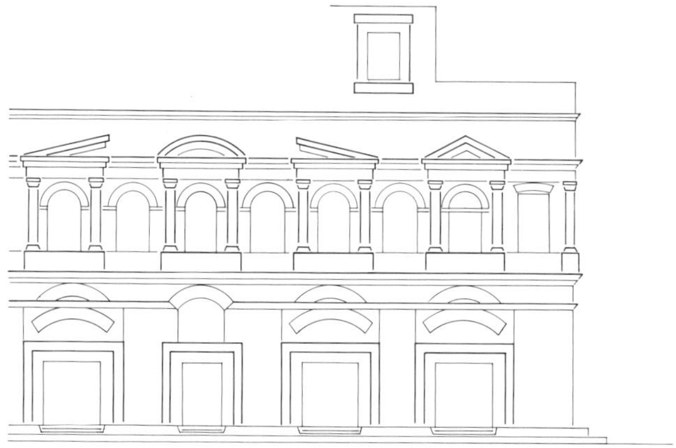

▲ Rom: Teilansicht der Exedra-Fassade des Trajansmarktes. Ca. 1:400

erweitern. Diese beiden großen Exedren ähneln denen des Forum Augusti und bilden ein Gegenstück zu den beiden Apsiden der Basilica Ulpia, die den gleichen Radius haben. Das Zentrum der Marktanlage erhielt eine konkave Fassade mit zwei übereinanderliegenden Arkadenreihen. Den halbkreisförmigen überdachten Gang findet man schon zu Beginn des 1. vorchristlichen Jahrhunderts bei einer der ersten typisch römischen Bauschöpfungen, dem Fortuna-Tempel in Präneste, doch handelt es sich dort um einen von Säulen getragenen Bogengang. Apollodoros hat letztlich nichts anderes getan, als daß er die konvexe Fassade, wie sie bei Theatern und Amphitheatern üblich war, ins

▼ Der Trajansmarkt: Schnitt durch die östliche Exedra des Trajansforums mit der Via Biberatica und den sogenannten Mercati. Ca. 1:500

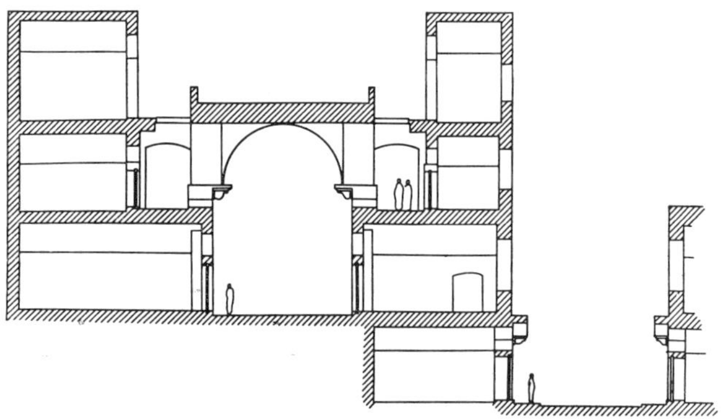

Konkave übertragen hat. In die Arkaden des Erdgeschosses wurden die rechteckigen Eingänge der Luxusläden eingefügt; hinter den Arkaden im oberen Geschoß verlief ein Gang, der eine weitere Ladenreihe verband. Diese Arkaden werden übrigens von Pilastern und einem Gesims gesäumt, eine Anordnung, die wir erstmals auf der geraden Fassade des Tabulariums und später auf den konvexen Fassaden der Theatergebäude finden. Die Bedeutung dieser Neuerung sowie ihre Auswirkungen auf die Theaterarchitektur und auch, wie wir noch sehen werden, auf die Triumphbögen, Grabdenkmäler und rein dekorative Schöpfungen, wie etwa Brunnen, kann nicht genug betont werden. Hier sehen wir, wie die beiden großen Strömungen, die die Baukunst der Kaiserzeit beherrschen, in eins zusammenfließen: der Funktionalismus, dessen Entwicklung wir bis zu diesem Punkt verfolgt haben, und der «Barock». Von nun an bilden die beiden Strömungen keinen Gegensatz mehr, sondern ergänzen und verbinden sich im «Klassizismus».

Der «barocke» Charakter der Fassade des Apollodoros resultiert zunächst aus ihrer Anlage; sie scheint vollkommen regelmäßig zu sein, und doch sind die beiden Hälften nicht symmetrisch. Unterstrichen wird er durch den farblichen Gegensatz zwischen dem roten Mauerwerk und dem weißen Kalkstein, der die Ladeneingänge umrahmt; deren Böden waren mit Mosaik ausgelegt, die Wände mit Fresken geschmückt. Die Pracht, der wir in den Horrea Epagathiana in Ostia begegnet sind, geht also sicherlich auf dieses trajanische Beispiel zurück. Verstärkt wurde die «barocke» Wirkung durch die Gestaltung der Giebel, die die Arkaden des oberen Stockwerks krönten: sie bildeten abwechselnd entweder, wie üblich, gleichschenklige oder aber rechtwinklige Dreiecke. Sehr interessant ist die Tatsache, daß dieses obere Stockwerk niemals durch spätere Bauten verdeckt und im 16. Jahrhundert von den Liebhabern antiker Ruinen oft gezeichnet wurde; vielleicht diente es Bernini als Vorbild für die konkaven Fassaden seines Louvre-Plans, und möglicherweise ließ sich Le Vau dadurch zu der gewaltigen, harmonischen Exedra des Mazarin-Palastes inspirieren, einem der wenigen wirklich barocken Bauwerke in Paris.

Wenn wir nach Osten gehen, gelangen wir zur Einmündung einer uralten Straße, die noch heute in ihrer ursprünglichen Gestalt erhalten ist und im Mittelalter den Namen Via Biberatica führte – zweifellos eine Verstümmelung des antiken Via Piperatica (Pfefferstraße). Dieser breite Zugang führt zu dem hinter der Ladenfassade am Hang liegenden Labyrinth von Läden; er schlängelt sich wie die «clivi» des alten Roms, an deren Stelle allerdings meist durch breite Absätze unterbrochene Treppen gebaut wurden, am Quirinal empor. Auf beiden Seiten der Straße befanden sich Läden ähnlich denen in den Horrea Epagathiana; in der Gesamtanlage des Marktes entsprach ihre Rolle jener der «Praecinctiones», die in den Theatern die verschiedenen Etagen der Sitzreihen voneinander trennten. Von ihrer Biegung auf der Höhe des Hanges erstrecken sich zwei Gebäudekomplexe nach Norden und Osten, von denen der erste von größerer Bedeutung ist: seine Achse bildet ein von sechs hintereinanderliegenden Kreuzgratgewölben überdachtes Schiff. In dieser Trajansbasilika versammelte sich das Volk, um die auf Staatskosten von der Annona verteilten Lebensmittel entgegenzunehmen, wie es ein Relief auf dem Konstantinsbogen zeigt.

Die Amphitheater: El Djem

Wie bereits aufgezeigt wurde, bestehen zwischen der Anlage des Trajansmarktes und jener der Theater mannigfache Beziehungen. Wir wollen uns also nunmehr dem funktionellen Aspekt der den öffentlichen Schaustellungen gewidmeten Baulichkeiten zuwenden, der besonders deutlich wird, wenn wir die Fassaden der Theater und Amphitheater betrachten. Als Beispiel wählen wir nicht das Kolosseum in Rom oder eine der Arenen in den südfranzösischen Städten, sondern das Amphitheater von El Djem in Tunesien.

El Djem, heute ein bedeutungsloser Ort mit einigen tausend Einwohnern, liegt in der Mitte des osttunesischen Küstengebiets auf dem breiten Landvorsprung zwischen dem Golf von Hammamet und dem Golf von Gabes. Wenn man auf der langen, geraden Straße herkommt, die den Ort mit Sousse (Susa) verbindet, taucht plötzlich über den grauen Olivenhainen und den niederen weißen Häusern ein riesiger, ockerfarbener, zylindrischer Baublock auf, und aus der Nähe entdeckt man, daß er von regelmäßig verteilten schwarzen Öffnungen durchlöchert ist. Neben diesem Bauwerk verschwindet die Ortschaft fast völlig, und erstaunt fragt man sich, wie man zur Unterhaltung der Vorfahren der Beduinen, die heute am Fuß der Arkaden ihren Markt abhalten, einen solchen Koloß errichten konnte. Diese Frage ist allerdings durch die Ausgrabungen des Nationalen Archäologischen Instituts von Tunesien beantwortet worden: weit jenseits der Grenzen der modernen Ansiedlung ist man auf die Überreste von mehreren hundert Meter langen, von prächtigen Villen gesäumten Straßen gestoßen.

Noch vor Sbeïtla, Kairouan und Sfax war Thysdrus, wie El Djem im Altertum hieß, im 2. und 3. Jahrhundert ein Ölhandelszentrum. Wie mächtig sie waren, bewiesen die Bürger der Stadt im Jahr 238, als sie einen Kaiser stürzten, der ihnen eine ihrer Meinung nach zu hohe Steuer auferlegen wollte. In dieser Blütezeit, vermutlich um 200 n. Chr., wurde das «afrikanische Kolosseum» erbaut; es trat an die Stelle der alten, zu ebener Erde angelegten Arenen, deren Überreste inzwischen ebenfalls ans Tageslicht gebracht worden sind.

Das Amphitheater ist nicht, wie sein Name besagt, etwa eine Zusammenfügung von zwei Theatern, sondern ein völlig in sich geschlossenes «Rundtheater». Als gegen Ende des 6. vorchristlichen Jahrhunderts in Griechenland das Drama entstand, setzten sich die Zuschauer zunächst um einen ebenen, runden Platz, auf dem der Chor agierte; meist wurde dieser Platz so ausgewählt, daß er zum Teil von den Hängen eines Hügels eingeschlossen war. Gegen Ende des 5. vorchristlichen Jahrhunderts begann man in Athen an solchen Hängen in konzentrischen Halbkreisen Stufen anzulegen, die bald mit steinernen Bänken versehen wurden. Damit griff man, ohne es zu wissen, auf eine Anlage zurück, deren sich die kretischen Architekten bedient hatten, um in der Nähe der Paläste Schauplätze für die Tänze oder die Stierkämpfe zu schaffen, an denen sich der Hof des Königs Minos erfreute. In Italien kamen solche Theater im 3. vorchristlichen Jahrhundert auf, aber in Rom selbst erlaubten die Verteidiger der «alten Sitten» erst um die Mitte des 1. Jahrhunderts v. Chr. den Bau eines festen Theaters – und auch das erst, nachdem der damals auf der Höhe seines Ruhmes als Eroberer des Orients stehende Pompejus eingegriffen hatte. Als Bauplatz wählte man das Marsfeld, auf dem schon seit alters die plebejischen Feste gefeiert wurden. Aber ausgerechnet dieser Teil der ansonsten so hügeligen Stadt ist völlig eben; es war also nicht möglich, in einen Hang Stufen für die Sitzreihen zu graben. Nun hätte man zwar Erde herbeischaffen und einen künstlichen Hügel errichten können – dieses einfache und wirtschaftliche Verfahren wurde in einigen kleineren Städten angewandt, so in Ventimiglia am Golf von Genua und auch in Leptis Magna; aber zur Zeit des Pompejus hatten die Architekten bereits die Möglichkeiten des Gewölbes und der Rundbauweise in Stein erkannt. Also beschlossen sie, die Sitzreihen auf mehrere übereinanderliegende Bogenreihen zu verteilen, die nach außen hin eine halbkreisförmige Fassade bildeten. Damit entstand in Rom das erste wirklich «römische» Theater, das wenig später von Balbus und von Augustus (in dem nach seinem Schwiegersohn Marcellus benannten Theater) nachgeahmt wurde.

Um die gleiche Zeit, da die Römer das griechische Theater einführten, übernahmen sie allerdings auch von den Etruskern die Gewohnheit, bei Spielen Menschen auf Leben und Tod kämpfen zu lassen – zuerst unter dem Vorwand, daß dadurch der Grausamkeit der Götter Genüge getan würde; bald aber dienten die Kämpfe nur noch der Befriedigung sadistischer Gelüste. Lange Zeit fanden sie auf dem Forum statt, auf dem Gerüste errichtet wurden; Vitruv empfahl, die Kampfplätze zweckentsprechend länglich zu machen. Doch früh schon wurden in manchen mittelitalischen Städten, so in Pompeji, für diese «munera» eigene Anlagen errichtet. Dazu brauchte man lediglich die Kuppe eines Hügels abzutragen, die Erde ringsum aufzuschütten, um erhöhte Zuschauerplätze zu gewinnen, und das Ganze durch eine Umfassungsmauer abzustützen. Nach diesem Verfahren wurde das älteste erhalten gebliebene Amphitheater gebaut, das Amphitheater von Pompeji, das zur Zeit der Gründung der Kolonie im Jahre 80 v. Chr. entstanden ist. Von der gleichen Art war, wie wir bereits gehört haben, das alte Amphitheater von Thysdrus, das allerdings erst gegen Ende des 1. nachchristlichen Jahrhunderts angelegt wurde. Als man jedoch dazu überging, Theater auf Arkaden zu errichten, übertrug man das Prinzip selbstverständlich auch auf die Amphitheater. Zu den ältesten Beispielen gehören vermutlich die Arenen in Südfrankreich, von denen die in Arles und in Nîmes vollkommen erhalten sind, obgleich nicht genau feststeht, wann sie angelegt wurden. Erst unter den Flaviern erhielten die Baumeister in der Provinz mit dem 80 n. Chr. eingeweihten Kolosseum in Rom ein Vorbild, das von da an im ganzen römischen Reich nachgeahmt wurde.

Nochmals sei die Bedeutung der letzten 25 Jahre des ersten nachchristlichen Jahrhunderts unterstrichen: in dieser Zeit erreichte die römische Baukunst technisch und künstlerisch ihren Höhepunkt gerade in dem Augenblick, da die Befriedung des Reiches und die allgemeine Ausbreitung der griechisch-lateinischen Kultur die Ausführung riesiger Bauvorhaben erforderlich machten.

Das Kolosseum von Thysdrus wurde also nach dem Beispiel des über hundert Jahre älteren Kolosseums in Rom geschaffen. Dennoch unterscheidet es sich sehr deutlich; wie Luigi Crema ganz richtig geschrieben hat, tritt hier an die Stelle der Pylonenreihe eine mächtige Mauer, deren Massivität weder durch die hohen, schmalen Arkaden noch

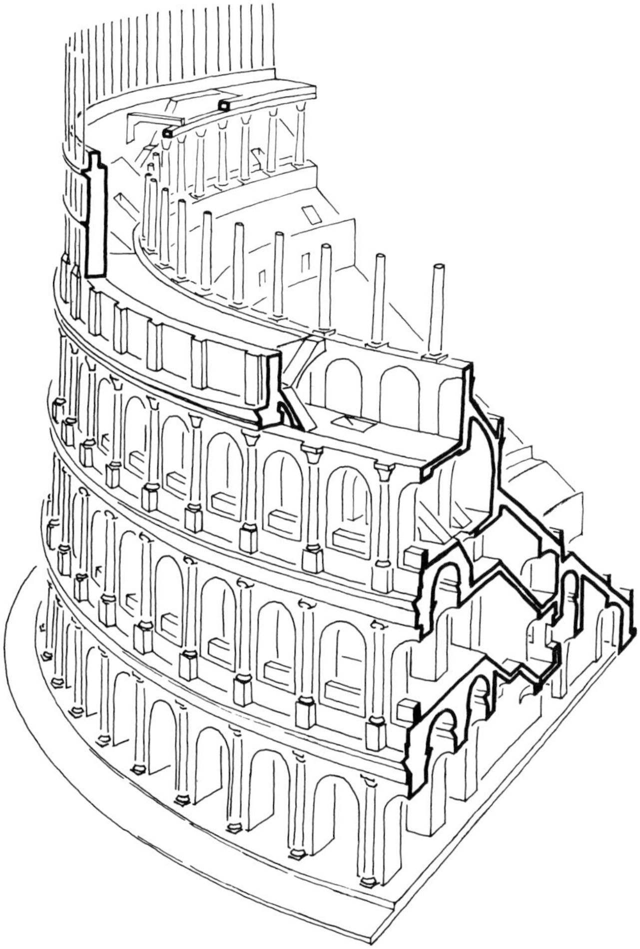

▲ Rom: Kolosseum, Schnitt durch einen Sektor

durch die sie flankierenden Halbsäulen gemindert wird. Alexandre Lézine ist der Auffassung, daß die eindrucksvolle Geschlossenheit ausschließlich auf bautechnische Gründe zurückgeht: das Kolosseum ist aus Travertin, die Arenen in Gallien sind aus hartem Kalkstein erbaut, also aus Materialien mit hoher Druckresistenz, so daß man die tragenden Stützflächen klein halten konnte. In diesem Gebiet Tunesiens hingegen gibt es nur wenig Gestein, das als Baumaterial geeignet gewesen wäre; so wurden viele der prächtigsten römischen Häuser in Thysdrus und in den benachbarten Städten aus ungebrannten Ziegeln errichtet.

Dem Baumeister des Amphitheaters stand lediglich ein verhältnismäßig weicher Sandstein zur Verfügung, so daß er gezwungen war, die Pylonen zu verbreitern. Andererseits weist das der Prätorianerkaserne in Rom angeschlossene Amphitheater, das ebenfalls unter den Severern entstanden ist, eine ähnliche Struktur auf wie das Amphitheater in Thysdrus, woraus geschlossen werden kann, daß diese kraftvolle, etwas schwere Wirkung durchaus beabsichtigt ist, und zwar aus ästhetischen Gründen – wie dies auch in der damaligen Skulptur, besonders in den Flachreliefs am Bogen des Septimus Severus auf dem Forum Romanum, deutlich zum Ausdruck kommt. Übrigens war das nichts anderes als eine Rückkehr zur Vergangenheit, denn das Marcellus-Theater hat massivere Pylone als das Kolosseum, und das Theater in Leptis Magna, von dem noch die Rede sein wird, ist sogar von einer geschlossenen Mauer umgeben.

Das durch seine Attika, die offenbar niemals vollendet wurde, entstellte Amphitheater von El Djem sieht wie eine regelrechte Festung aus, was es nach dem Untergang des römischen Reiches auch tatsächlich war. Einer Legende nach soll es im 7. Jahrhundert der Berberkönigin Kahena, die sich dem Arabereinfall entgegenstellte, als Burg gedient haben. Jedenfalls pflegten sich im 17. Jahrhundert die Bewohner der umliegenden Gegend, die offenbar ebenso wenig steuerfreudig waren wie ihre Vorfahren, in jedem Frühjahr hinter den Mauern des Amphitheaters zu verbarrikadieren, wenn die Steuereinnehmer mit ihren Soldaten kamen; die noch heute in der Umfassungsmauer gähnende Bresche wurde vom Geschütz eines Feldbeis geschlagen, der hartnäckiger war als seine Kollegen.

Manche baulichen Eigenheiten des Amphitheaters von El Djem sind von Lézine trefflich herausgestellt worden. Die Anordnung der Gänge und die Fassade bilden eine architektonische Einheit. Bei allen Amphitheatern verlaufen diese gewaltigen Galerien rings um das Gebäude; in sie münden in regelmäßigen Abständen überwölbte Gänge, die von der Ellipse der Kampfbahn aus nach der Fassade hin ausstrahlen. Im Kolosseum ist der äußere Wandelgang von einem fortlaufenden Tonnengewölbe überdacht. In Thysdrus sind die Pfeiler des Ganges durch Doppelbogen miteinander verbunden; die Gewölbe stehen senkrecht zur Fassade, so daß auf die Umfassungsmauer keinerlei Druck ausgeübt wird.

Durch die Fassaden der Amphitheater ließen sich die italienischen Baumeister des Seicento und des Settecento inspirieren. So übertrug Alberti auf den Palazzo Ruccellai den gekragten Epistyl, der die Attika des Kolosseums krönt. Doch auch schon die Römer bedienten sich übereinanderliegender Arkadenreihen, um Monumentalfassaden zu schaffen, mit denen wir uns zum Schluß dieses Abschnitts befassen wollen.

Die Porta Nigra in Trier

Die Porta Nigra bildete das gewaltige Eingangstor zu einer Stadt, die im 2. und 3. Jahrhundert ein sehr wichtiges Wirtschaftszentrum war und im 4. Jahrhundert als kaiserliche Residenz zu einem militärischen und politischen Mittelpunkt wurde. In seinen wesentlichen Elementen folgt das Tor einem seit hellenistischer Zeit üblichen Schema: Zwei Torbögen werden von halbkreisförmig vorspringenden Türmen flankiert, was den Verteidigern die Möglichkeit gibt, Angreifer unter Kreuzfeuer zu nehmen. Der Trierer Baumeister hat jedoch dieses Grundschema bemerkenswert erweitert: die beiden Toröffnungen münden nicht direkt in die Stadt, sondern in einen viereckigen Hof, der auf beiden Seiten von den geradlinig nach hinten verlängerten Türmen eingefaßt und auf der Rückseite von einer, der vorderen entsprechenden Fassade abgeschlossen wird. Die beiden Fassaden sind je drei, die Türme vier Stockwerke hoch. So wirkt die Silhouette der Porta Nigra von fern wie die einer romanischen Kirche mit zwei Glockentürmen, aber das Mauerwerk ist nicht so geschlossen wie bei einem romanischen Bau: die zahlreichen dunkel gähnenden Fensteröffnungen verleihen dem Bauwerk etwas Geheimnisvolles und Romantisches. Jedes Stockwerk der Fassade bildet eine Loggia mit sechs Bogen, die von kräftigen, auf Gesimsen stehenden Halbsäulen flankiert sind. Die Kapitelle haben als Kern, wie korinthische Säulen, Kegelstümpfe, doch fehlt jedes Pflanzenornament, so daß die Säule von einer fast dorischen Robustheit ist. Entsprechende, ebenso eingerahmte Arkaden weisen die Türme auf. Hier wurde also das Prinzip der Fassade des Tabulariums von Sulla durch die Bogenlinien der Türme vervollkommnet und weiterentwickelt. Im ausgehenden 3. und im 4. Jahrhundert n. Chr. wurde dieses Schema beim Bau von Schlössern der Kaiser oder hoher Beamter sehr oft verwandt. So ist der Palast in Split, in den sich Diokletian nach seiner Abdankung zurückzog, auf drei Seiten von einer massigen Mauer eingefaßt; auf der Seeseite erhebt sich über einer geschlossenen Mauer eine gewaltige Loggia, die auf beiden Seiten von rechteckigen Türmen abgeschlossen wird. Durch ein Mosaik kennen wir die Villa des «Herrn Iulius», eines afrikanischen Großgrundbesitzers, der um die Mitte des 4. Jahrhunderts lebte: das ganze Erdgeschoß ist aus großen Hausteinen erbaut und hat als einzige Öffnung nach außen eine überwölbte Toreinfahrt in der Mitte, während zwei rechteckige Türme die Fassade flankieren. Über die ganze Breite des ersten Stockwerks zog sich eine Loggia hin, doch in diesem Fall ruhten die Bogen nicht auf Stützpfeilern mit Halbsäulen, sondern waren weit zierlicher ausgebildet und wurden direkt von Säulen getragen.

▼ Trier: Porta Nigra, Rekonstruktion

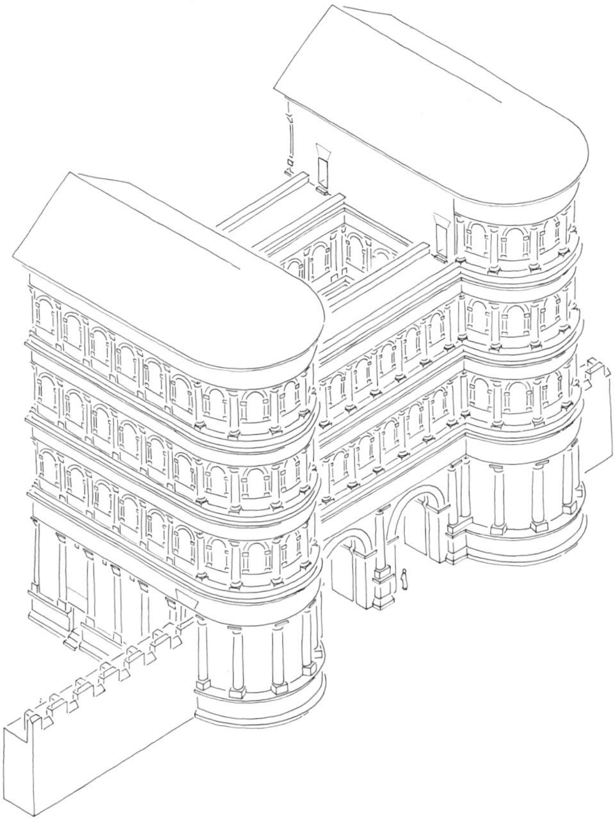

Die Porta Nigra in Trier bezeichnet also den Übergang von zwei römischen Baustilen der klassischen Zeit zu anderen, die bereits dem Frühmittelalter angehören. Da eine direkte Datierung nicht möglich ist, hat man sich über den Zeitpunkt der Errichtung des Tors viel gestritten. Manche behaupten, daß es schon im ausgehenden 1. Jahrhundert entstanden sei, während andere, unter ihnen Heinz Kähler,

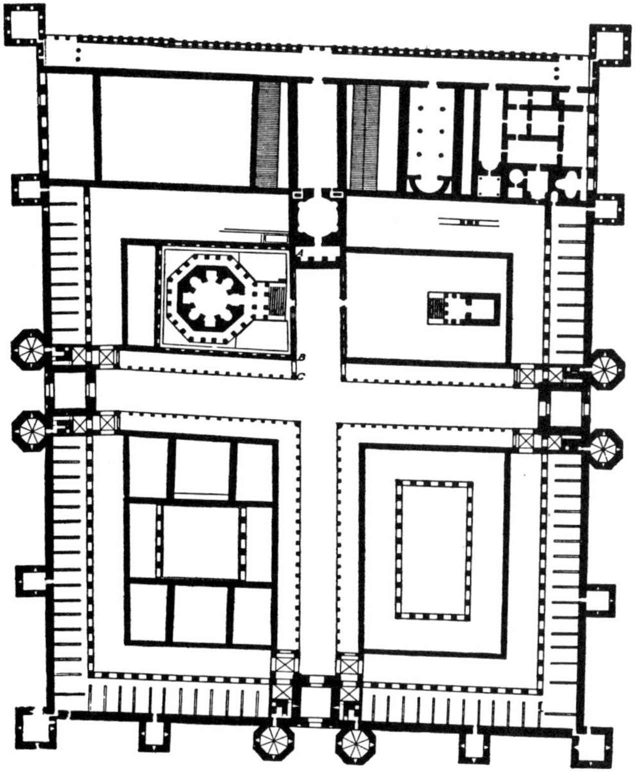

▲ Split (Spalato): Diokletianspalast, Plan. Ca. 1:2000

eine Erbauung im 4. Jahrhundert, als die Stadt kaiserliche Residenz wurde, für wahrscheinlicher halten. Zwischen diesen beiden Parteien steht Crema: seiner Meinung nach wurde die Porta Nigra unter den Severern erbaut, also etwa gleichzeitig mit dem Kolosseum von El Djem. In seinen Augen ist das Trierer Tor ein weiterer Ausdruck des Machtwillens jener Zeit, da das Römerreich sich rüstete, den Kräften, die seinen Untergang herbeiführen sollten, Widerstand entgegenzusetzen.

Militärische Bauten

Zahlreiche Anlagen, die der Verteidigung Roms und des Reiches dienten, bezeugen, welch bedeutsame Rolle solche Bauten in der römischen Architektur gespielt haben. Die Porta Nigra ist lediglich eine der letzten rein römischen Schöpfungen dieser Art; zahlreiche Befestigungsanlagen sind ihr vorausgegangen. Das älteste Werk römischer Militärbaukunst, von dem uns Überreste erhalten sind, ist die erste Stadtmauer von Rom, die sogenannte Servianische Mauer. Noch heute sieht man an mehreren Stellen zwischen dem Palatin, dem Kapitol und dem Esquilin Reste einer Umwallung, die aus kleinen Gesteinsbrocken, «cappellaccio» genannt, errichtet wurde. Als Entstehungszeit dieser Mauer, die eine Länge von 7 Kilometern hatte, nimmt man heute übereinstimmend das 6. vorchristliche Jahrhundert an; dies entspricht der – im 19. Jahrhundert grundlos angezweifelten – traditionellen Datierung, wonach der Wall von dem etruskischen König Servius Tullius angelegt worden sein soll.

Nach dem Einfall der Gallier zu Beginn des 4. Jahrhunderts wurde eine zweite Mauer errichtet, deren Verlauf zwischen dem Quirinal und dem Esquilin und besonders in der Nähe des heutigen Bahnhofs Termini noch gut zu erkennen ist. Sie bestand aus einem fast 10 Meter hohen und an der Basis 3,60 Meter breiten Wall, der außen durch eine Mauer aus Grotta-Ferrata-Tuffstein armiert war; davor lag ein 8,90 Meter breiter Graben. Diese den bedeutsamsten griechischen Befestigungen vergleichbare Verteidigungsanlage bot der Stadt wirksamen Schutz: sie veranlaßte Hannibal, auf einen Angriff zu verzichten.

Ab der zweiten Hälfte des 4. Jahrhunderts wurden überall in Italien römische Kolonien angelegt, die damals in erster Linie Garnisonen («castra») waren. Diese kleinen Ansiedlungen hatten einen quadratischen oder rechteckigen Grundriß; ringsum zog sich ein Wall, der in der Mitte jeder Seite ein Tor aufwies. Die beiden sich jeweils gegenüberliegenden Tore wurden durch geradlinige, sich im rechten Winkel schneidende Straßen verbunden. Ein Beispiel für eine solche Kolonie ist das 338 v. Chr. gegründete Ostia: die Umwallung bildete ein Rechteck von 194 × 125,70 Meter.

Diese befestigten Kolonien sind den Feldlagern der Legionen, die ebenfalls als «castra» bezeichnet wurden, eng verwandt. Nach der Beschreibung des Polybios in der Mitte des 2. vorchristlichen Jahrhunderts war das Feldlager, das nach dem Beispiel Roms durch einen von einer Brustwehr gekrönten Wall geschützt war, zwei Hauptstraßen und viele Nebenstraßen und sogar einen dem Forum entsprechenden zentralen Platz besaß, eigentlich eine provisorische Stadt. Ist diese Anlage eine eigenständige römische Schöpfung, oder wurde sie übernommen? Frontinus, der römische Stratege des ausgehenden 1. Jahrhunderts n. Chr., stellt ausdrücklich fest, daß seine Landsleute durch das nach der Schlacht bei Benevent 275 v. Chr. eroberte Feldlager des Königs Pyrrhos von Epeiros mit den Regeln der Kunst, ein Lager anzulegen, vertraut gemacht worden seien. Wenn diese Behauptung den Tatsachen entspricht – was sehr wahrscheinlich ist –, dann ist römische «castrum» eine Frucht griechischer Städtebaukunst, wie auch die Befestigungsanlagen von Rom vieles der durch die Etrusker vermittelten westgriechischen Militärbaukunst verdanken.

In den letzten drei Jahrhunderten vor der Zeitenwende blieben die römischen Festungsanlagen im Prinzip nahezu unverändert. Noch zu Beginn der Kaiserzeit wurden die Feldlager fast genauso angelegt wie zur Zeit des Polybios. Wie diese ganz aus Stein und Holz errichteten «castra» ausgesehen haben, zeigt das von Drusus in Haltern (Westfalen) erbaute Lager, in dem allerdings nur kurze Zeit römische Legionäre stationiert waren, nämlich in den letzten Jahren des 1. vorchristlichen Jahrhunderts bis zum Aufstand der Germanen unter Arminius im Jahre 9 n. Chr.

Die Stabilisierung der Reichsgrenzen unter Augustus hatte zur Folge, daß allmählich ständig bemannte Grenzbefestigungen angelegt wurden. Der Ausdruck «Limes» bezieht sich eigentlich auf die dem Grenzverlauf folgende Straße, die die verschiedenen Feldlager und Grenzposten miteinander verband. Die Lager waren für die Garnisonstruppen bestimmt und beherbergten manchmal eine ganze Legion. Das bekannteste Beispiel im Süden des Reiches ist das Lager von Lambède (Süd-Constantinois, Algerien), das unter Hadrian (117–138) angelegt wurde und das Hauptquartier der Legio Tertia Augusta war, der Kerntruppe des in Nordafrika stationierten Heeres. In den großen Zügen war der Grundriß des Lagers noch so, wie Polybios ihn beschrieben hat, doch wurden die Gebäude und Befestigungen aus dauerhaftem Material errichtet. Architektonisch am interessantesten sind die «principia» (das «praetorium»), das heißt die an der Schnittstelle der beiden Hauptstraßen befindlichen Gebäude des Feldherrn und seines Stabes. Durch ein gewaltiges Tor in Gestalt eines Triumphbogens gelangt man auf einen großen Hof, der an drei Seiten von Säulengängen umgeben ist. Hinter den Portiken liegen nebeneinander fast gleiche Räume, die als Amts- oder als Lagerräume dienten. Auf der dem Triumphbogen gegenüberliegenden Seite des Hofes ist der Boden zu einer rechteckigen Plattform aufgeschüttet; hinter einem Portikus liegt eine Reihe von Räumen mit Apsiden, deren größter, in der Mitte gelegen, das Heiligtum der Gottheiten der Legion war (auch der Adler, das Wahrzeichen der Legion, wurde diesen zugezählt). Diese in Lambède unter freiem Himmel liegende Erhebung wurde in den in Europa errichteten festen Lagern überdacht und erhielt dadurch etwa das Aussehen einer Basilika. Man hat diese Verbindung mit der Anordnung des Platzes und der Basilika auf dem Trajansforum und auf vielen Foren in Provinzstädten verglichen und sogar die Vermutung geäußert, daß die Gestaltung der Stadtzentren auf die «principia» der Feldlager zurückgehe; allerdings ist eine solche Theorie unhaltbar.

Die Lager für die Pioniertruppen, für Unterabteilungen oder Hilfstruppen waren ebenso angelegt wie die großen Feldlager, doch war ihre Umwallung oft nicht rechteckig, sondern paßte sich den Gegebenheiten des Geländes an. So hat das erste Lager in Haltern einen dreieckigen Grundriß. In Messad in der algerischen Sahara wurde von französischen Archäologen ein «castellum» namens Dimmidi ausgegraben, in dem von 198 bis 238 n. Chr. Legionäre der Tertia Augusta oder verschiedene Reiterabteilungen stationiert waren. Der Wall folgt dem Rand einer kleinen Anhöhe und bildet ein unregelmäßiges Dreieck; in der Mitte der einen Seite befindet sich das Tor. Dennoch ist auch hier das Innere des Lagers in der herkömmlichen Weise aufgeteilt. In Dimmidi führt eine gerade Lagerstraße vom Tor zu den «principia», die hier von einem kleinen ionischen Tempel gebildet werden, unter dem eine heilige Quelle entspringt; Nebenstraßen schneiden die Lagerstraße ungefähr im rechten Winkel und führen zu den Gebäuden der Legionäre, von denen zwei, wie die «principia», unterirdische Räume aufweisen. Auch im Lager von Haltern hat man große unterirdische Anlagen gefunden, doch weiß man nicht, welchem Zweck sie gedient haben.

In Gebieten, in denen die Grenze nicht durch natürliche Hindernisse – breite Flüsse, Gebirge oder Wüstengürtel – geschützt war, errichteten die Römer einen fortlaufenden Wall, um die Barbaren abzuhalten. Am bekanntesten ist der Hadrianswall, den der Kaiser in Schottland von der Solnay- bis zur Tyne-Mündung bauen ließ. Er ist 5 bis 6 Meter hoch und an der Basis 2 bis 3 Meter breit; davor liegt ein Graben, und in Abständen von 150 Metern standen, etwas zurückgesetzt, Türme. Kleinere befestigte Lager für die an der Grenze stationierten Truppen waren jeweils eine Meile (1600 Meter) voneinander entfernt.

Da auf diese Weise die Sicherheit der Bevölkerung und der Reichsgrenzen gewährleistet war, hielt man es in der Kaiserzeit nicht für erforderlich, die Städte durch Befestigungsanlagen zu schützen; oft wurden sogar, beispielsweise in Gallien, die alten, auf Anhöhen gelegenen befestigten Orte aufgegeben, und die Bevölkerung siedelte sich in der Ebene an, wo sich die Städte frei entfalten konnten. Die Stadttore erfüllten nur noch einen rein dekorativen Zweck und erhielten häufig – so etwa in Orange – die Gestalt eines Triumphbogens. Einige der in weniger sicheren Regionen gelegenen Städte behielten allerdings die Stadtmauern bei; ein besonders interessantes weströmisches Beispiel ist die Stadtmauer von Cherchel in Algerien.

In der Mitte des 3. Jahrhunderts brach das bereits durch die Einfälle der Quaden und Markomannen im Jahre 169 schwer angeschlagene augusteische Militärsystem endgültig zusammen. Von nun an stießen ständig Barbarenvölker über die Grenzen vor. Nicht mehr das Fußvolk, sondern die Reiterei war jetzt die «Königin der Schlachten».

Dieser Zustand hatte zunächst zur Folge, daß die Städte wieder befestigt wurden. Man hat die großzügig angelegte weströmische Stadt der fluchtburgartigen oströmischen Stadt entgegengestellt, in der sich die Häuser im Schutz der Mauern zusammendrängen. Heute wissen wir, daß es nur in bestimmten Gebieten zu dieser Umwandlung kam, besonders im nördlichen und mittleren Gallien; in Afrika, in den Provinzen des Ostens und selbst in Südfrankreich findet man keine Spur davon. Allerdings wurden zahlreiche Stadtmauern errichtet. Im Jahr 272 beschloß Aurelian, zum Schutz vor einem Überfall auf Rom eine fast 19 Kilometer lange Mauer bauen zu lassen; diese Ziegelmauer war 3,50 bis 4 Meter stark und 26 Fuß (7,80 m) hoch; oben verlief ein durch eine Brustwehr geschützter Laufgang. Alle hundert Fuß ragte ein gedrungener viereckiger Turm aus der Mauer hervor, in dessen oberem Geschoß, das auf gleicher Höhe mit dem Laufgang lag, Kriegsmaschinen aufgestellt werden konnten. Zum Teil war der Laufgang überdacht; auf der Stadtseite wurde das Dach von Arkaden, nach außen von einer Ziegelmauer getragen, in der sich Nischen mit Schießscharten befanden.

▼ Rom: Von Zinnen gekrönte Mauer mit Türmen der Prätorianerkaserne

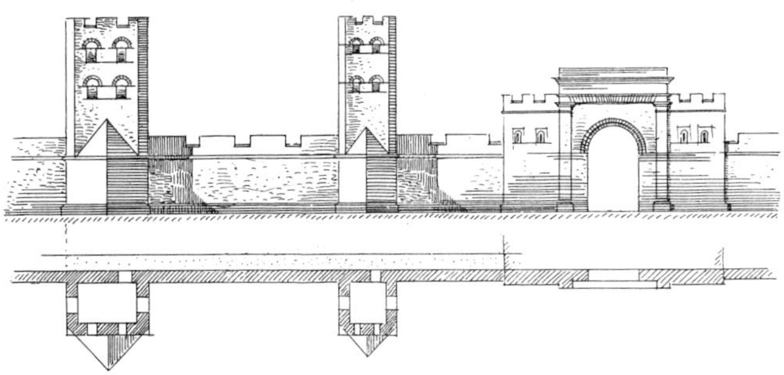

Im nordöstlichen Gallien wurde ein Großteil der Städte durch die Barbareneinfälle in der Mitte des 3. Jahrhunderts in Schutt und Asche gelegt; an ihre Stelle traten zur Zeit der Tetrarchen befestigte Orte, die man wiederum als «castra» bezeichnete. In manchen Fällen, so in Straßburg, wurde lediglich ein römisches Feldlager neu hergerichtet; die Zivilbevölkerung lebte weiterhin außerhalb der Lagermauern und zog sich nur ins Lager zurück, wenn eine Gefahr drohte. Meist aber – so etwa in Dijon – umschloß die Mauer den Stadtkern der alten «civitas». Die Umfassungsmauern sind teils rechteckig (Dijon, Bordeaux), teils rund (Grenoble, Sens, Rennes) angelegt und meist nicht sonderlich lang (im Durchschnitt 1500 bis 2500 m), außer bei kaiserlichen Residenzen; so betrug die Länge der Stadtmauer von Trier 6500 Meter. Alle diese Anlagen sind von einer Einheitlichkeit, die deutlich verrät, daß sie nach einem Gesamtplan der obersten Behörden des Imperiums erstellt wurden. Die massiven und wenig tiefen Fundamente wurden sehr häufig aus dem Material zerstörter Gebäude errichtet. Die zweieinhalb bis drei Meter dicken Mauern waren Gußmauerwerk, das zwischen zwei Stützmauern, die aus Bruchsteinen, mit Ziegellagen verstärkt, bestanden, gegossen wurde. Sie waren meist fünf bis zehn Meter hoch; oben verlief ein überdachter Laufgang, der durch eine mit Schießscharten versehene Mauer gedeckt war. Die Türme überragten, wie Albert Grenier schreibt, die Mauer um mindestens ein Stockwerk. Sie standen gewöhnlich halbkreisförmig nach außen vor. Im unteren Teil waren sie meist aufgefüllt und hatten, wie die Türme von Rom, in der Höhe des Laufgangs einen Raum. Tore aus dieser Zeit kennen wir nur wenige; die meisten in Frankreich erhaltenen römischen Stadttore wurden schon vor dem 3. Jahrhundert errichtet oder im Mittelalter umgebaut.

Die Reform des Heeres führte zu einer grundlegenden Veränderung der befestigten Stützpunkte. Diese waren bis dahin nichts als verkleinerte Feldlager gewesen, doch die nun entstandenen Anlagen wiesen bereits alle wesentlichen Elemente der Burg auf: eine Umfassungsmauer, einen viereckigen Hof und in dessen Mitte ein Reduit. Solche «castella» waren den Bedürfnissen der «Wehrbauern» (der an den Reichsgrenzen angesiedelten Veteranen) angepaßt, die die Aufgabe hatten, die vorderste Grenze zu verteidigen: der Hof war dazu bestimmt, beim Herannahen des Feindes die Angehörigen der «limitanei» und ihr Vieh aufzunehmen. In Afrika wurden seit dem Beginn des 4. Jahrhunderts zahlreiche «centenaria» errichtet, Festungen mit quadratischem Grundriß von je 86 Metern Seitenlänge, einem quadratischen Turm an jeder Ecke, einer Bastei in der Mitte jeder Seite und einem von zwei Türmen flankierten Tor. Charakteristisch für diese «centenaria» ist die Anordnung der Truppenunterkünfte: sie verlaufen am Rand des Hofes parallel mit den Wällen. Das gallische Kastell Jublains in der Mayenne ist kleiner als ein afrikanisches «centenarium» (33 × 22,50 m), hat aber ebenfalls Ecktürme und Basteien; die Truppenunterkünfte liegen nicht auf der Innenseite des Walles, sondern in einem regelrechten Burgturm, der durch einen zweiten Erdwall geschützt ist. Der noch kleinere (20 × 15 m) «burgus» im bayerischen Harlach hingegen weist wieder längs des Walles verlaufende Unterkünfte für die Legionäre auf. «Centenaria», die denen in Afrika völlig gleichen, finden wir in Qdeym am Limes von Chalcis in Syrien, was beweist, daß diese Festungen nach einem einheitlichen, von den kaiserlichen Militärbehörden in Rom ausgearbeiteten Plan angelegt wurden.

Wichtigste Merkmale

In den Gebäuden und Anlagen, mit denen wir uns in diesem Kapitel befaßt haben, kommt der Geist der römischen Baukunst deutlich zum Ausdruck. Bezeichnend ist zunächst die Tatsache, daß sie alle ganz und gar praktischen Zwecken dienen, sei es auf wirtschaftlichem oder militärischem Gebiet. Dies gilt sogar für die Amphitheater, betrachtete man doch die Gladiatorenkämpfe als eine Art von Krieg im kleinen, durch den die kriegerischen Eigenschaften des Eroberervolkes lebendig erhalten wurden. Das ganze Wirtschaftsleben wurde vom Militär kontrolliert; die Annona, die für die Versorgung der Zivilbevölkerung zuständig war, entsprach genau der Annona des Heeres und war nach dem gleichen Prinzip organisiert. Die Aquädukte wurden von Baumeistern des Heeres geplant und von Legionären errichtet. So betrachtete dieses Volk, das im Gott Mars seinen Vater sah, alle seine großen Unternehmungen als Ergänzung und Fortsetzung des Krieges. Sein Verdienst liegt darin, daß es ihm gelang, die zunächst zur Verteidigung und zur Unterwerfung der Nachbarvölker kultivierten Tugenden immer mehr auf konstruktive Tätigkeiten auszurichten. Diese Entwicklung läßt sich in allen Kulturbereichen verfolgen, besonders deutlich in der Literatur. Wie wir noch sehen werden, führte sie auf dem Gebiet der Baukunst zu einer ungemein originären, kraftvollen Gestaltungsweise, die keinerlei Zugeständnisse an unwesentliche Ornamentik macht.

Ihren vollkommensten Ausdruck findet diese Ästhetik in den Bogenreihen, denen wir bei jedem der von uns besprochenen Bauwerke begegnet sind. Gewiß nicht zufällig wurde diese Gestaltungsweise, die die dynamischen Beziehungen augenfällig macht, für Gebäude gewählt, die samt und sonders in den verschiedensten Bereichen die befriedende, ordnende Kraft Roms verkörpern: sie entspricht der knappen Ausdrucksweise der Redner und Staatsmänner, die das Römerreich gegründet haben. Zweifellos fehlt ihr der Schwung, der die griechischen Bauwerke einem transzendenten Ideal annähert. Die römische Baukunst ist in der Erde verwurzelt, die sie sich unterwirft. Selbst der isoliert in der herrlichen Landschaft stehende Pont du Gard verbindet den von ihm überbrückten Fluß mit dem Himmel, den er in seinen Bogen einfängt. Überall begegnen wir der militärischen Idee der Disziplin und des Zwangs; wer jegliche Unterordnung ablehnt und nur den freien oder sogar den sich auflehnenden Menschen gelten läßt, kann weder Rom lieben noch seine Kunst verstehen.

Aber alle diese Gebäude dienten letztlich dem allgemeinen Wohl: abgesehen von den Aufrührern, die unerbittlich zerschmettert wurden, fand jeder, vom Kaiser bis zum niedrigsten Sklaven, in dieser Welt seinen Platz und seinen Anteil am Wohlstand. Die gewaltige Macht der Kaiser diente nicht der Unterdrückung, sondern dem Schutz: innerhalb dieser riesigen, scheinbar unmenschlichen Ordnung kamen jedem Einwohner des Reiches die Errungenschaften einer Kultur zugute, die Rom zwar nicht geschaffen, deren Wohltaten aber, die bislang nur wenigen Privilegierten vorbehalten waren, durch Rom allen zugänglich gemacht wurden.

Anmerkungen

Nîmes

Gegen Ende des 3. vorchristlichen Jahrhunderts ließ sich ein mächtiges keltisches Volk, die arekomischen Volken («Volcae Arecomici»), auf der dem Mittelmeer zugewandten Seite des Zentralmassivs nieder. Mitten in der Heide fanden sie eine wasserreiche Quelle, die am Fuß eines steilen Berghangs entsprang. Sie personifizierten die Quelle in dem Gott Nemausus, dem oben auf dem Berg, an der Stelle des späteren «Großen Turms», eine Kultstätte geweiht wurde. In der Nähe dieses heiligen Ortes entstand das politische Zentrum des Volkes.

Gegen Ende des 2. vorchristlichen Jahrhunderts wurden die Volken von den Römern unterworfen, aber erst hundert Jahre später, unter Augustus, wurden in der Stadt Veteranen angesiedelt, von denen manche in Ägypten gekämpft hatten (daher die Palme und das Krokodil, die noch heute Bestandteile des Stadtwappens sind). Im Jahre 16 v. Chr. erhielt Nemausus, wie die Stadt damals hieß, eine Stadtmauer mit der Porta Augusta; einbezogen wurde auch der Große Turm, der möglicherweise seinen religiösen Charakter beibehielt. Das Quellheiligtum wurde in ein Nymphäum umgestaltet, zu dem später noch der sogenannte «Dianatempel» kam. Den Mittelpunkt des städtischen Lebens bildete das Forum, das, wie üblich, im Zentrum der quadratisch aufgegliederten Kolonie lag. Überragt wurde das Forum von der Maison Carrée, die spätestens im Jahr 12 v. Chr. erbaut wurde, zunächst zweifellos ganz allgemein dem Kult des Kaiserhauses diente und bald nach der Zeitenwende dem Gedächtnis der Enkel des Augustus geweiht wurde.

Baalbek/Heliopolis (Libanon)

Während der Kaiserzeit war Syrien eines der blühendsten und wohlhabensten Gebiete des Römerreiches. Seinen Reichtum verdankte es weniger der Landwirtschaft oder auch der auf die Erzeugung von Luxusartikeln spezialisierten Industrie als vielmehr dem Handel: über Syrien wurde fast der ganze Handel zwischen dem Mittelmeergebiet und Asien abgewickelt – nicht nur der mit den angrenzenden Ländern wie etwa Persien, sondern auch der mit dem Fernen Osten, vor allem mit China, das den Römern Seide lieferte. Hier trafen sehr unterschiedliche Menschen und Kulturen zusammen. Drei Elemente spielten eine wesentliche Rolle: die Semiten, die eigentlichen Bewohner des Landes, hielten, vor allem auf religiösem Gebiet, an ihren alten Überlieferungen fest, und vom 3. nachchristlichen Jahrhundert an erlebte ihre Sprache eine erstaunliche Wiedergeburt; die Griechen waren nach der Eroberung Syriens durch Alexander in großer Zahl ins Land gekommen und hatten ihm ihre Kultur, ihre Sprache und ihre politischen Einrichtungen aufgezwungen; die Römer schließlich, hauptsächlich Militär und Verwaltungsbeamte, hatten die Macht in ihren Händen.

Baalbek, von den Griechen Heliopolis («Sonnenstadt») genannt, war eine alte Tempelstadt, in der Augustus römische Kolonisten ansiedelte. Dies konnte allerdings den Charakter der Stadt kaum verändern. Ihren Mittelpunkt bildeten, wie in vielen Städten Asiens, die Tempel; dadurch unterschieden sich diese Städte grundlegend von den römischen Ansiedlungen, in denen die religiöse Funktion bald an Bedeutung verlor und schließlich «verweltlicht» wurde.

Mehrere Jahrhunderte lang war der Bau des Kultzentrums die große Aufgabe der Bewohner. Der Haupttempel stammt aus der Mitte des 1. nachchristlichen Jahrhunderts. Der große Säulenhof vor dem Tempel mit seinen turmähnlichen Altären wurde in der ersten Hälfte des 2. Jahrhunderts fertiggestellt; bald darauf errichtete man den «Kleinen Tempel», der am besten erhalten ist. (Ihn zeigen unsere Abbildungen.) Die dionysische Ornamentik dieses Heiligtums hat den Religionshistorikern manches Rätsel aufgegeben. Der benachbarte Rundtempel, eine der bemerkenswertesten «barocken» Bauschöpfungen der Antike, wurde um die Mitte des 3. Jahrhunderts umgebaut. Der sechseckige Vorhof vor dem großen Tempelhof und die abschließende Vorhalle stammen aus der Zeit der Severer. Baalbek ist einer der Orte in Syrien, an denen der typisch römische Einfluß die Baukunst am stärksten geformt hat, wenn auch der Geist dieser Schöpfungen sich von dem weströmischer Bauwerke stark unterscheidet.

Plan des römischen Trier
1:30000

A Kaiserthermen
B Porta Nigra

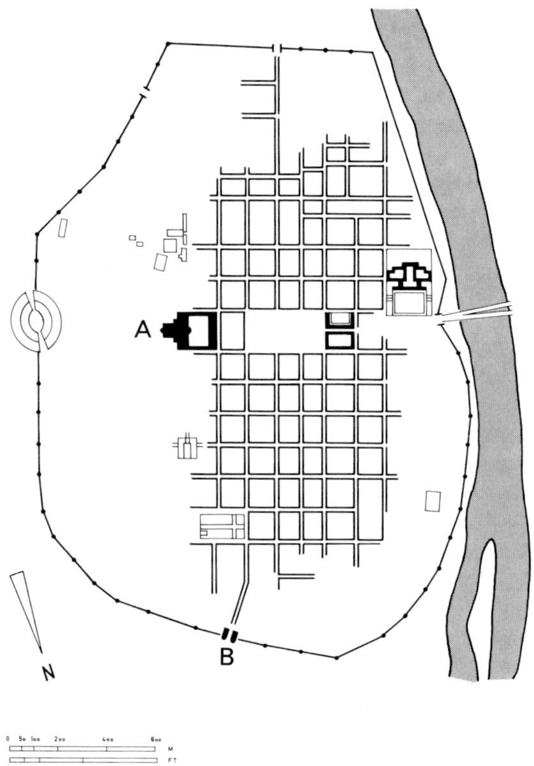

Der «Dianatempel» in Nîmes
Längsschnitt und Plan 1:300

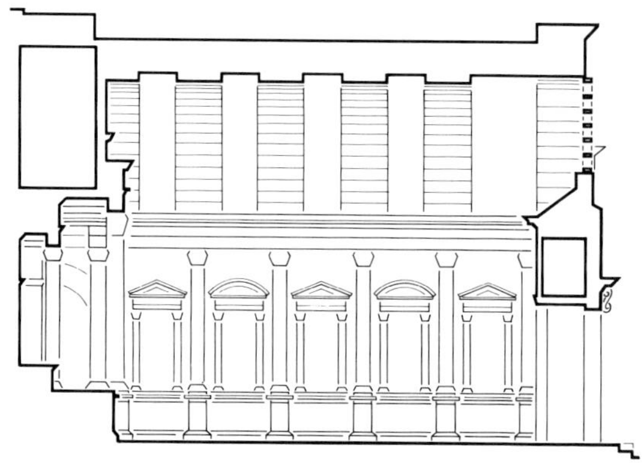

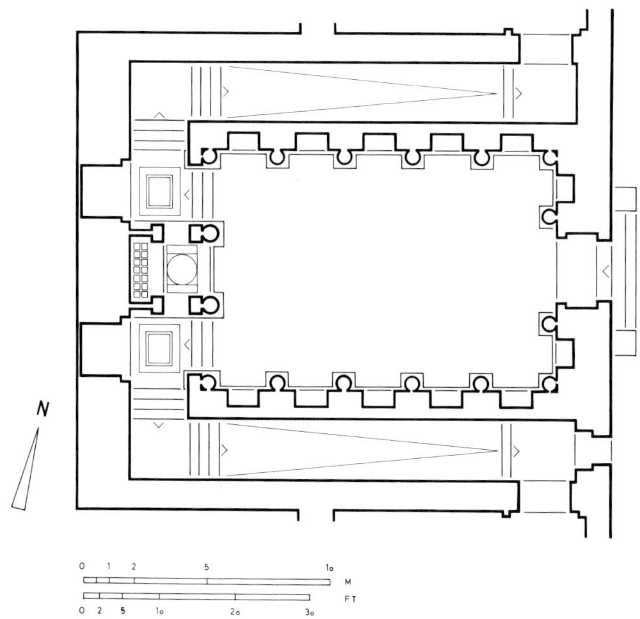

Die Porta Nigra in Trier
Querschnitt, Aufriß und Plan 1:400

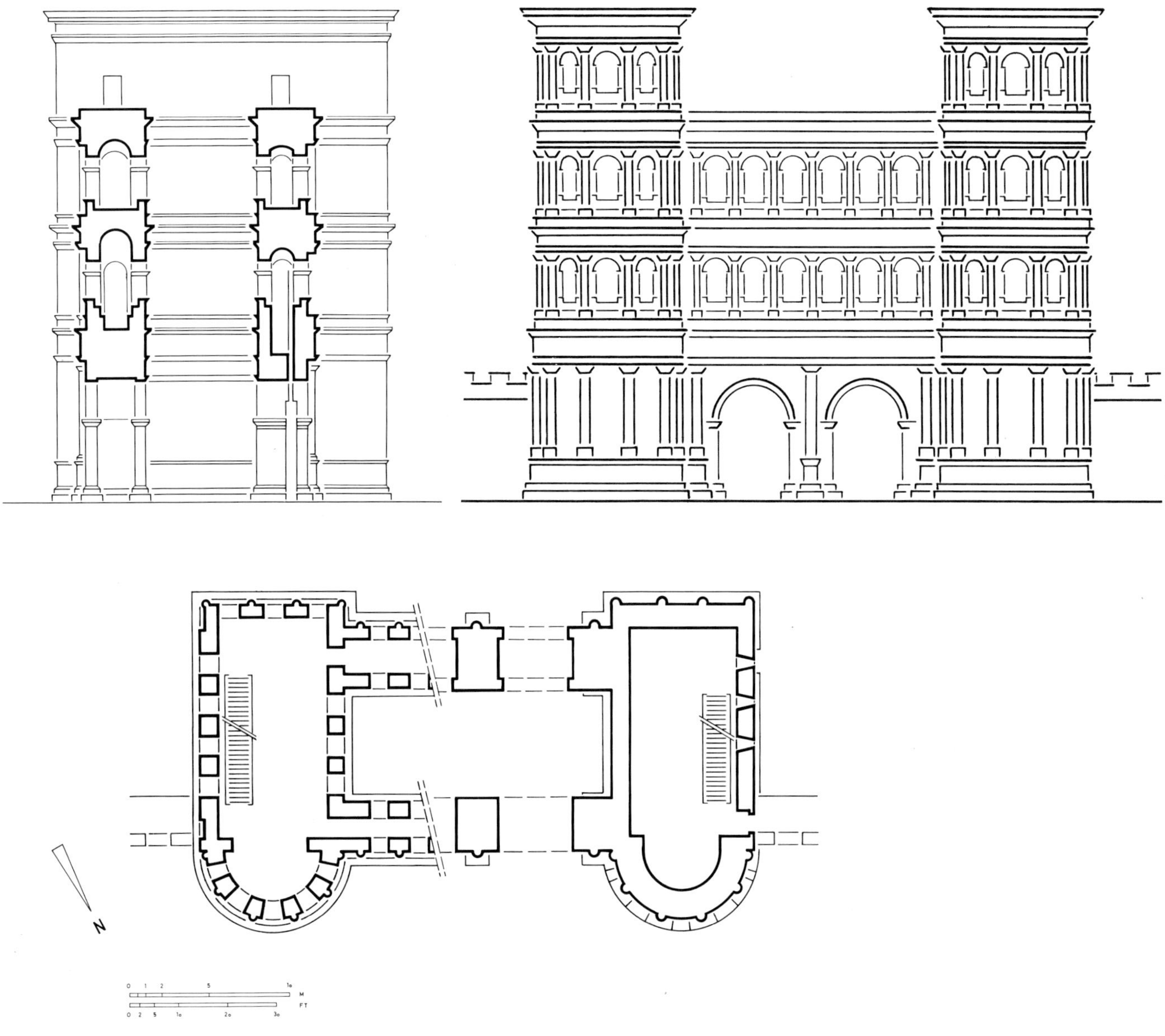

Legenden

El Djem/Thysdrus (Tunesien) – **Das Amphitheater**

67 Wandelgang des Amphitheaters, eines der größten und am besten erhaltenen Amphitheater des Römerreichs.

68 Das zu Beginn des 3. Jahrhunderts n. Chr. errichtete Amphitheater überragt das heutige El Djem.

69 Detail der Fassade. Durch die breiten Mauern zwischen den Arkaden wirkt das Bauwerk ungemein wuchtig.

70 Unter der Arena befinden sich zwei sich im rechten Winkel schneidende Gänge sowie unterirdische Räume, in denen die wilden Tiere untergebracht waren.

71 Blick aus einem der unterirdischen Räume auf den Gang unter der Arena und das Mauersystem, das die Zuschauerränge trug.

Trier – Die Porta Nigra

72 Außenfassade. Die Struktur wurde aus der hellenistischen Kriegsbaukunst übernommen.

73 Fassade zur Stadtseite. Auf Dekor ist beinahe ganz verzichtet worden.

74 Der Innenhof, erstes und zweites Obergeschoß.

Nîmes – Die Maison Carrée

75 Fassade und Vorhalle (Pronaos). Der am besten erhaltene Tempel des augusteischen Klassizismus.

76 Seitenansicht. Der Tempel ist ein Pseudo-Peripteros, das heißt, die Freisäulen der Vorhalle werden an der nach außen vorgezogenen Cellawand als Halbsäulen weitergeführt. Dieser römische Tempeltyp erscheint erstmals im 2. vorchristlichen Jahrhundert.

77 Detail der vom römischen Klassizismus übernommenen korinthischen Säulenordnung.

78 Detail einer der attischen Säulenbasen.

Nîmes – Der «Dianatempel»

79 Blick in das Innere. Den Raum überdacht ein Tonnengewölbe aus großen Hausteinen.

80 Dreieck- und Segmentgiebel über den Nischen.

81 Eine Längsseite des Innenraums. Der «barocke» Dekor ist dem der Bühnenwände in den Theatern verwandt.

82 Im Vordergrund Pfeiler der Ädikula, in der zweifellos eine Kultstatue aufgestellt war.

Baalbek/Heliopolis (Libanon) – **Der Bacchustempel**

83 Blick auf Cella.

84 Äußerer Säulengang.

85 Kapitelle, Architrav und Dreieckgiebel einer Nische.

86 Eingang zur Cella: Im Hintergrund das Allerheiligste (Adyton), rechts die «barocken» Scheinportiken.

87 Detail vom Eingangsportal.

88 Das Allerheiligste (Adyton) und die Seitenwand der Cella.

89 Sockel und attische Basis einer Halbsäule.

Rom – Das Pantheon

90 Vorhalle (Pronaos). Die Inschrift mit dem Namen Agrippas erinnert an einen älteren Tempel.

91 Inneres der Rotunde. Die Gestaltung des unteren Stockwerks stammt noch aus der Zeit der Erbauung, das zweite wurde im 17. Jahrhundert umgestaltet.

92 Säulen, Gesimse und Ansatz der Kuppel.

93 Die Kassettendecke der Kuppel und das «Auge» im Scheitel der Kuppel als einzige Lichtquelle: diese obere Zone ist seit der Zeit des Septimius Severus nicht mehr verändert worden.

94 Detail der Kassetten in der Kuppel.

M·AGRIPPA·L·F·COS·TERTIVM·FECIT

Die Maison Carrée in Nîmes
Aufriß und Plan 1:400

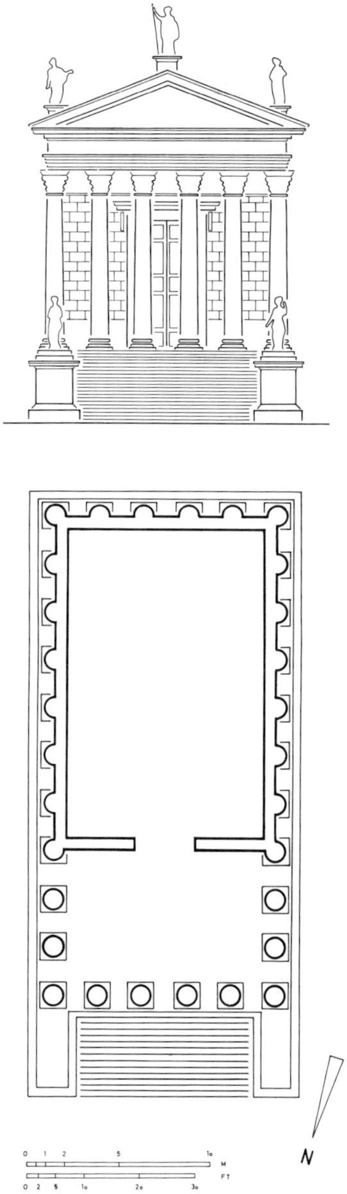

Plan der Tempelanlage in Baalbek 1:2000

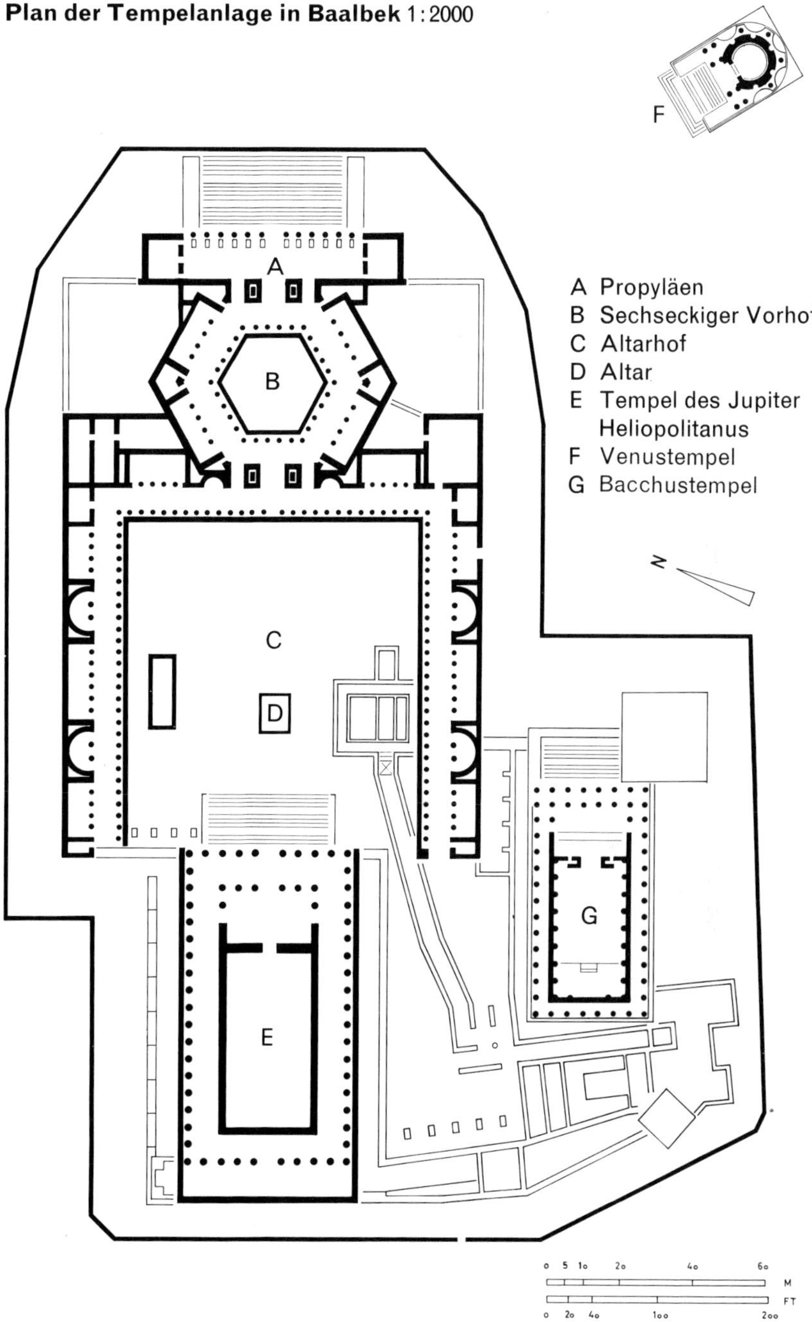

Der Bacchustempel in Baalbek

Querschnitt und Plan 1:600, Längsschnitt 1:400

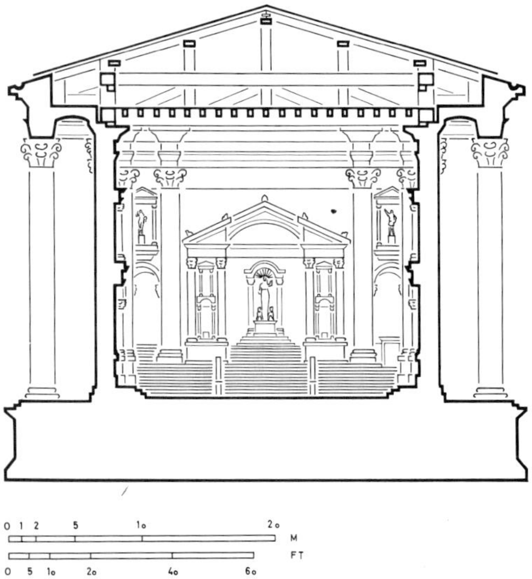

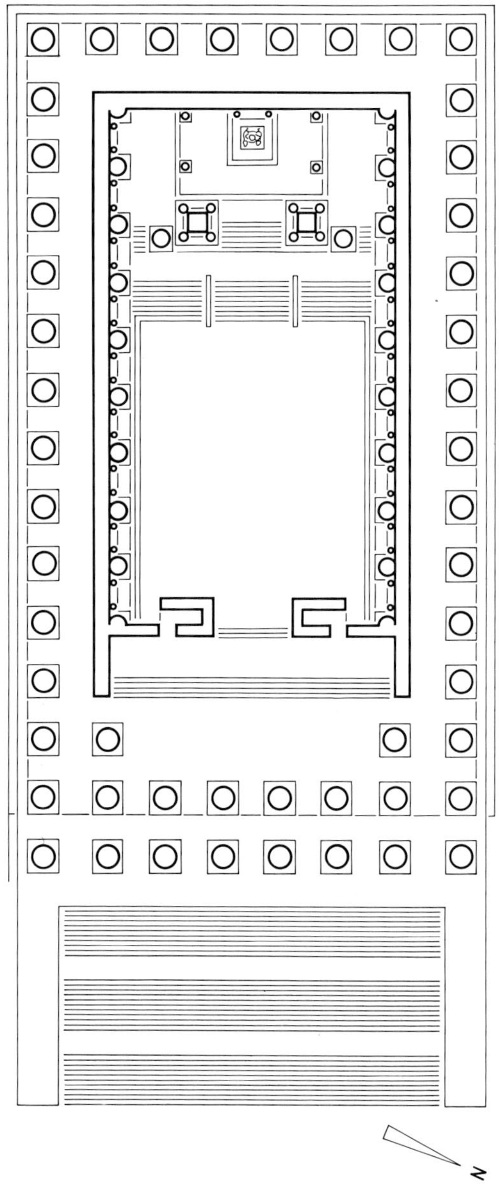

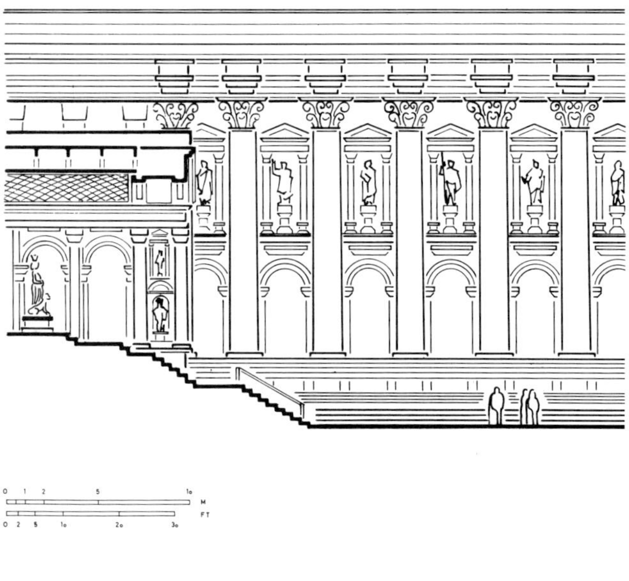

3. Vom Klassizismus zum «Barock»

Die römische Kultur, wie wir sie im vorigen Kapitel kennengelernt haben, wirkt streng und kriegerisch. Dennoch dürfen wir nicht vergessen, daß diese Kraft sehr früh schon, nämlich von dem Augenblick an, da wir durch die uns überlieferten Schriften eine persönliche Beziehung zu manchen Römern gewinnen können, in den Dienst eines geistigen Ideals gestellt worden ist. Der römische Staat machte sich zum Vorkämpfer der von ihm übernommenen und umgeformten griechischen Kultur. Diese Tatsache ist so allgemein bekannt, daß ihre Anführung an dieser Stelle überflüssig erscheinen könnte. Dennoch war man lange der noch heute oft geäußerten Ansicht, daß die Römer sich zumindest im Bereich der Kunst damit begnügt hätten, die hellenistischen Schöpfungen zu kopieren, und daß sie ihnen damit jedes Leben genommen und sie verwässert hätten. Diese Meinung gründet einerseits auf den literarischen Zeugnissen der Römer selbst, anderseits auf dem Studium der Kunstgegenstände – vor allem Statuen –, die man bei der Ausgrabung römischer Baulichkeiten gefunden hat. In der Tat haben die meisten römischen Autoren zu allen Zeiten die griechischen Künstler sehr bewundert und verkündet, daß es der höchste Ehrgeiz ihrer Zeitgenossen sei, den Lehren dieser Meister getreulich zu folgen. Zudem sind die meisten Vollplastiken, von den Porträtbüsten abgesehen, Kopien oder zumindest Nachahmungen hellenischer Vorbilder. So könnte man tatsächlich zu der Auffassung kommen, daß die römische Kunst nichts anderes als ein epigonaler Hellenismus sei.

Hinsichtlich der Baukunst schien diese Beurteilung allerdings recht wenig angebracht, was Fachleute wie Auguste Choisy deutlich gespürt haben; doch auch hier widersprach den aus dem Studium der Bauwerke gewonnenen Erkenntnissen ein sehr gewichtiges schriftliches Zeugnis: Vitruv stellte die Ästhetik der römischen Architektur als eine Weiterentwicklung der griechischen hin. Es dauerte lange, bis man erkannte, daß Vitruv vor der Zeit lebte, in der die bezeichnendsten Bauten entstanden sind, und daß er zudem auf Grund seiner konservativen Einstellungen die originellsten Strömungen seiner Zeit ignorierte oder verurteilte.

Das wahre Wesen der römischen Kunst wurde erst sichtbar, als die Historiker dank der Fortschritte der Archäologie anstelle von verstreuten Einzelheiten geschlossene Ganzheiten studieren konnten. Als erstes erkannte man nun die enge Verbindung von Bildhauer und Maler und ihrer beider Unterordnung unter den Architekten. Man stellte weiter fest, daß die Römer zwar das griechische Erbe übernommen, es aber völlig neu durchdacht hatten. Außer in der zweckgebundenen Architektur, deren künstlerischen Wert man übrigens zu Unrecht verkannt hat, fand die Kunst der Kaiserzeit ihren Ausdruck in Formen, die denen des Barock im 17. und 18. Jahrhundert oft eigenartig verwandt sind. Das lebhafte Interesse, das die Menschen dieser beiden Jahrhunderte den antiken Bauwerken entgegenbrachten, erklärt zur Genüge eine Beziehung, die keineswegs zufällig ist.

Allerdings hat nicht die gesamte Architektur der Kaiserzeit «barocken» Charakter. Besonders um die Zeitenwende überwogen klassizistische Strömungen, deren Bedeutung nicht unterschätzt werden darf. Unschwer erkennt man, daß dieser römische Klassizismus ebensowenig eine bloß mechanische Nachahmung der Kunst des Phidias ist wie der französische Klassizismus unter Ludwig XIV. eine Nachahmung der griechischen oder römischen Kunst.

In diesem Kapitel werden wir zunächst anhand eines sehr bekannten römischen Bauwerks die Ursprünglichkeit und Vollkommenheit der augusteischen Architektur aufzeigen. Dann werden wir der dialektischen Entwicklung nachspüren, die vom Klassizismus zum «Barock» führt und aus diesen beiden Strömungen weniger Gegensätze als sich ergänzende Ausdrucksformen römischen Geistes macht. Zur Verdeutlichung unserer Ausführungen haben wir in erster Linie Sakralbauten als Beispiele gewählt – war doch auf diesem Gebiet das griechische Vorbild am leuchtendsten, aber auch am erdrückendsten, so daß es hier für die Römer außerordentlich schwierig, aber dafür um so verdienstvoller war, Eigenständiges zu schaffen.

Die Maison Carrée in Nîmes

Nachdem Augustus durch seinen Sieg bei Actium (31 v. Chr.) den Bürgerkriegen ein Ende gesetzt und in Übereinstimmung mit dem Senat im Jahre 27 v. Chr. eine Regierungsform geschaffen hatte, durch die im Mittelmeergebiet die Ordnung wiederhergestellt und der Friede gesichert wurde, leitete er eine religiöse Erneuerung ein und ließ als erstes die zerfallenen Heiligtümer restaurieren. In dem Rechenschaftsbericht, den er vor seinem Tod verfaßte, rühmte er sich, in Rom zweiundachtzig Tempel ausgebessert und zehn weitere neu errichtet oder völlig umgebaut zu haben. Leider ist uns kein einziges dieser Gebäude erhalten geblieben.

Von dem zur Erinnerung an den Sieg bei Actium errichteten Tempel des palatinischen Apoll ist nur noch ein abgeschliffenes «Podium» übrig. Die von modernen Überbauungen befreiten Mauern des Templum Martis Ultoris, eines gewaltigen Heiligtums, das dem Mars als Rächer Cäsars geweiht war, stehen noch auf dem Augustusforum, aber die oberen Gebäudeteile und die meisten Portiken fehlen. Hingegen wurden drei ganze Säulen des Apollo-Tempels in der Nähe des Theaters des Marcellus wiedergefunden; sie ragen heute etwas verlassen gen Himmel und vermitteln einen, wenn auch nur schwachen Eindruck von der ursprünglichen Schönheit dieses Heiligtums.

Am besten läßt sich die sakrale Baukunst des Augusteischen Zeitalters in Südfrankreich studieren. In Frankreich finden sich zahlreiche mehr oder weniger gut erhaltene Heiligtümer aus römischer Zeit, so der bezaubernde, im Grün eines idyllischen Tals verborgene Tempel von Vernègues oder der trotz seiner kleinen Ausmaße machtvoll wirkende Temple de la Santé in Saint-Rémy-de-Provence. Zwei kaum versehrte Tempel gehören zu den mit Recht in der ganzen Welt berühmten Zeugnissen antiker Baukunst: der Tempel des Augustus und der Livia in Vienne und die sogenannte Maison Carrée in Nîmes.

Die Maison Carrée ist schon oft mit begeisterten Worten beschrieben worden. So meinte Stendhal im Jahre 1837: «Die Wirkung des Ganzen ist wunderbar. Ich habe in Italien mächtigere Gebäude gesehen, aber ich habe nichts so Schönes gesehen wie diese 'schöne Antike', die, obwohl mit Ornamenten überladen, das Schöne nicht ausschließt. Es ist das Lächeln eines gewöhnlich ernsten Menschen.»

Dennoch bedurfte es neuester Untersuchungen, besonders der Arbeit von Heinz Kähler und der ausgezeichneten Monographie von Jean Charles Balty, bis man das Ursprüngliche und Neue an diesem vollendeten Meisterwerk des römischen Klassizismus erkannte. Noch Camille Jullian bezeichnete den Tempel als «die geduldige Arbeit eines untadeligen Schülers der griechischen Meister». Heute jedoch wissen wir, daß dieses Bauwerk eine echte, eigenständige Schöpfung und nicht eine geschickte Nachahmung ist. Kähler hat nachgewiesen, daß der auf Anordnung des Agrippa errichtete und wohl vor dem Todesjahr (12 v. Chr.) dieses Staatsmanns entstandene Tempel das Werk einer Gruppe von Baumeistern ist, die in den Jahren 20 bis 10 v. Chr. die bedeutendsten Tempel in Rom erstellt hat. Bewiesen wird die Datierung durch die früher auf dem Giebelfeld befestigte und auf Grund der erhaltenen

Löcher rekonstruierbare Dedikation aus bronzenen Lettern. Diese Baumeister arbeiteten nach den Regeln der klassischen griechischen Baukunst und erstrebten das gleiche Ideal, kopierten jedoch nicht griechische Vorbilder.

Die wichtigsten Merkmale der Maison Carrée, aus denen ihre Eigenständigkeit hervorgeht, seien kurz genannt: Der Tempel war in einen architektonischen Rahmen gestellt, dessen wichtigstes Element er bildete. Man kennt diesen Rahmen durch die während der Restauration durchgeführten Ausgrabungen, obwohl er heute von modernen Gebäuden überdeckt ist, die dem Heiligtum so nahe stehen, daß es nicht mehr zur Wirkung kommt. Im wesentlichen bestand die Anlage aus dem Forum der Stadt, einem über 80 Meter langen rechteckigen Platz, der von Säulengängen gesäumt war. Der Südabschnitt des Platzes, auf dem sich der Tempel erhob, lag um 1,10 Meter höher als der übrige Platz. Auch die den Platz auf drei Seiten umgebenden Säulengänge waren entsprechend erhöht, so daß sie das gepflasterte Forum beherrschten. Die Cella des Tempels stieß fast an die vierte Seite des Platzes, die keine Kolonnade aufwies und hinter dem Tempel leicht ausgebuchtet war.

Dieses Hineinstellen des Tempels in ein architektonisches Ganzes stammt aus Griechenland und letztlich aus dem Nahen Osten: die Idee des «temenos», eines dem Gott heiligen Bezirkes, von dem der Tempel nur einen Teil darstellte, war besonders in hellenistischer Zeit weit verbreitet. Die Römer übernahmen sie zwar, verliehen ihr jedoch eine besondere Bedeutung: aus der Verbindung von «temenos» und «agora» entstand das Forum. Dieser Begriff kam im südlichen Italien in den Jahrhunderten vor der Zeitwende auf. Eines der ältesten rechtwinkligen Foren finden wir in Pompeji: es wurde vom Kapitol beherrscht, das sich an einem Ende des Platzes erhob. Die uns heute sichtbare Regelmäßigkeit des Forums in Rom ging keineswegs auf einheitliche Planung zurück; es waren vielmehr alle Kulturen, die vom 4. bis zum 1. vorchristlichen Jahrhundert in dieser Stadt wirksam waren, an seiner Entwicklung beteiligt. Im Laufe dieser Jahrhunderte war eine ziemlich willkürliche Anlage entstanden, die erst Sulla zu ordnen versuchte. Cäsar war es, der als erster jene Anordnung schuf, die dann auch von den Kolonisten in Nîmes übernommen wurde: auf dem rechteckigen Platz, der gänzlich von Säulengängen umschlossen ist, erhebt sich auf der dem Eingang gegenüberliegenden Seite ein einziger Tempel, der der Schutzgottheit des Herrscherhauses geweiht ist. Durch diese Anordnung des Heiligtums auf der Schmalseite des Platzes unterscheidet sich das römische Forum vom griechischen «temenos», auf dem der Tempel isoliert in der Mitte des heiligen Bezirks steht. Die römische «aedes» ist in das architektonische Ganze, dem sie angehört, organischer eingegliedert.

Der Baumeister von Nîmes hat dieses Grundschema durch die Einführung einer eigenständigen, wesentlichen Neuerung verändert: er legte den Boden des Tempels und der Säulengänge höher als das Pflaster des Forums. Dadurch schuf er eine stufenförmige Anlage, die zwar ganz dem Geist jener Zeit entsprach, aber gewöhnlich nur in Städten zu finden war, die in sehr hügeligem Gelände lagen, so erstmals in Palestrina und später in Karthago. Dadurch kam der Tempel besser zur Geltung, doch bereitete die Errichtung solcher stufenförmiger Anlagen vermutlich technische Schwierigkeiten.

Die auf der Aufschüttung stehende Maison Carrée wurde um weitere drei Meter durch einen «Sockel» erhöht, eine Grundmauer, wie sie die Römer von den Etruskern übernommen hatten; um das Gebäude betreten zu können, war – wie bei allen römischen Tempeln – eine Freitreppe vor der Hauptfassade erforderlich. Der Tempel selbst ist ein Pseudo-Peripteros, das heißt, die Säulen der Rückseite und je acht von elf seitlichen Säulen sind als Halbsäulen in die Cellawand einbezogen. Anders gesagt: das Gebäude gliedert sich in zwei deutlich unterschiedene Teile, nämlich in eine tiefe, offene Vorhalle und in einen allseitig geschlossenen Raum. Der den Griechen unbekannte Peripteros erscheint in Italien in der zweiten Hälfte des 2. Jahrhunderts vor Christus. In Rom selbst gibt es einen ausgezeichnet erhaltenen Tempel dieser Art, der vermutlich um 100 v. Chr. gebaut wurde: den kleinen ionischen Tempel auf dem Velabrum, bezeichnet als Tempel der Fortuna Virilis; doch weiß man nicht, welcher Gottheit das gegenüber von Santa Maria in Cosmedin stehende Heiligtum tatsächlich geweiht war. Ein zweiter Peripteraltempel wurde im Largo Argentina aufgefunden. Für diese Form der Tempelgestaltung waren rein praktische Gründe ausschlaggebend: man wollte die Cella so groß wie möglich machen. Abgeleitet ist sie von einem noch älteren Tempeltyp, der neben dem Peripteros bestehen blieb: dem Semiperipteros, den auf drei Seiten eine Ringhalle aus einer Säulenstellung umgibt, während die vierte Seite durch eine glatte Mauer gebildet wird und keinen Säulengang aufweist. Im Gegensatz zum griechischen Heiligtum, dessen beide Schmalseiten gleich sind, ist der römische Tempel stets nach einer bestimmten Seite hin ausgerichtet: sogar die Peripteraltempel können nur von einer Seite her betreten werden. Ein Tempel in Vienne nimmt eine Zwischenstellung zwischen dem Semiperipteros und dem Pseudo-Peripteros ein: die Cella ist auf der Rückseite T-förmig erweitert, so daß nur die beiden letzten seitlichen Säulen als Pilaster in die Wand einbezogen werden.

▼ Die römisch-korinthische Säule (nach einer Darstellung aus dem 19. Jahrhundert)

Die korinthische Säulenordnung bei den Römern

An der Maison Carrée finden wir die korinthische Säulenordnung, die erst zu der Zeit, da dieser Tempel erbaut wurde, ihre endgültige Ausformung erhielt. Während der Republik hatten die Römer gelegentlich die dorische oder häufiger noch die toskanische Säulenordnung verwandt; letztere hat sich übrigens nicht aus der dorischen entwickelt, sondern entstand unabhängig von ihr. Gelegentlich, so bei dem Tempel auf dem Velabrum, hatte man sich der auch zur Zeit des Augustus noch beliebten ionischen Säulenordnung bedient. Oft wurde nach dem Beispiel der in Süditalien ansässigen Griechen ein dorischer Fries mit einer ionischen Säulenreihe verbunden. Im 1. vorchristlichen Jahrhundert war die im ausgehenden 5. Jahrhundert v. Chr. in Griechenland entstandene korinthische Säulenordnung in Rom verbreiteter als alle anderen; aber sie wurde sehr oft und in rascher Folge, entsprechend den wechselnden Modeströmungen, abgewandelt. So sind die Proportionen der Kapitelle in den letzten Jahren der Republik sehr unterschiedlich, und das den Kapitellrumpf bedeckende Laubwerk ist bald völlig naturalistisch gestaltet, bald streng geometrisch stilisiert. Anhand dieser Unterschiede lassen sich die Baulichkeiten ausgezeichnet datieren: in der Provence ermöglichen die Ausgrabungsstätte, das Museum und die noch an Ort und Stelle befindlichen Gebäudereste die Aufstellung einer fast vollständigen Liste der in jener unruhigen, aber fruchtbaren Zeit üblichen Typen.

Die politische Stabilisierung, die Augustus durchzusetzen vermochte, führte bald auch zu einer Stabilisierung der künstlerischen Ausdrucksformen. Der von dem in den ersten Jahren der Kaiserzeit schreibenden Vitruv aufgezeichnete Kanon war von da an für die Baumeister verbindlich. Er wurde während der Renaissance und bis zum ausgehenden 19. Jahrhundert nachgeahmt und führte zu jener klassischen korinthischen Säulenordnung, die uns so vertraut ist, daß wir uns kaum noch vorstellen können, sie wäre nicht von allem Anfang an festgestanden.

Vor allem sind drei Elemente für diese Ordnung charakteristisch: die attische Basis, das Kapitell mit olivenblattähnlichem Akanthus und das Kranzgesims mit Sparrenkopf. Alle diese Elemente finden wir an der Maison Carrée.

Die einfachen, harmonischen Basen bestehen im wesentlichen aus einer quadratischen Säulenplatte und zwei Rundstäben, runden Wülsten, die durch eine Skotie, eine überhängende Einziehung, getrennt sind. Sie unterscheiden sich deutlich von älteren Säulenbasen, wie wir sie beispeilsweise an dem 39 v.Chr. erbauten Tempel in Saint-Rémy finden: diese weisen keine Säulenplatten auf, und die Skotie ist so tief und schmal, daß man den Eindruck hat, als seien die Wülste mittels einer Säge getrennt worden. Bei der korinthischen Säulenordnung, wie sie von den Römern entwickelt wurde, verwandte man sowohl attische als auch ionische Basen mit mehreren Wülsten, doch bevorzugten die Baumeister im Augusteischen Zeitalter die attische Basis.

Das auf dem kannelierten Säulenschaft ruhende Kapitell besteht aus einem Kern, der die Form eines auf dem Kopf stehenden Kegelstumpfes hat (griechisch «kalathos»); an der Basis weist er einen Rundstab auf, während der Abakus, die Deckplatte, das Gesims trägt. Zwei Kronen aus Akanthusblättern umschließen den Kapitellkern. Aus der oberen treten auf jeder Seite des Kapitells Voluten hervor. Der einwärts gekrümmte, konkave Abakus ist in zwei Gesimse geteilt: das untere trägt eine Eierleiste, das obere eine Reihe von ei- und lanzettenförmigen Verzierungen. Aus der Mitte des Abakus ragt auf jeder Seite ein Blumenornament hervor.

Die Kapitelle der Maison Carrée unterscheiden sich deutlich von älteren Kapitellen, so durch ihre Proportionen: die Höhe des Kerns entspricht dem Basisdurchmesser; während bis dahin die zweite Akanthus-Krone durch die Horizontalachse des Kapitells begrenzt war, geht sie hier darüber hinaus; die untere Krone und der Abschnitt mit den Voluten sind gleich hoch, während der mittlere Teil des Kapitells niedriger ist. Das Akanthusornament unterscheidet sich sowohl von den griechischen Ornamenten, die, besonders in den östlichen Provinzen des Reiches, manchmal noch verwendet wurden, als auch von den italischen Ornamenten während der Republik. Die Blätter sind in je fünf Lappen geteilt, die symmetrisch um die Achse angeordnet sind und abgerundete Einschnitte aufweisen, so daß sie Olivenblättern ähneln. Diese naturnahe, weiche Ornamentik unterscheidet sich auf den ersten Blick von dem «distelartigen», kantig und metallisch wirkenden Akanthusmuster, das man in Glanum und auch noch bei den ältesten Kapitellen in Vienne findet – und zwar bei den Pilastern, die in die Cellawand des Tempels einbezogen sind. Zudem war der Abakus in der republikanischen Zeit meist dicker und nicht verziert, und das zwischen dem Kapitellrumpf und dem Abakus befindliche Blumenornament ragte über beide hinaus, während es hier auf den Abakus beschränkt ist. Weniger leicht ist es hingegen, die Kapitelle der Maison Carrée von den Kapitellen später errichteter Bauten zu unterscheiden, etwa von dem Kastor und Pollux geweihten Tempel in Rom (6 n.Chr.) oder dem 27 n.Chr. unter Tiberius gebauten Triumphbogen in Orange. Dennoch fehlt der Kapitellornamentik dieser Bauwerke die gleichzeitig sehr lebensvolle und etwas spröde Eleganz des Ornaments am Tempel in Nîmes: ein geübtes Auge findet sie manierierter, schwerer und überladen. Allerdings läßt sich dieser rein gefühlsmäßige Eindruck schwer in Worte fassen.

Das Gesims besteht wie üblich aus einem Architrav, einem Fries und einem Kranzgesims. Befassen wir uns zunächst mit letzterem. Das Kranzgesims hat sowohl eine dekorative als auch eine funktionelle Aufgabe zu erfüllen: es schützt das Gebäude vor Regen. Deshalb ragt sein oberer Teil als Traufdach vor. Bei den griechischen Tempeln der ionischen und korinthischen Ordnung wird das Traufdach durch Zacken gestützt, die durch regelmäßig verteilte rechteckige Aussparungen in einer breiten Leiste gewonnen werden. Die römischen Baumeister machten seit dem Beginn der Regierungszeit des Augustus das Kranzgesims dadurch höher und ausladender, daß sie über die Zacken eine Art Vordach legten, das durch kleine Konsolen (Sparrenköpfe) gestützt war. Diese Neuerung, die erstmals bei der 36 v.Chr. wiederhergestellten Regia zu finden ist, wird von Vitruv, der sie vermutlich mißbilligte, noch nicht erwähnt. Dieser Theoretiker war als konservativ eingestellter Mensch ein Freund der «klassischen» Kunst, während durch die Einführung des Sparrenkopfes die römische Ornamentik bald barocken Überschwang erhielt. Auch dies läßt sich in Saint-Rémy an der Säulenordnung des Doppeltempels verfolgen, der zwischen dem Forum und dem Eingang zum Quellenheiligtum auf der Westseite des die beiden architektonischen Elemente verbindenden rechteckigen Platzes stand. Die Ornamentik dieser zweifellos einige Jahre vor der Maison Carrée entstandenen Bauwerke ist ungemein unruhig und ausdrucksvoll: am meisten fallen die Akrotere ins Auge, deren Blattwerk von einem heftigen Sturm zersaust zu sein scheint; aber auch die Sparrenköpfe und die mit tief eingeschnittenen Reliefs geschmückten Kassetten tragen viel zur Wirkung des Ganzen bei. Im Gegensatz dazu ist das Kranzgesims der Maison Carrée «gemäßigt». Wie seine eigenartige Gestalt beweist (die Sparrenköpfe sind vorn ausgebaucht, wo das Traufdach aufliegt, nicht dort, wo sie aus dem Bandgesims des Kranzes heraustreten), gehört es zu den ältesten Beispielen dieser Art von Ornament.

▲ Rom: Ansicht der Ara Pacis, Rekonstruktion

Eine gleiche, noch verhaltene Hinwendung zum «barocken» Dekor findet sich im Fries. Von der Fassade abgesehen, die der Inschrift vorbehalten war, zog sich rings um das Bandgesims ein Akanthus-Ornament, ein dekoratives Thema, das in der römischen Kunst sehr häufig erscheint. Ein schönes Beispiel hierfür bietet, ebenfalls in Nîmes, der Nemausus-Brunnen, der einige Jahre vor der Maison Carrée erbaut wurde. Die Vorliebe für pflanzliche Ornamentik hat es ermöglicht, Einteilungen vorzunehmen und eine genaue Chronologie aufzustellen: Der Ausgangspunkt für dieses vergleichende Studium, das von Theodor Kraus durchgeführt wurde, waren die Wandplatten der Ara Pacis in Rom.

Dieser monumentale Altarbau ist sowohl wegen seines künstlerischen Wertes als auch wegen seiner religiösen und politischen Bedeutung das wichtigste Bauwerk der Augusteischen Zeit. Eingefaßt ist er von einer mit Reliefdarstellungen geschmückten marmornen Mauer; die oberen Platten zeigen historische und mystische Szenen, die unteren ein Ornament aus Akanthusblättern, in deren symmetrisch angeordneten Windungen Störche abgebildet sind. Vergleicht man diese Akanthusblätter mit entsprechenden Ornamenten früherer Bauten, so überraschen ihr Überschwang, ihre lebensvolle Kraft und auch ihre realistische Wiedergabe, deren Wirkung durch die strenge Ordnung der Komposition nicht gemindert wird; die Pflanzen sind so «echt», daß manche Archäologen geglaubt haben, man habe mit diesem Fries eine wirkliche Hecke nachahmen wollen. Auf den Reliefs zur Zeit Cäsars und des zweiten Triumvirats hingegen finden wir Laubwerk, das ebenso glatt und nüchtern wie geometrisch starr dargestellt ist. Kraus konnte aufzeigen, daß diese Strenge der klassischen Ausrichtung der neu-attischen Schule entsprach, die sich in den letzten Jahren der Republik in Rom eines großen Ansehens erfreut hat. Das Vorbild der Ornamente der Ara Pacis waren nach Kraus die in Pergamon im ausgehenden 2. Jahrhundert v. Chr. entstandenen Werke der Bildhauerkunst. Man weiß, daß die Schule von Pergamon zu «barockem» Überschwang hin tendierte und daß dieser seinen großartigsten Ausdruck im berühmten Pergamonfries mit dem Gigantenkampf fand.

Doch kehren wir nunmehr in die Provence zurück. Sachlich dargestelltes Laubwerk im neu-attischen Stil finden wir an dem zwischen 30 und 25 v. Chr. erbauten Grabmal der Iulier in Saint-Rémy. Der Schmuck des Brunnens in Nîmes, von dem bereits die Rede war, ist gelöster und lebensvoller. Der Fries der Maison Carrée in Nîmes scheint aus den gleichen Werkstätten zu stammen wie die Reliefs der Ara Pacis. Wenngleich die Begrenztheit der zur Verfügung stehenden Fläche eine Entfaltung des Ornaments nach oben, wie wir sie bei dem Bauwerk in Rom finden, nicht erlaubte, ist doch der Naturalismus in Nîmes nicht weniger bemerkenswert. Sehr feinfühlig hat Grenier geschrieben: «Das Wirkliche erfüllt das Ideelle mit Leben. Feste Materie, Gesehenes und Empfundenes füllt den geschickt stilisierten Rahmen; ein vertrauter Hauch belebt dieses Phantasielaubwerk, lebendiger Saft nährt die anmutige Geschmeidigkeit der Arabesken.» Diese Lebendigkeit ist besonders auf der Westseite spürbar; zwischen den drei Seiten des Frieses, die nicht von ein und demselben Künstler stammen, bestehen recht deutliche stilistische Unterschiede. Der Künstler, der die Westseite geschaffen hat, ließ sich vom Rhythmus seiner Schöpfung so sehr mitreißen, daß er sich nicht genau an das ihm vorgeschriebene Dekorationsschema hielt. Seine Liebe zur Natur drückte er nicht nur in den Rosetten aus, die von den Spiralen der Akanthusblätter umschlossen sind, sondern auch in drei kleinen, im Laubwerk verborgenen Vogelgestalten. Es handelt sich hier, wie bei der Ara Pacis, um ein Ornament, das – von den hellenistischen Künstlern entwickelt, von ihnen aber vornehmlich in der Kleinkunst verwandt – von den Römern für Monumentalplastiken übernommen wurde und sich besonders in «barocken» Epochen großer Beliebtheit erfreute.

Die 13 v. Chr. den Göttern gelobte Ara Pacis wurde vier Jahre später fertiggestellt und von Augustus der Roma geweiht. Der auf Anordnung des Agrippa errichtete Tempel in Nîmes muß vor dem Tod dieses Staatsmanns erbaut worden sein. Diese chronologischen Gegebenheiten haben den Kunsthistorikern einiges Kopfzerbrechen bereitet, denn es fällt schwer zu glauben, daß die Maison Carrée älter sein soll als das Bauwerk in der Hauptstadt, zu dem es so bezeichnende Parallelen aufweist. Ohne im einzelnen auf eine erbitterte Diskussion einzugehen, die bislang zu keiner wirklich befriedigenden Lösung geführt hat, sei kurz gesagt, daß man zweifellos aus stilanalytischen Untersuchungen keine allzu präzisen chronologischen Schlüsse ziehen darf. Im Gegensatz zu Kraus glauben wir nicht, daß in augusteischer Zeit in Rom «neopergamonische» Künstlergruppen tätig waren. Das Pflanzenornament wurde vielmehr «durch die Toreuten wieder Mode», durch jene Künstler, die verzierte Gefäße aus Edelmetall herstellten. Auf den in Boscoreale ausgegrabenen Bechern beispielsweise findet sich mit Tieren belebtes Laubwerk ähnlich dem der Ara Pacis. Das pflanzliche Dekor auf dem bei Alésia gefundenen Kantharos aus Silber ist nach Meinung der Fachleute noch vollkommener als das bei der Ara Pacis; der Trinkbecher könnte also theoretisch erst um die Mitte des ersten nachchristlichen Jahrhunderts entstanden sein, doch beweist die Tatsache, daß er in den Gräben, in denen die Schlacht wütete, sowie zusammen mit gallischen und römischen Waffen gefunden wurde, daß das kostbare Gefäß Cäsar oder einem seiner Offiziere gehört hat. Man braucht die auf der Epigraphie gründende Chronologie nicht sonderlich zu erschüttern, um die Verwandtschaft des Frieses in Nîmes mit den Marmortafeln der Ara Pacis zu erklären. Fest steht jedenfalls, daß die Maison Carrée eine typische Schöpfung augusteischer Kunst ist und daß ihr Alter beweist, wie rasch die von der Hauptstadt ausgehenden Modeströmungen in dieser schon stark romanisierten und in voller wirtschaftlicher Blüte stehenden Provinz sich verbreitet haben. Aus der gleichen großen Blütezeit stammt beispielsweise das Theater von Arles, dessen architektonischer und statuarischer Schmuck ganz und gar dazu diente, die Ideale des ersten Kaisers zu verherrlichen. Die im Theater gefundene berühmte «Venus von Arles» (sie wird heute im Louvre aufbewahrt) bezeugt, welch tiefes Verständnis für die griechische Kunst die Menschen jener Zeit hatten; sie verrät aber auch das technische Können der damaligen Künstler. Solche Kopien waren integrierende Bestandteile der großen architektonischen Schöpfungen, zu denen die Maison Carrée gehört. Wir müssen, wann immer es angeht, das Dekor im Geist wieder in seinen ursprünglichen Rahmen zurückversetzen und nicht beide unabhängig voneinander beurteilen.

Abschließend noch ein Wort über die Bestimmung der Maison Carrée. Der Tempel war ein Geschenk Agrippas an die Kolonie Nîmes, in der Veteranen des ägyptischen Krieges angesiedelt worden waren. In ihm wurden die Kulthandlungen zu Ehren des Kaisers und der mit dem Kaiserhaus verbundenen Gottheiten durchgeführt. Bald nach der Zeitwende weihte man das Heiligtum zusätzlich den Söhnen des Agrippa und der Iulia, Caius und Iulius Caesar; beide waren von Augustus, ihrem Großvater mütterlicherseits, adoptiert worden und galten als mutmaßliche Erben des Throns. Wenig später starben sie in der Blüte ihrer Jahre. Das ganze Reich beklagte diesen Verlust, durch den die Kontinuität des Herrscherhauses in Frage gestellt wurde. Zweifellos erklären die aufrichtige Trauer der Einwohner von Nîmes und ihre gefühlsmäßige Verbundenheit mit den beiden jungen Männern, warum das Gebäude bis zum Ende des Altertums ihnen geweiht blieb, obwohl das seiner eigentlichen Funktion recht wenig entsprach.

In der Tat war es nicht für einen Totenkult bestimmt, sondern für jene fast jeden metaphysischen Wertes bare politische Religion, die Augustus als einigendes Band für die in seinem Reich zusammengefaßten verschiedenartigen Völker geschaffen hatte. Obwohl sich der Geist dieser Religion wandelte, vermochte sie ihre Aufgabe fast fünf Jahrhunderte lang, bis zum endgültigen Sieg des Christentums, zu erfüllen.

Der «Dianatempel» in Nîmes

Um die architektonische Entwicklung des Sakralbaus in Rom zu verstehen, wollen wir uns einem anderen Bauwerk in Nîmes zuwenden. Die Maison Carrée kann als römische Interpretation des griechischen Tempels bezeichnet werden, dessen wesentliches Prinzip sie beibehält: das Gebäude ist geschaffen, um von außen betrachtet zu werden, und so konnten wir alle seine wichtigen Bestandteile untersuchen, ohne es betreten zu müssen. Der «Dianatempel» hingegen kann nur von innen her verstanden werden. Allerdings ist er Teil eines Ganzen, mit dem wir uns zunächst beschäftigen müssen.

Der langgestreckte überwölbte Raum, den die Humanisten von Nîmes ohne zwingenden Grund «Dianatempel» getauft haben, steht heute in der Tiefe der bezaubernden «Brunnengärten» am Fuß des Mont Cavalier, den die prächtige «Tour Magne» krönt. In der Mitte des im 18. Jahrhundert angelegten Parks entspringt eine Quelle, die die Wiege der Stadt war: die gallischen Volken hatten das segenspendende Wasser in einem Gott namens Nemausus personifiziert. Als die römischen Kolonisten sich an dieser Stelle niederließen, übernahmen sie den Kult, waren aber bemüht, ihm einen ihrer Kultur angemessenen Rahmen zu geben. So erhielt das Heiligtum des Nemausus im 1. vorchristlichen Jahrhundert ein kunstvolles Aussehen, das zur majestätischen Wildheit der Talsenke, in der die Bewohner von Glanum weiterhin ihren namengebenden Gott verehrten, einen augenfälligen Gegensatz bildet.

Die wesentlichen Elemente des antiken Heiligtums findet man ziemlich genau in dem Brunnen wieder, den der Architekt Maréchal 1739 errichtet hat. Das Wasser floß zunächst in ein unregelmäßig gestaltetes Becken, das noch erhalten ist, speiste dann Badeanlagen und umfloß schließlich eine kleine, quadratische Insel, deren Grundmauer nach den bei den Ausgrabungen aufgefundenen antiken Resten wiederhergestellt werden konnte. Diese Insel war das Nymphäum, das eigentliche Heiligtum des Wassergotts. Ein Relieffries mit anmutigem Laubwerk umgab die Basis; die Überreste des Frieses sind heute im Museum zu sehen, ebenso die nach dem Beispiel des Mark-Aurel-Bogens in Tripolis mit Akanthusblättern geschmückten Basen der Säulen: vier Säulen mit gewundenen Schäften trugen das leichte Dach, das sich über dem Altar ausspannte. Es handelte sich hier also um einen jener Sakralbauten, wie sie von den hellenistischen Landschaftsmalern und ihren Nachfolgern immer wieder dargestellt wurden und in keinem Park oder Garten einer römischen Villa fehlten. Es ist sehr schwierig festzustellen, wie echt und tief die religiösen Gefühle waren, die man noch zur Kaiserzeit solchen «ländlichen Heiligtümern» entgegenbrachte. Wir brauchen uns jedoch hier nicht mit diesem Problem zu beschäftigen; immerhin sei festgestellt, daß der Baumeister das Nymphäum so phantasievoll gestaltet hat, wie er es sich bei einem richtigen Tempel niemals erlaubt hätte – Entsprechungen finden sich bestenfalls im Dekor von Häusern und Grabmälern. Bei diesen wurden übrigens oft Neuerungen ausprobiert, die später für Monumentalbauten übernommen wurden. So erweitert sich der Kanal auf der der Nymphäumsinsel gegenüberliegenden Seite zu teils runden, teils viereckigen Ausbuchtungen, wie sie die Brunnenbecken in den Gärten von Wohnhäusern oder die Bühnen von Theatern schmückten; diese barocke Formel harmonisiert vollkommen mit dem vielfältigen Dekor der heiligen Insel, steckte aber noch in ihren Anfängen, als das Heiligtum erbaut wurde – nach Rudolf Naumann in den ersten Jahren der Regierungszeit des Augustus, also kurz vor der Errichtung der Maison Carrée.

Um die heilige Insel gruppierten sich später große Gebäude, darunter ein geräumiger Tempel, von dem lediglich die Grundpfähle und einige Ornamente gefunden wurden; sie lassen den Schluß zu, daß er im ausgehenden 2. Jahrhundert n. Chr. erstellt wurde. Auch der «Dianatempel» gehört zu diesen späteren Bauten im Umkreis der Insel. Bei ihm handelt es sich um ein rechteckiges Gebäude, das innen aus zwei deutlich unterschiedenen Teilen besteht: aus einem Mittelraum, den zwei Wände auf den Schmalseiten von einem ihn umgebenden Gang trennen und in den man durch den axial angeordneten Haupteingang gelangt; und aus einer den umlaufenden Gang schneidenden kleinen, quadratischen Ädikula, einer Art von steinernem, von vier Säulen getragenem Baldachin. Ihn rahmen zwei große Tore mit geraden Stützen ein; durch sie gelangt man zu kleinen quadratischen Kammern, die in die mächtige hintere Mauer eingelassen sind. In jeder der beiden Trennmauern zwischen dem Mittelraum und dem Gang befinden sich fünf rechteckige Nischen mit abwechselnd geschwungenen und dreieckigen Giebeln. Sie sind mannshoch und von Halbsäulen flankiert, die auf Postamenten stehen und ein Gesims tragen. Zwei ähnliche Nischen sind zu beiden Seiten des Eingangs angebracht. Über dem Gesims geht die Mauer nach einigen senkrechten Steinlagen in ein Tonnengewölbe über, das aus großen, parallel zur Hauptachse des Raumes angeordneten Hausteinen gebildet ist und von Bogen gestützt wird, die auf den Halbsäulen ruhen. Dieses prächtige Gewölbe, das noch im 16. Jahrhundert unversehrt war, wurde während der Religionskriege teilweise zerstört; trotz der Lücken ist es aber nicht eingestürzt, was die ungewöhnliche Stabilität der Konstruktion bezeugt. Auch der umlaufende Gang ist von einem Tonnengewölbe aus großen Hausteinen überdacht; es ist in drei verschieden hohe Abschnitte unterteilt, so daß durch jede dieser Abstufungen Licht einfallen kann.

Durch eine Analyse des architektonischen Schmuckes, besonders des Kranzgesimses und der ionisch-korinthischen Kapitelle der Pilaster, konnte Naumann feststellen, daß das Gebäude im ausgehenden 1. oder zu Beginn des 2. Jahrhunderts n. Chr. errichtet wurde. Manche Teile des Bauwerks, vor allem der Baldachin, wurden übrigens später verändert.

Wir haben es hier mit einer jener architektonischen Schöpfungen zu tun, die durch die Art ihrer Bedachung wie auch durch das Innendekor die originellsten Strömungen der römischen Kunst verkörpern.

Obgleich die aus großen Bogen gebildete Fassade, die übrigens wiederholt umgestaltet worden ist, großzügig und harmonisch wirkt, ist doch offenbar, daß der Erbauer des Gebäudes sein Können hauptsächlich auf das Innere verwendet hat.

Der Grundriß entspricht dem der Basiliken. Trotz des griechischen Namens aber ist die Basilika eine römische Schöpfung des 2.vorchristlichen Jahrhunderts. Man bezeichnete damit ursprünglich einen Bau mit einem großen rechteckigen Saal, dessen Decke von Säulen getragen wird. Zwei Haupttypen sind zu unterscheiden: beim einen befindet sich der Eingang auf einer der Schmalseiten, während die gegenüberliegende Seite oft eine Apsis aufweist (aus dieser Form scheint sich die christliche Kirche «Basilika» entwickelt zu haben); beim zweiten Typus ist der Eingang auf einer der Breitseiten, und rings um das Gebäude läuft eine Kolonnade. Der «Dianatempel» ist eine Basilika des ersten Typs, mit dem Eingang auf der Schmalseite, wobei dieser Bau insofern eine Änderung vom allgemeinen Schema erfährt, als die Säulenreihen, die gewöhnlich das Hauptschiff von den Seitenschiffen trennen, hier durch eine geschlossene Mauer ersetzt sind.

Wenn wir nur den Hauptsaal berücksichtigen, ist das dem «Dianatempel» am nächsten verwandte Gebäude das prächtige «Dorische Nymphäum» am Ufer des Albanersees bei Rom, das in die erste Hälfte des 1.Jahrhunderts v.Chr. zurückreicht. Man kennt in Italien eine ganze Reihe von Gebäuden des gleichen Typs: in der sogenannten «Villa di Cicerone» in Formia wird das Hauptschiff von den Seitenschiffen durch dorische Kolonnaden getrennt, die die Anläufe der drei Tonnen des Gewölbes tragen. Meist aber – so in Albano, in Tivoli, in der sogenannten Villa des Horaz – besteht das Gebäude lediglich aus einem Hauptraum, in dessen Wände nach dem Beispiel des «Dianatempels» in Nîmes Nischen eingelassen sind. Das «Auditorium des Mäzenas», das noch heute in den ehemaligen Gärten dieses Ministers auf dem Esquilin zu sehen ist, gehört dem gleichen Typ an.

Alle diese Gebäude sind die architektonische Transponierung jener Höhlen, in denen nach der Vorstellung der Alten die Nymphen hausten. Manchmal sind solche Säle den Thermen angeschlossen wie beispielsweise in den Thermen der Faustina in Milet.

Bedeutung und Ausmaße der Gewölbe

Es dürfte angebracht sein, an dieser Stelle auf einige der Gewölbe einzugehen, die sowohl bei den Tempeln wie bei den Thermen den wichtigsten Beitrag der Römer zur Baukunst darstellen.

Vermutlich wollte man mit dem überwölbten Raum ursprünglich natürliche Höhlen nachahmen, haben diese doch in der griechisch-römischen Mythologie eine sehr große Rolle gespielt. Man glaubte, daß sie von übernatürlichen Wesen bevölkert seien, wie dies aus der Beschreibung der Höhlen der Klymene und des Proteus in Vergils «Georgica» deutlich wird. Auch die Heiligtümer mancher Götter, so des Dionysos und des Mithra, waren Höhlen. Diese Auffassungen leiten sich mit Sicherheit von vorgeschichtlichen Höhlenkulten ab, die durch Länder wie Kreta vermittelt wurden und die dort auch noch in geschichtlicher Zeit lebendig waren. Oft wurden in den Gärten römischer Villen größere oder kleinere künstliche Grotten angelegt, und man war sich ihres heiligen Charakters noch durchaus bewußt. Atticus beispielsweise, ein enger Freund Ciceros, legte bei seiner Villa in Buthroton ein Amaltheum an, einen heiligen Garten, der der kretischen Nymphe Amalthea, der Nährerin des Zeus, geweiht war. Es bestand aus einem Platanenhain, durch den ein Bach bis zum Heiligtum floß; dieses war in etwa der Höhle auf dem Berge Ida nachgebildet, in der Zeus als Kind von Amalthea aufgezogen worden sein soll. Die Anordnung entspricht ziemlich genau der des Kanopus der Hadriansvilla, wo das Serapeum ebenfalls einer Höhle nachgebildet war.

Vor kurzem hat man in dem an der tyrrhenischen Küste an der latisch-kampanischen Grenze gelegenen Sperlonga eine architektonisch gestaltete Höhle entdeckt, die zu einer Villa des Tiberius gehörte. Dort waren Fischteiche angelegt worden; eine Statuengruppe, die das Höhlenungeheuer Skylla beim Verschlingen eines der Gefährten des Odysseus darstellt, deutete den sakralen Charakter der Höhle an und war überdies ein malerisches Element.

Dieser sich von der Höhle ableitende Ursprung macht verständlich, warum der überwölbte Raum stets einer «barocken» Kunstauffassung verbunden blieb: er erinnert in romantischer Weise an die geheimnisvollen Tiefen der Erde, an die furchteinflößenden oder freundlichen Wesen, die dort hausen, und an das Eintauchen in eine Welt des Traums. Daher ist es nicht verwunderlich, daß das Gewölbe zu einer Zeit üblich wurde, da sich in der römischen Kunst gleichsam eine psychologische Verdrängung offenbarte, also in den Jahren des Bürgerkrieges, der zum endgültigen Sturz der Republik führte.

In einer Studie zu diesem Problem hat Birgitta Tamm sämtliche bekannten Gewölbe aus dem 1. vor- und dem 1.nachchristlichen Jahrhundert erfaßt; sie konnte siebenundzwanzig feststellen, teils Nymphäen wie in Albano, teils Tempel oder kleine Heiligtümer oder auch Totengrüfte. Eine Gruppe für sich bilden Räume in Privathäusern, bei denen es sich in der Mehrzahl wohl um häusliche Heiligtümer gehandelt hat. Der «Dianatempel» in Nîmes, mit dem sich Birgitta Tamm allerdings nicht beschäftigt hat, gehört offensichtlich zu diesen Gebäuden.

Festzuhalten ist, daß in jener Zeit die Basiliken nicht überwölbt waren und keine Apsiden besaßen. Es ist also fraglich, ob man den westlichen der drei Räume auf der Vorderseite der Domus Flavia (auf dem Palatin) tatsächlich, wie üblich, als Basilika bezeichnen kann. Birgitta Tamm ist der Ansicht, daß es sich bei diesem Raum um das Auditorium handelt, in dem der kaiserliche Rat tagte; aber die scharfsinnigen Argumente, auf die sie ihre Behauptung gründet, sind zu hypothetisch, als daß sie zu überzeugen vermöchten. Der dänische Historiker Helge Finsen dagegen hält den Raum für ein Heiligtum. Immer noch ist die Frage offen, ob der Raum durch ein Gewölbe (nach der von vielen Wissenschaftlern akzeptierten Meinung von Gustavo Giovannoni) oder mit einer Balkendecke überdacht war.

Zu diesen Räumen, die in erster Linie eine religiöse Rolle spielten, kommen die überwölbten, die hauptsächlich praktischen Zwecken dienten; hier sind die Säle der Thermen zu nennen (etwa das Apodyterium in den Stabianer Thermen in Pompeji), die vielleicht den Nymphäen verwandt sind, sowie die unterirdischen Gänge, wie wir sie in Arles finden; mit ihnen hat sich übrigens Fernand Benoit ausführlich befaßt.

Über allen diesen Räumen spannt sich ein Tonnengewölbe, das von dem Gewölbe der Apsis abgeschlossen wird. Dieses steht hinsichtlich seiner Form und Konstruktion der Kuppel nahe und erscheint, wie diese, in augusteischer Zeit. Die ältesten Kuppeln finden wir bei Thermen, so in Bajä beim sogenannten Merkurtempel, der gegen Ende, vielleicht sogar um die Mitte des 1.vorchristlichen Jahrhunderts entstanden ist: er besitzt eine Rotunde mit einem Durchmesser von 21,35 Metern – ist also halb so groß wie die Rotunde des Pantheons in Rom; darüber wölbt sich – ebenfalls wie beim Pantheon – eine Kuppel mit einem runden «Auge» im Zenith. Die nur 60 Zentimeter dicke Mauer der Kuppel besteht aus Zementguß mit Tuffsteinbrocken.

Im allgemeinen sind die Gewölbe in augusteischer Zeit nicht sehr groß. Bemerkenswert ist, daß der Baumeister der Kryptoportiken in Arles zwei Gänge nebeneinander gelegt hat, um eine zu große Spannweite des Gewölbes zu vermeiden. – Aus der gleichen Zeit stammt das erste Kreuzgratgewölbe: es befindet sich im Haus des Kryptoportikus in Pompeji.

Severus und Celer, die Baumeister Neros, bedienten sich im Ostflügel der Domus Aurea der Technik des Kuppelbaus mit großer Kühnheit. Das Zentrum des Flügels nimmt ein achteckiger Kuppelsaal ein – eine Neuerung gegenüber den üblichen Anlagen solcher Paläste, wie sie noch im Westflügel der Domus Aurea zu finden ist: an die Stelle rechteckiger Räume, die um einen ebensolchen Hof angeordnet sind, treten von einem Mittelpunkt strahlenförmig ausgehende Räume. Zudem ist das Achteck sowohl nach außen als auch zu den anliegenden Räumen völlig offen: nicht mehr massive Mauern, sondern nur acht Pfeiler tragen die Kuppel. Dementsprechend mußten die Druckkräfte so verteilt werden, daß sie in die Pfeiler abgeleitet wurden. Hier führte also die Kräfteverteilung erstmalig zu einer ungemein kühnen Lösung, der sicherlich viele Versuche vorausgegangen sind; doch ist uns von diesen nichts erhalten geblieben. Die Baumeister der Domus Aurea haben auch zahlreiche Räume mit Tonnengewölben und Apsiden errichtet, doch sind sie meist nicht sonderlich groß.

Rabirius hingegen, der Baumeister Domitians, schuf Tonnengewölbe von gewaltigen Spannweiten. Mit ihm gelangen wir zu einem der umstrittensten Probleme der römischen Architekturgeschichte, das bereits kurz angedeutet worden ist: zum Problem der Überdachung der beiden Haupträume an der Vorderseite der Domus Flavia auf dem Palatin. In der klassischen Rekonstruktion von Tognetti ist die «Basilika» mit einem von Balken getragenen Flachdach gedeckt, während sich über der «Aula Regia» ein Tonnengewölbe spannt. Giovannoni hingegen stellte 1938 die Behauptung auf, daß die Basilika überwölbt, der Thronsaal jedoch ohne Dach gewesen sei. Finsen äußerte 1963 die Meinung, beide seien durch ein von Gebälk gestütztes Flachdach überdeckt gewesen. Dennoch spricht manches für ein Gewölbe, worauf Crema hingewiesen hat, und zudem war einer der Säle des Palastes noch bis in jüngere Zeit hinein mit einem Tonnengewölbe überdacht, dessen Spannweite größer war als die Breite der beiden fraglichen Räume. Bei diesem Saal handelt es sich um die von Domitian hinter dem Castor-Tempel längs des Vicus Tuscus erbaute Vorhalle. Die anstoßenden Räumlichkeiten, in denen vermutlich die Wache untergebracht war, wurden im 6. Jahrhundert zur Kirche Santa Maria Antica umgebaut. Die aus Ziegelsteinen errichtete Vorhalle bildet ein Rechteck von 33,10 zu 24,50 Metern; sie war in ihrer ganzen Breite von einem riesigen, halbzylindrischen Gewölbe überdacht, dessen Scheitelpunkt 20 Meter über dem Fußboden lag. Sie ist dem Thronsaal nicht nur hinsichtlich der Ausmaße, sondern auch in der «barocken» Ausgestaltung der Wände ähnlich, wie wir ihr schon im «Dianatempel» in Nîmes begegnet sind: die Wände weisen Nischen auf, die abwechselnd von Dreieck- und Segmentgiebeln bekrönt waren.

Es besteht eine enge Verwandtschaft zwischen solchen Vorhallen und der «cella media» der großen Thermen der Kaiserzeit, deren Prototyp die heute fast spurlos verschwundenen Titusthermen waren. Ihre Anlage kennen wir aus einer Zeichnung von Palladio: den Mittelpunkt bildete eine große Halle, deren quadratischer Mittelteil von einem Kreuzgewölbe überdacht war, an das sich seitlich zwei Tonnengewölbe anschlossen. Eigenartigerweise lassen die Mosaiken in den Trajansthermen in Acholla auf eine ähnliche Verteilung der Gewölbe schließen, obwohl das

▼ Rom: Domus Flavia. Rekonstruktionsvorschlag von Tognetti mit überwölbter Aula Regia

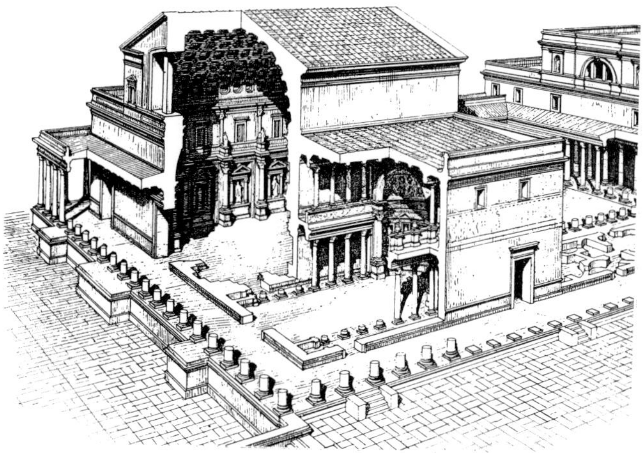

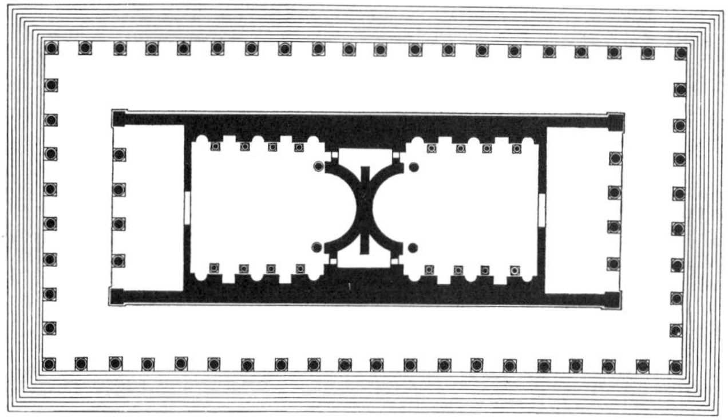

▲ Rom: Tempel der Roma und Venus, Plan. Ca. 1:1000

dortige Frigidarium mit Sicherheit nicht überdacht gewesen war. In den Titusthermen wurde zum erstenmal eine große Fläche mit einem Kreuzgewölbe überspannt; anstatt aber ein Kreuzgratgewölbe mit zwei Tonnengewölben zu verbinden, benützte man später in den meisten Fällen drei Kreuzgratgewölbe, wodurch man noch größere Flächen überdachen konnte – eine Verbindung, die wir erstmals in den Thermen des Trajan in Rom finden und die in der Folgezeit bei allen großen Bädern mit symmetrischem Grundriß verwendet wurde. Wir begegnen ihr wieder über dem Hauptschiff der Basilika des Maxentius: die beiden Seitenschiffe sind durch je drei Tonnengewölbe überdacht, die zur Hauptachse des Gebäudes senkrecht stehen. Die Gewölbeanordnung bei den Titusthermen – von zwei Tonnengewölben flankiertes Kreuzgratgewölbe – wurde später nur noch für kleinere Anlagen benützt, so zum Beispiel für die Cluny-Thermen in Paris.

Im 2. und 3. Jahrhundert waren die Cellae der Tempel, die manchmal gewaltige Ausmaße hatten, von Tonnen überwölbte Räume mit einer Apsis auf einer der Schmalseiten und Nischen und Pseudoportiken auf den Breitseiten – so das Hadrianaeum, der Tempel der Venus und Roma sowie der Sonnentempel des Aurelian; auch ein vor kurzem entdeckter, unter den Severern errichteter Tempel in Dougga in Tunesien gehört wahrscheinlich diesem Typ an. Übrigens wird oft behauptet, daß der Tempel der Venus und Roma dem griechischen Typ zuzurechnen sei, weil er zwei symmetrische Fassaden aufweist – eine Ansicht, die besonders von Kähler vertreten wurde. Wir können uns ihm nicht anschließen: in Wirklichkeit handelt es sich nämlich hier um zwei an den Rückseiten aneinandergebaute Tempel, zudem ist die Ausgestaltung der Cellae im Inneren mit ihren Apsiden, Nischen und Pseudoportiken typisch römisch und der Lösung beim Tempel der Venus Genitrix und des Mars Ultor eng verwandt.

Der Bacchustempel in Baalbek

Der basilika-artige Saal mit seinen von Nischen unterbrochenen Mauern eignet sich jedoch hervorragend auch für andere Gebäude, besonders für Tempel. Das berühmteste und am besten erhaltene Beispiel hierfür steht in Baalbek, dem alten Heliopolis im Libanon. Die hellenisierten Syrer, die diese Stadt bewohnten, verehrten eine Götterdreiheit mit einem Vatergott, einer Muttergöttin und einem Gott-Sohn, die dann später Zeus-Jupiter, Aphrodite-Venus und Hermes-Merkur gleichgestellt wurden. Gegen Ende der Kaiserzeit errichtete man ihnen ein riesiges Heiligtum, das erst nach mehreren Jahrhunderten fertiggestellt werden konnte. Vor dem gigantischen Haupttempel lag ein großer quadratischer Hof, auf dem sich ein gewaltiger Altar erhob. Ein zweiter, sechseckiger Platz, der durch Propyläen zugänglich war, bildete den Vorhof. Ein tiefer liegender zweiter, kleinerer Tempel trägt Ornamente, die auf den Dionysoskult bezogen sind. Unbekannt ist die Bestimmung eines kleinen Rundtempels, der ein wenig abseits liegt: um einen mit Nischen versehenen zylindrischen Baukörper stehen Freisäulen, die ein ausschwingendes Gesims mit «barockem» Dekor tragen.

Erstaunlich an dieser ganzen Anlage sind ihre riesigen Ausmaße und der ungeheure Reichtum der «barocken» Ornamentik. Am besten erhalten ist der kleinere Bacchustempel, der zur Zeit der Antonine (96–192 n.Chr.) erbaut worden ist. Der auf einer hohen Terrasse stehende Peripteraltempel weist eine aus zwei Säulenreihen gebildete Vorhalle («pronaos») auf. Das auf der Rückseite des Saales gelegene Adyton, das Allerheiligste, das nur die Priester betreten durften, ist eine selbständige architektonische Einheit: die auf einer Erhöhung stehende zweiflüglige Fassade besteht aus zwei von einem Halbgiebel gekrönten Säulenreihen, hinter denen ein zweiter Giebel aufragte; in ihn war ein Bogen eingeschrieben. Die Cellawände sind sehr ähnlich gestaltet wie im «Dianatempel» zu Nîmes: hohe, wandgebundene Pilaster auf Sockeln rahmen zwei übereinanderliegende Nischenreihen ein, in denen einst Statuen aufgestellt waren; über den Nischen der unteren Reihe spannen sich mit Weinlaub verzierte Bogen, während die oberen Nischen durch Giebel gekrönt werden. Da die Ornamente auf die Fläche der Mauer aufgesetzt sind, wird diese – anders als in Nîmes – durch die Nischen nicht ausgehöhlt. Hingegen sind die Säulen weit weniger stark von den Mauern abgesetzt als in Nîmes. Den Grund hierfür könnte man in der Anlage des Gebäudes suchen: es war zweifelsohne von einem Tonnengewölbe überdacht und erhielt nur durch den Eingang und zwei winzige Fenster im Adyton Licht, so daß im Halbdunkel plastische Kontraste gar nicht voll zur Geltung gekommen wären. Diese Erklärung vermag allerdings nicht ganz zu befriedigen: es fällt nämlich auf, daß die Nischen als einfaches Ornament behandelt sind, als eine Verzierung ähnlich dem Reliefschmuck der Torumrahmung. Der Künstler hat nicht an ihre Wirklichkeit geglaubt, ließ sich nicht selbst und wollte auch nicht den Betrachter durch die Illusion verführen, daß sich hinter der Wand ein irrealer Raum befände. Nun haben aber alle neuen Forschungen über römische Kunst, vor allem die Arbeiten von Kähler, Charles Claude van Essen und Karl Schefold, einwandfrei gezeigt, daß diese Hinwendung zum Geheimnis und dieses Bedürfnis, den wirklichen Raum durch einen fiktiven Raum zu erweitern, in Italien aufgekommen sind und sich erstmals in der etruskischen Kunst gezeigt haben. Dementsprechend ist die Auffassung, daß der römische «Barock» im Nahen Osten entstanden sei, nicht zu halten: seine Manifestationen auf asiatischem Boden sind nur ein Abglanz, eine unvollkommene Widerspiegelung einer im Westen geborenen schöpferischen Strömung.

Die religiösen Kulte in Heliopolis-Baalbek sind das bezeichnendste Beispiel jenes Synkretismus, der die alten Naturreligionen und mystischen Glaubensanschauungen Asiens dadurch veränderte, daß er ihnen den Geist griechischer Weisheit einflößte. Entsprechend sind in den Gebäuden, die den Kulten dienten, sehr unterschiedliche Traditionen zusammengeflossen. Heiligtümer dieser Art findet man fast überall im Römerreich, vor allem in Afrika und in Gallien. Da sie den Göttern des Landes geweiht waren – die man allerdings bald den römischen Göttern anpaßte –, entsprachen sie in ihrer Gestalt den Erfordernissen des herkömmlichen Rituals; Struktur und Dekor aber wurden von Rom übernommen. Das einzig spezifisch Syrische am Bacchustempel in Baalbek ist das Adyton, das Allerheiligste, aber auch dieses erinnert an die mit Statuen geschmückten Ädikulen der römischen Tempel, wie wir sie im «Dianatempel» zu Nîmes gefunden haben. In einer anderen Region des Libanon, im Hauran, wird aus dem Adyton eine große Apsis, die unten mit dem Boden der Cella abschließt. Eduard Will hat die Vermutung ausgesprochen, daß diese Lösung, durch die die architektonische

Einheit des Gebäudes gewahrt bleibt, in hellenistischer Zeit in Antiochia gefunden worden und von dort aus einerseits nach Italien und anderseits nach dem Libanon gekommen sei. Man kennt jedoch in Antiochia keinen hellenistischen Tempel, der diese Hypothese bestätigen könnte; wie wir gleich sehen werden, ist es durchaus möglich, daß die Apsis mit der Kultstatue in Rom entwickelt worden ist.

Jedenfalls finden wir in Rom vom 1. vorchristlichen Jahrhundert an die Vorläufer der von mauergebundenen Säulen eingerahmten Nischen, wie sie die Längsmauern des Bacchustempels in Heliopolis schmücken. Das älteste Beispiel bietet der Tempel der Venus Genitrix auf dem Forum Iulium, ein auf einer hohen Aufschüttung («podium») stehender Semiperipteros. Seine Cella endet in einer Apsis; auf den Längsseiten finden sich je sieben mit der Mauer verbundene Säulen auf Sockeln, zwischen denen früher höchstwahrscheinlich Statuen standen. (Unter ihnen die berühmte Kleopatra-Statue, deren Aufstellung einen Skandal verursachte.) Das Bildnis der Göttin selbst befand sich in der Apsis. Das von Cäsar errichtete Heiligtum wurde nach einem Brand durch Trajan wieder aufgebaut, so daß sich nicht mehr feststellen läßt, ob die Gestaltung des Innenraums der ursprünglichen Anordnung entspricht. Fest steht jedenfalls, daß das Innengesims, auf dessen

▲ Baalbek: Bacchustempel, Adyton

Fries religiöse Riten mit Eroten dargestellt waren, aus dem Anfang des 2. Jahrhunderts stammt. Genaues wissen wir auch über den im Jahre 2 v. Chr. geweihten Tempel des Mars Ultor. Hier bildet die Cella ein fast quadratisches Rechteck, das auf der dem Eingang gegenüberliegenden Seite zu einer erhöhten Apsis mit Statuen von Mars und Venus erweitert war. Die beiden Seitenwände schmückten je fünf Säulen auf Sockeln.

Das basilika-artige Heiligtum in der römischen Kunst

Die Bedeutung dieser basilika-artigen Gestaltung der römischen Heiligtümer kann nicht genug unterstrichen werden. Sie entspricht dem Wunsch, das Zeremoniell, das sich nach dem herkömmlichen Ritual außerhalb des Tempels entfaltete, in die Cella zu verlegen. Gewiß fanden die Blutopfer zu allen Zeiten unter freiem Himmel auf einem Altar statt, der vor dem «podium» errichtet war, doch der fortschreitende religiöse Synkretismus maß diesen Opfern immer weniger Wichtigkeit bei, während das direkte Zusammenkommen des Gläubigen mit der Gottheit in der Cella an Bedeutung gewann. Zum vollen Durchbruch kam diese Tendenz in den religiösen Geheimkulten: auf den Stelen von Ghorfa, den Denkmälern eines afrikanischen Geheimkultes aus dem 2. nachchristlichen Jahrhundert, konzentriert sich die Aufmerksamkeit auf die feierliche Einführung des Gläubigen ins Allerheiligste, wobei Weihrauch geopfert wird; das Blutopfer dagegen sinkt zu einer nebensächlichen, vorbereitenden Zeremonie herab, die den Gehilfen der Priester überlassen bleibt. Damit nun das Bild der Gottheit auf den Gläubigen einen besonders tiefen Eindruck machte, mußte es ihm möglichst prunkvoll und majestätisch vor Augen treten; daher war es niemals von seiner Umgebung isoliert. Kähler hat mit Recht nachdrücklich darauf hingewiesen, daß das griechische Standbild ein in sich geschlossenes Ganzes ist, das sich als solches dem Betrachter darbietet, während das fast immer in einen architektonischen Rahmen hineingestellte römische Standbild eine Schauseite hat. In den Tempeln der Venus Genitrix und des Mars Ultor wird der Rahmen durch die Apsis gebildet, deren Wölbung gleichzeitig an das Himmelsgewölbe und an eine Höhle erinnert – zwei Begriffe, die bei den meisten Menschen unmittelbar mit der Idee des Heiligen verknüpft werden. Im «Dianatempel» in Nîmes nimmt, wie in den syrischen Tempeln, eine Ädikula den Ehrenplatz ein, ein als «tetrastylos» bezeichnetes fensterartiges Schmuckmotiv in Gestalt eines kleinen Gebäudes. Daß die mit einem mosaikähnlichen geometrischen Dekor reich ge-

schmückte Ädikula im «Dianatempel» so stark herausgestellt ist, beweist unseres Erachtens, daß dieser Raum Kultzwecken gedient hat; die Tatsache, daß sie bei einem späteren Umbau hinzugefügt wurde, läßt darauf schließen, daß man den sakralen Charakter des Bauwerks betonen wollte. Wie Andreas Alföldi aufgezeigt hat, leitet sich die Ädikula von dem Baldachin her, der über dem Thron orientalischer Herrscher ausgespannt war. Damit verleiht sie dem Standbild die Majestät eines siegreichen Königs; die Christen entwickelten daraus den Tabernakel, um Gott selbst zu verherrlichen: das «Tropaion», das von den römischen Christen unter Mark Aurel an der Stelle des Petrusgrabes errichtet wurde, hatte das Aussehen eines Baldachins, den eine kleine Apsis abschloß. –
Wenden wir uns nunmehr der Gestaltung der Seitenwände zu. Wie bereits erwähnt wurde, verläuft auf jeder Seite eine Säulenreihe; die Säulen stehen dicht an der Mauer oder sind, wie im «Dianatempel», mit der Mauer verbunden. In den Zwischenräumen waren Statuen aufgestellt. Die Anordnung stammt von den Griechen, aber sie wurde von den Römern nicht bloß übernommen, sondern neuen Aufgaben angepaßt. Das erste uns bekannte Beispiel eines Portikus, dessen Säulen von menschlichen Gestalten flankiert werden, findet sich auf dem sogenannten «Klagefrauensarkophag» aus der Nekropole von Sidon (erste Hälfte des 4. Jahrhunderts v. Chr.), doch sind hier die Gestalten in den architektonischen Rahmen nicht eingegliedert; im Gegenteil, der Künstler hat sich offenbar nach Kräften bemüht, sie als lebendige Frauen erscheinen zu lassen, die sich von der Architektur wie Schauspieler von einer Bühnendekoration abheben. Da die Statuen aus den meisten antiken Bauwerken verschwunden sind, könnten wir die Entwicklung, die zur römischen Gestaltungsweise geführt hat, nicht verfolgen, wenn es uns nicht möglich wäre, besonders in Nîmes und Baalbek zu untersuchen, wie sich der architektonische Rahmen der Standbilder, die von Säulen flankierten Nischen, entwickelt hat. Wir haben es hier mit einer eigenwilligen Anwendung einer von den etruskisch-römischen Architekten im ausgehenden 2. Jahrhundert v. Chr. gefundenen Komposition zu tun. Auf etruskischen Urnen aus dieser Zeit sehen wir zum erstenmal Bogenreihen mit Wandpfeilern: dieser Dekor bildet den Hintergrund einer lebensvollen Szene, deren Darsteller, wie die Klagefrauen von Sidon, vor dem Bauwerk «auftreten», ihm jedoch nicht eingeordnet sind. Das älteste Beispiel einer architektonischen Verbindung von Bogen und Säulen mit geradem Gesims ist das 78 v. Chr. entstandene Tabularium in Rom. Von dieser Zeit an diente dieses Schema sehr unterschiedlichen Zwecken: aus ihm entwickelte sich, wie wir noch sehen werden, der Triumphbogen. In Nîmes und Baalbek jedoch wurden mit seinen Elementen Innenräume gestaltet – und zwar in der gleichen Absicht, die die Malerei des zweiten und vierten pompejanischen Stiles verfolgte. In den Wandmalereien dieser beiden Perioden wird die Illusion erweckt, als ob «hinter der von ihnen geschmückten Wand» eine geheimnisvolle Welt existiere, gleichsam ein Wunderland, in dessen Unendlichkeit wir durch die mit malerischen Mitteln geöffnete Wand hineinblicken können. Die Baumeister von Nîmes und Baalbek schufen mit anderen Mitteln eine ähnliche Illusion.
Wie bei den Fresken ist der Wand ein Portikus vorgesetzt, wobei man erwartet, daß sich zwischen diesem und der Mauer ein freier Raum befindet, der in Wirklichkeit aber nicht vorhanden ist. Dieser Eindruck der Tiefe wird durch die Nischen verstärkt, die die Mauer hinter dem Portikus mit dunklen Schattenzonen aushöhlen. Die Rahmen dieser Nischen werden genauso behandelt wie Tür- oder Fensterumrahmungen. Damit werden sie zu Eingangstoren in ein Reich der Götter, die als Statuen gleichsam auf der Schwelle stehen, um die Besucher zu empfangen. Durch den Einbau von Scheintüren und wirklichen Türen, die abwechselnd angebracht werden, wird die Täuschung noch zusätzlich verstärkt. (Eine ähnliche Gestaltungsweise deutet bei Grabbauten den Übergang von einer Welt in die andere an.)

Die basilika-artige Struktur und der barockhafte Dekor dieser Heiligtümer sollen im Inneren der Gebäude eine unwirkliche, überweltliche Atmosphäre schaffen, die dem Geist der mystischen Religionen entspricht. Man könnte zwar einwenden, daß auch die den politischen Kulten geweihten Tempel entsprechend gestaltet sind – so die Tempel der Venus Genitrix und des Mars Ultor, die eigentlich mit solchen spiritualistischen Tendenzen nichts zu tun haben. Dieser Einwand entspringt aber unserer modernen Denkweise. Wenn man jedoch die Geisteshaltung der Alten verstehen will, muß man zunächst untersuchen, welche Form und Funktion die «barocke» Architektur bei den kaiserlichen Residenzen und bei den dem Herrscherkult dienenden Bauwerken besessen hat.

Die Domus Flavia auf dem Palatin

Der erste Kaiser, der einen der sehr vielschichtigen Bedeutung eines römischen Herrschers wirklich angemessenen Palast errichtet hat, war Domitian, der von 80 bis 96 n. Chr. regierte. Um die gleiche Zeit wurde der «Dianatempel» in Nîmes erbaut. Daher ist es nicht erstaunlich, daß sich zwischen beiden Bauwerken bezeichnende Übereinstimmungen feststellen lassen. Die von dem größten Baumeister jener Zeit, Rabirius, geschaffene Domus Flavia auf dem Palatin besteht aus zwei Teilen: im Ostteil befinden sich die Privatgemächer, mit denen wir uns nicht befassen wollen, im Westteil die Amts- und Prunkräume. Den Mittelpunkt der Anlage bildet ein großer Hof, der im Norden von drei Empfangsräumen begrenzt wird. Der mittlere dieser Räume hat den Historikern viele Rätsel aufgegeben; man bezeichnet ihn herkömmlicherweise als «Aula Regia» oder Thronsaal, und tatsächlich scheint der Kaiser dort feierliche Empfänge gegeben zu haben. Die «barocke» Gestaltung dieses großen Saales erinnert an das Innere des «Dianatempels» in Nîmes und des Bacchustempels in Baalbek: Der Raum ist rechteckig und weist innen auf den Schmalseiten je drei und auf den Längsseiten je fünf Nischen auf. Bei sieben der Nischen ist die Wand durchbrochen, so daß sie als Türen dienen. In der dem Haupteingang gegenüberliegenden Nische stand der Thron; in den übrigen waren Statuen aufgestellt. Alle Nischen waren einst von Säulen aus buntem Marmor flankiert; die zweifellos reich geschmückten Kapitelle ionisch-korinthischer Ordnung bestanden aus weißem Marmor.

Obwohl von der Aula Regia nicht sehr viel erhalten ist, kann man den prunkvollen Wandschmuck ziemlich genau rekonstruieren. Problematisch hingegen ist die Frage, wie der Raum überdacht war. Manche Historiker waren der Ansicht, es habe sich hier um einen Hypäthralhof gehandelt, doch läßt sich die Hypothese nicht halten. In diesem Fall hätte der Saal einer von über 20 Meter hohen Mauern gesäumten riesigen Grube geglichen; zudem beweisen die auf den Mauern noch sichtbaren Wasserrinnen, daß das Regenwasser nach außen abgeleitet wurde. Nach einer zweiten Hypothese soll der Saal von Gewölben überdacht gewesen sein, doch sind die Mauern zu schwach, als daß sie die gewaltigen Druckkräfte hätten aufnehmen können. Finsen, der sich zuletzt mit diesem Problem befaßt hat, gelangte zu der Überzeugung, daß der Saal ursprünglich von einem vierteiligen Dach bedeckt war, das durch Gebälk getragen wurde. Diese Lösung ist am wahrscheinlichsten, obgleich entsprechende Stützpfeiler im Inneren fehlen, was angesichts der gewaltigen Spannweite überrascht. Jedenfalls – und das ist von großer Bedeutung – war der Saal überdacht. Die Zeremonien, denen er als Rahmen diente, glichen nicht mehr den religiösen Zeremonien des Augustus, die den republikanischen Festen noch sehr ähnlich gewesen waren: diese großen Prozessionen von weiß gekleideten Staatsbeamten und Priestern und die dargebrachten Blutopfer hatten sich ausschließlich im Freien abgespielt. Solchen Zeremonien waren die Maison Carrée und die dazugehörigen Anlagen vollkommen angemessen. Die auf dem Palatin abgehaltenen Feierlichkeiten hingegen glichen in vielem der heutigen Liturgie der katholischen oder der orthodoxen Kirche – die übrigens diese Zeremonien in Kulthandlungen umgeformt hatten: beim Klang von Orgeln, die an die Stelle der Flöten getreten waren, bei Kerzenlicht und umwallt von Weihrauchschwaden, setzte sich der in Purpur, Gold und Edelsteine gekleidete Erhabene langsam auf den Thron, den reich verbrämte Vorhänge umgaben; von reglos dastehenden Würdenträgern umgeben, nahm er völlig unbewegt die Huldigungen entgegen. Früher glaubte man, daß dieses Zeremoniell, das später von Byzanz übernommen und von den Herrschern des Mittelalters nachgeahmt wurde, im ausgehenden 3. Jahrhundert n. Chr. von Diokletian nach dem Beispiel des persischen Hofes eingeführt worden wäre. Die Forschungen von Alföldi und von Ejnar Dyggve haben jedoch den Beweis erbracht, daß es sich in Rom selbst, in den Palästen auf dem Palatin, nach und nach herausgebildet hat. Zu seiner Entstehung hat vor allem Domitian beigetragen, der sich «Herr und Gott» nennen ließ. Nach seinen theokratischen Vorstellungen hat Rabirius die Aula Regia geschaffen, die später für alle Residenzen der Herrscher beispielgebend war. Das Prinzip dieser Architektur bestand darin, aus der natürlichen, realen Welt einen umschlossenen Raum herauszulösen, in dem künstliches Licht, die Vielfarbigkeit der vergoldeten Stukkaturen, des bunten Marmors, der Mosaiken, das Spiel der geschwungenen Linien von Wänden und Gewölben, der plastische Dekor der Kapitelle und Gesimse, aromatisches Räucherwerk, die getragenen Klänge von Blasinstrumenten und hell schmetternde Trompeten, der langsame Rhythmus der Lobgesänge, der Glanz der Schmuckstücke, die planmäßige Aufstellung und die gemessenen Gesten der Hofbeamten eine unwirkliche Atmosphäre schaffen und die Teilnehmer in eine mystische Verzückung versetzen. Wir werden noch sehen, daß die Entwicklung der Privatgemächer und der den Schaustellungen und der Muße gewidmeten Baulichkeiten auf ein gleiches Ziel hinsteuerte.

Das Pantheon

Um für die Richtigkeit der von uns gezogenen Schlüsse eine Bestätigung zu erhalten, wollen wir uns zum Abschluß jenem Tempel zuwenden, den man als Musterbeispiel des zur Vollkommenheit entwickelten römischen Sakralbaus bezeichnen könnte: dem Pantheon. Es ist uns glücklicherweise, wenigstens in seinen wichtigsten architektonischen Elementen, unversehrt erhalten – ein Abbild der Ewigkeit im Auf und Ab der Geschichte der Stadt Rom. Das Pantheon liegt im Mittelpunkt des alten Roms der Päpste, auf dem Marsfeld. Der eindrucksvolle Bau ist in zwei deutlich unterschiedene Teile gegliedert. Der Vorbau hat das Aussehen eines klassischen «pronaos», einer Tempelvorhalle. Außergewöhnlich an ihm wäre nur seine lastende Schwere, wenn die Säulen so angeordnet wären, daß er in drei durch Apsiden oder den von ihnen umrahmten Eingang abgeschlossene Schiffe aufgeteilt würde. Doch die Verbindung der Vorhalle mit dem Hauptteil des Gebäudes ist recht unglücklich, so daß man zur Auffassung gelangt ist, es handle sich bei diesem «pronaos» um Reste eines älteren Gebäudes. Tatsächlich trägt der Fries eine Inschrift mit dem Namen Agrippas, des Schwiegersohns des Augustus, während die Ziegel der Cella in den Jahren 120 bis 123 n. Chr. hergestellt wurden. Heute weiß man, daß der Tempel von Hadrian völlig umgebaut, die Inschrift Agrippas jedoch belassen wurde. Die Cella ist ein gewaltiger Rundbau aus Ziegelsteinen; er mißt 43,30 Meter im Durchmesser und wird von einer Halbkugel-Kuppel überragt, die genau auf dem Mauerzylinder aufsitzt und deren Scheitel 43,30 Meter über dem Boden liegt. Vergeblich sucht man in der Sakralarchitektur nach Vorläufern dieses Bauwerks; man findet sie vielmehr in den Thermen – eine scheinbar paradoxe, aber leicht erklärbare Tatsache. Wir werden noch sehen, daß die riesigen Badeanlagen der Kaiserzeit wahre Märchenpaläste waren, in denen der Herrscher für seine Untertanen alle Wunder der ihm zugänglichen Natur vereinigte. In ähnlicher Weise ist auch das Phantheon ein Mikrokosmos – aber gleichsam ins Transzendentale überhöht: seine Kuppel mit einem «Auge», durch das die Strahlen der Sonne einfallen, stellt das Himmelsgewölbe dar, und all die Götter, die in ihm vereint sind, personifizieren die wohltätigen Kräfte der Natur. Deshalb bildet, wie auch bei den Thermen, das prächtige Innere mit seinem vielfarbenen Marmorschmuck einen starken Gegensatz zu den kahlen, strengen Fassaden. Der Besucher wird von einer Art von Taumel erfaßt, wenn er die Blicke zum Oberlicht in der Mitte der Kuppel erhebt, das ihn zum Himmel emporzuziehen scheint. Damit aber die Schwere der Konstruktion den Betrachter nicht erdrückt, lockerte der Baumeister den massigen Zylinder durch acht Nischen auf; eine ist dem Eingang vorbehalten; sie sind den Exedren des großen Hofes beim Tempel in Baalbek vergleichbar. Sechs der Nischen weisen je zwei Säulen auf, die die Kuppel zu tragen scheinen, doch setzt sich diese in Wirklichkeit aus Entlastungsbogen zusammen, die die Druckkräfte in die massiven Pfeiler zwischen den Exedren ableiten. Wie die Basiliken hat auch dieses Bauwerk keine geschlossene Innenwand, so daß die Phantasie angeregt wird, sie nach allen Richtungen ins Unendliche auszuweiten.

Die Entwicklung des römischen Sakralbaus gipfelt in diesem Pantheon, das in allen seinen Elementen dem griechischen Tempel völlig entgegengesetzt ist: in der Betonung des in sich geschlossenen Innenraums, dem kreisförmigen Grundriß, der halbkugelförmigen Kuppelwölbung, der Struktur, dem Material, den Proportionsverhältnissen. Hadrian steht – übrigens zu Recht – im Ruf, ein Philhellene und Bewahrer der Tradition gewesen zu sein. Um so markanter ist der Bruch, der sich durch die Errichtung dieses Heiligtums zeigte, zwischen dem griechischen Geist des 5. und 4. vorchristlichen Jahrhunderts und dem Geist seiner Zeit. Die Athener, deren Freund der Kaiser war und die ihn für ein Jahr als Archonten wählten, unterschieden sich in ihrer Lebens- und Denkweise von den Zeitgenossen eines Perikles und Sokrates ebensosehr, wie sich die heutigen Franzosen von den Untertanen Franz' I. unterscheiden. Ein Grieche des 2. nachchristlichen Jahrhunderts, der Rhetor Aelius Aristides, hat mit voller Berechtigung geschrieben, daß sie Römer griechischer Zunge geworden seien. Bei der Behandlung der Hadriansvilla in Tibur werden wir sehen, wie dieser Kaiser das Erbe des Phidias verstanden und auf seine Weise umgeformt hat. Wenn man durch die Ruinen dieser einzigartigen Kaiserresidenz geht, die selbst in Trümmern noch prächtig ist, dann fällt vor allem auf, daß unter den horizontalen und vertikalen Linien die Kurve vorherrscht. In dieser Hinsicht begegnen die Baumeister des 2. Jahrhunderts wieder den großen Meistern des Barock – Bernini, Borromini, Le Vau, deren Schöpfungen allerdings nur selten von so großer Kühnheit sind.

Interessant wäre eine Untersuchung darüber, welche Ursachen bewirkt haben, daß sich geschwungene Formen so allgemein durchzusetzen vermochten. Ohne eine allgemeingültige und für alle Fälle zutreffende Erklärung geben zu wollen, sei darauf hingewiesen, daß diese Formen zuerst an Theatern und Brunnen aufgetaucht sind, an Bauwerken also, die mit der von der römischen Kultur entwickelten eigenartigen Auffassung des Gemeinwohls eng verknüpft sind. Mit dieser Entwicklung wollen wir uns als nächstes befassen und uns den Gebäuden zuwenden, in denen sie zum Ausdruck kommt.

Anmerkungen

Severus und Celer, die Baumeister Neros

Nach einer kurzen Beschreibung der Domus Aurea nennt Tacitus die Namen der Baumeister (Annalen XV, 42): «Die Meister und Erbauer waren Severus und Celer, die begabt und kühn genug waren, mit Hilfe der Technik das zu versuchen, was die Natur versagt, und die sich über die Mittel des Herrschers hinwegsetzten.» Mit diesen wenigen Worten ist es dem genialen Geschichtsschreiber gelungen, zwei Baumeister zu charakterisieren, über die ansonsten nichts bekannt ist. Beide waren in erster Linie «machinatores», also Techniker. Dieser Begriff wird deutlicher, wenn wir ihn mit dem vorhergehenden Satz in Verbindung bringen: «Nero ließ ein Haus erbauen, in dem das Wunderbarste nicht die Edelsteine und das Gold waren, woran man schon gewöhnt war und die durch den Luxus zu etwas Alltäglichem geworden waren, sondern die Felder und Teiche, und hier Wälder, die Einsamkeit vorspiegeln, und dort freie Flächen und weite Ausblicke.»

Severus und Celer waren also zuerst Landschaftsarchitekten, denen es gelang, eine verhältnismäßig kleine Fläche so zu gestalten, daß sie wie ein riesiger Park wirkte (die gesamte Anlage des Goldenen Hauses kann im besten Fall 50 Hektar umfaßt haben). Solche Eindrücke unendlicher Weite zu schaffen war das Hauptziel der Malerei des vierten Stils; in der Architektur strebte man eine ähnliche Wirkung dadurch an, daß man die Räume durch Scheinportiken an den Wänden erweiterte («Dianatempel» in Nîmes) oder Durchblicke durch lange Zimmerfluchten schuf, so daß der Blick durch keine Wand aufgefangen wurde (Domitianspalast auf dem Palatin).

Was das eigentlich Technische angeht, so erfahren wir durch Tacitus ferner, daß Severus und Celer den Plan für einen Kanal vom Averner See zur Tibermündung ausarbeiteten. Wahrscheinlich beteiligten sie sich auch an Berechnungen der Kräfteverteilung und der Tragfähigkeit der verschiedenen Baumaterialien, die zu einer Vervollkommnung des Gewölbebaus führten. Unserer Ansicht nach stammt von ihnen auch der Kuppelsaal im Goldenen Haus, den manche Autoren dem Rabirius zuschreiben. Die von Sueton beschriebenen technischen Einrichtungen (die sich Tag und Nacht drehende Kuppel, Decken, die sich öffneten, um auf die Gäste Geschenke herabregnen zu lassen) entsprachen durchaus ihrem Können.

Rabirius, der Baumeister Domitians

Den Namen Rabirius kennen wir durch ein Epigramm des Martial, der ihn als Erbauer des Flavierpalasts auf dem Palatin rühmt. Über dieses Bauwerk weiß man nur wenig; gründlich erforscht wurde bislang nur die nordwestliche Hälfte, die Domus Flavia. In wesentlichen Fragen sind sich die Historiker nicht einig, so hinsichtlich der Überdachung der beiden Haupträume auf der Schauseite, der Aula Regia und der Basilika. Über die andere Hälfte des Palasts, die ohne ersichtlichen Grund oft als Domus Augustana bezeichnet wird, ist noch keine umfassende Untersuchung veröffentlicht worden.

Es ist für uns schwierig, die Originalität des Schaffens von Rabirius einzuschätzen, weil wir nicht wissen, wie der zweite große Kaiserpalast, die unter den Farnesinischen Gärten liegende Domus Tiberiana, gestaltet war. Immerhin scheint die Domus Flavia die erste wirklich zweckgebundene Kaiserresidenz gewesen zu sein; sie spielte deshalb in der Entwicklung solcher Paläste eine beträchtliche Rolle: besonders der Palast in Konstantinopel geht unmittelbar auf sie zurück. Rabirius war in erster Linie bemüht, für die Huldigungszeremonien und den feierlichen Empfang von Abgesandten einen würdigen Rahmen zu schaffen. Diesem Zweck diente die Aula Regia, die vermutlich durch das Atrium des römischen Wohnhauses angeregt worden war: in ihm pflegten die Vornehmen des alten Rom ihre Klienten zu empfangen. Rabirius' große Leistung bestand darin, daß es ihm gelang, auf Stützpfeiler im Inneren eines Saals verzichten zu können, so daß der Blick des Herrschers, wenn er gegenüber dem Haupteingang auf seinem Thron saß, frei umherschweifen konnte. Die Wände sind durch Nischen gegliedert, in denen Götterstatuen aufgestellt waren; der Kaiser thronte also als «Gleicher unter Gleichen» inmitten der Unsterblichen. Diese Anordnung entstammt der Ausgestaltung der Tempel, die wir anläßlich der Besprechung des «Dianatempels» in Nîmes und des Tempels in Baalbek kennengelernt haben. Wahrscheinlich war der riesige Saal durch ein Tonnengewölbe überdacht; Rabirius hat, wie wir wissen, die Möglichkeiten dieser Bauweise voll ausgeschöpft. Jedenfalls war eine andere seiner Schöpfungen, die Vorhalle der Domus Tiberiana auf dem Forum am Fuß des Palatin (seit dem 6. Jahrhundert die Kirche Santa Maria Antica), mit einem Tonnengewölbe versehen, dessen Spannweite nicht kleiner war als die Breite der Aula Regia. Sicherlich ließ sich Rabirius auch zu dem neben der Aula Regia liegenden dreischiffigen Saal mit einer Apsis durch den Tempelbau anregen.

Das Pantheon in Rom

Konstruktionssystem der Kuppel 1:400, Längsschnitt und Plan 1:750

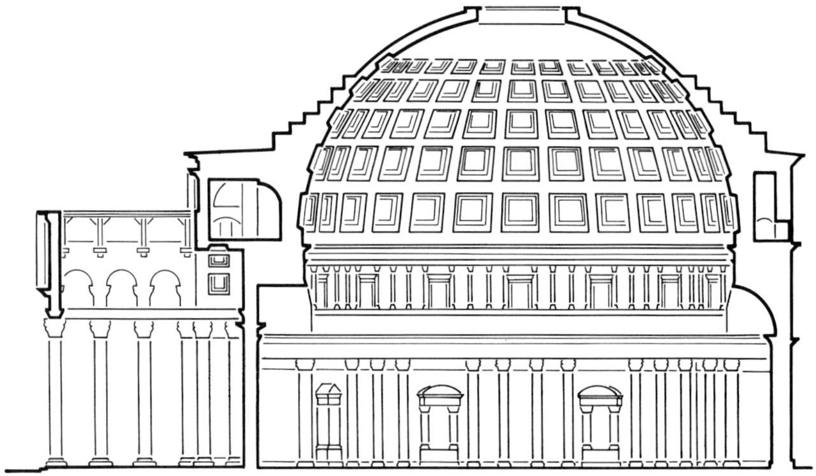

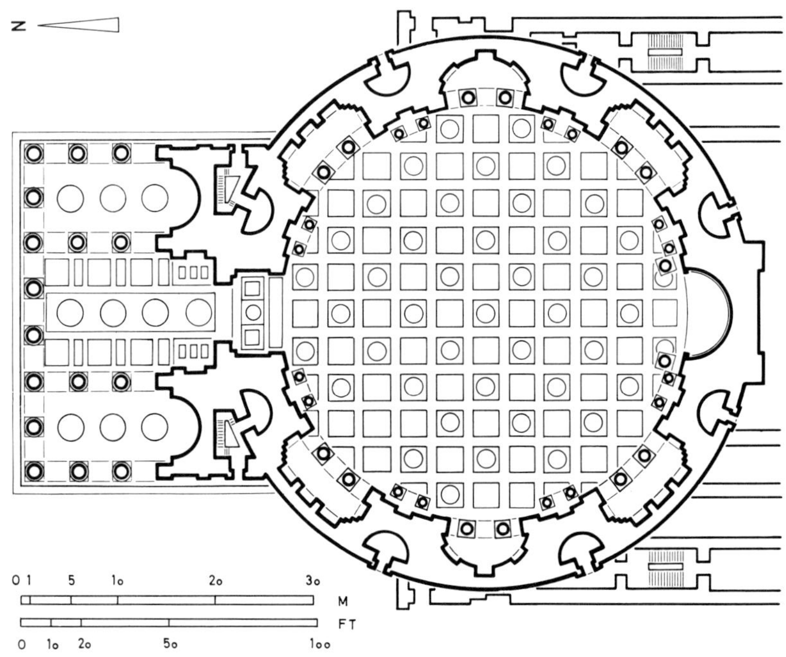

Neros Domus Aurea in Rom

Plan 1:2000; axonometrische Ansicht und Plan des achteckigen Kuppelsaals 1:500

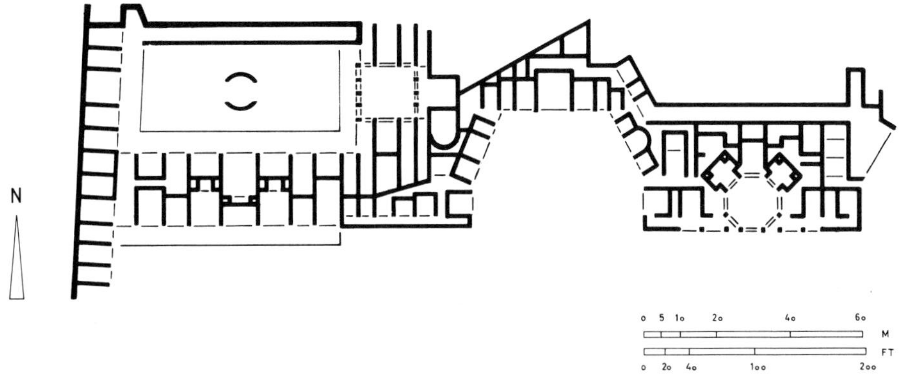

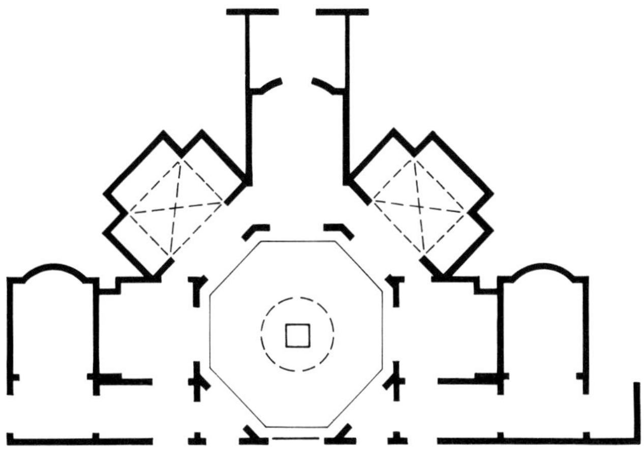

Legenden

Pompeji – Das Haus des Loreius Tiburtinus

117 Die zum Garten führende Pergola und das marmorgefaßte Wasserbecken.

118 Ausblick vom Haus auf den Garten. Alle Privatgemächer öffnen sich zum Garten und seinen Brunnen.

119 Einer der Brunnen. Das zierliche Bauwerk erinnert sowohl an die Tempel als auch an die Höhlen, in denen die Nymphen wohnten.

Rom – Die Trajansthermen und die Domus Aurea

120 Die Ruine der Trajansthermen, die über dem Goldenen Haus errichtet wurden. (Nach G. Lugli ist dies die schönste aller erhaltengebliebenen römischen Ziegelmauern.)

121 Wanddetail der Trajansthermen.

122 Einer der Gänge im Goldenen Haus, die den Wohntrakt von der Aufschüttung an der Nordseite des Oppius Mons trennen. Wände und Gewölbe sind mit weißem Gips beworfen; auf diesem Bewurf wurden die vorwiegend in Gold ausgeführten Dekorationsmalereien aufgetragen.

123 Im Inneren des Goldenen Hauses. Die Türstürze sind eines der ältesten Beispiele für die Verwendung von keilförmig angeordneten Ziegelsteinen.

Tivoli/Tibur (bei Rom) – **Die Villa Hadriana**

124 Der Kanopus. In einem der beiden Täler zu Füßen des Gebirgsvorsprungs, auf dem die wichtigsten Baulichkeiten der Villa liegen, ließ Hadrian einen Kanal graben, der an den Kanopus, einen Mündungsarm des Nils bei Alexandria, erinnern sollte. Wie bei allen fremdländischen Bestandteilen dieses gewaltigen Komplexes handelt es sich hier aber um eine eigenständige, eklektizistische Schöpfung, bei der alle damaligen technischen Möglichkeiten ausgeschöpft wurden. Ein großer Teich endet in einem Serapium, einer geräumigen überwölbten Exedra, die sich von den ägyptischen Bauschöpfungen der Pharaonen und der Ptolemäer grundlegend unterscheidet. Am Rand des Teichs standen Statuen, größtenteils Kopien griechischer Werke aus dem 5. Jahrhundert v. Chr.; doch diese klassischen Standbilder waren in einen luftigen «barocken» Portikus eingefügt.

125 Das «Teatro marittimo», eine kleine Villa, die von einem ringförmigen Kanal umschlossen war. Vermutlich war es für den alternden Hadrian ein Refugium, in das er sich zurückzog, wenn ihn neurasthenische Anfälle quälten.

126 Der Säulengang des «Teatro marittimo». Dieses und das vorhergehende Bild zeigen die Anwendung neuer, typisch römischer Verfahren: Das Gesims weist die üblichen Elemente der ionischen Säulenordnung auf, besteht aber aus keilförmigen Ziegelsteinen. Die hohen Ruinen im Hintergrund sind die Reste der sogenannten «latinischen Bibliothek», bei der es sich zweifellos um die Wohngememächer des Hofstaats handelte.

127 Portikus und Kanal des «Teatro marittimo».

128 Einer der Baderäume. Die Mauer rechts ist in der Technik des sogenannten «opus reticulatum» verkleidet.

129 Die «Poikile», der gewaltige rechteckige Portikus, der ein Wasserbecken am Eingang des Villengeländes umschließt. Früher glaubte man, daß es sich hier um jene Poikile handle, die Hadrian nach dem Vorbild des «bemalten Säulengangs» (wie Poikile wörtlich heißt) in Athen für seine Villa errichten ließ; doch ist diese Annahme durch nichts bewiesen.

Rom – Die Basilika des Maxentius auf dem Forum Romanum

130 Räume im Seitenschiff; die aus Ziegelsteinen errichteten Mauern sind denen der Thermen sehr ähnlich.

131 Fenster im Seitenschiff.

132 Gesamtansicht. Der freie Platz im Vordergrund wurde früher vom Mittelschiff eingenommen, dessen Kreuzgewölbe eingestürzt sind. (Zwischen den Pfeilern erkennt man, wo die Widerlager für die Gewölbe herausgerissen wurden.) Erhalten ist nur noch eines der Seitenschiffe mit seinen drei Gewölbejochen.

Die Hadriansvilla bei Tivoli

Plan der Gesamtanlage 1:10 000 und Plan des Teatro marittimo 1:1000

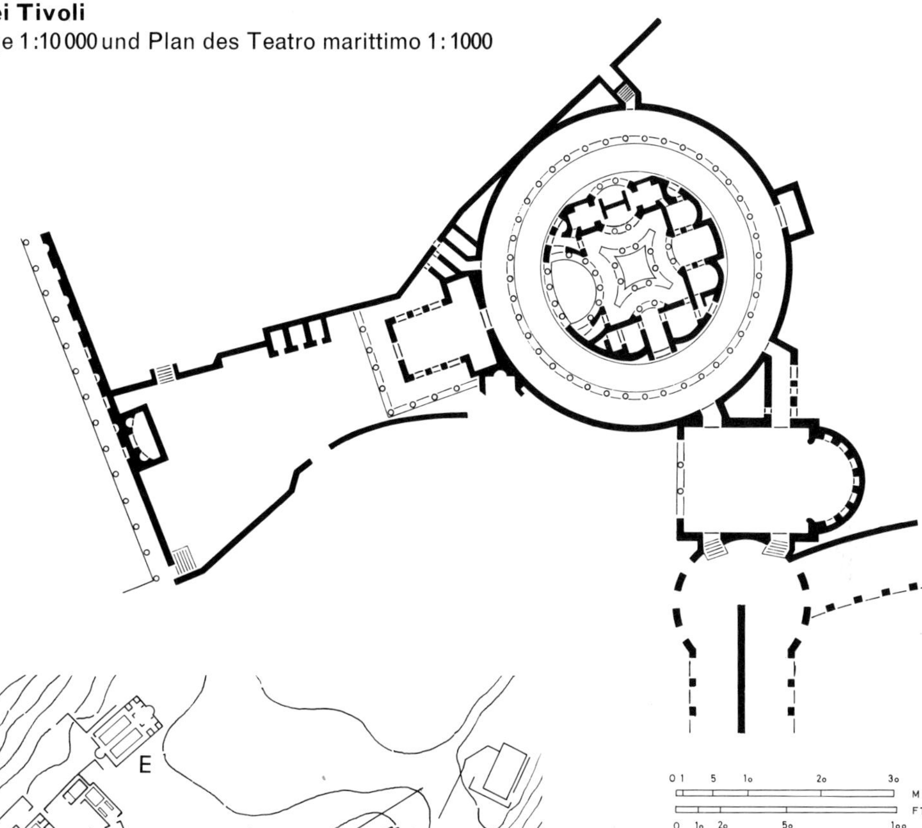

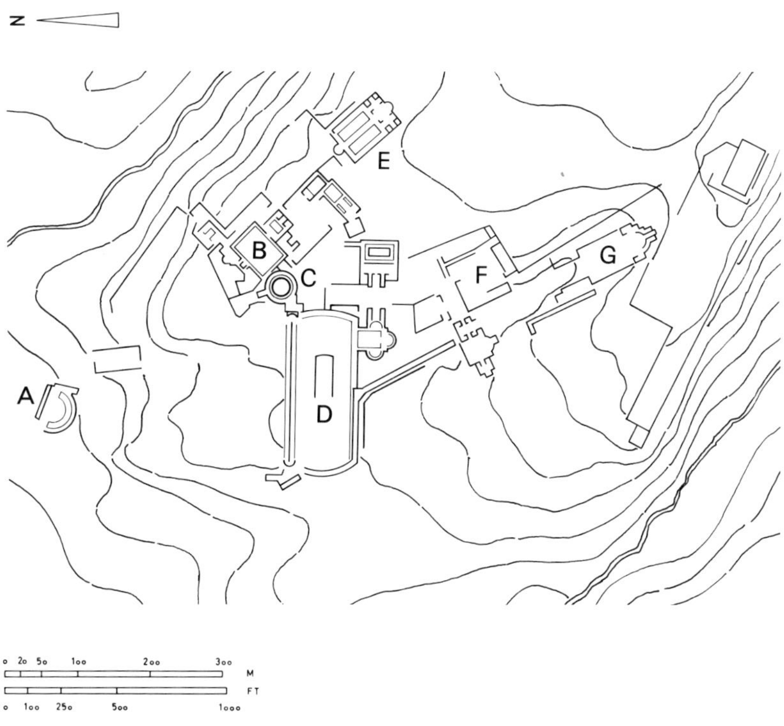

A Theater
B Bibliothek
C Teatro marittimo
D Poikile
E Piazza d'Oro
F Thermen
G Kanopus

Die Maxentiusbasilika in Rom

Plan und Querschnitt 1:1000, Konstruktionsschema

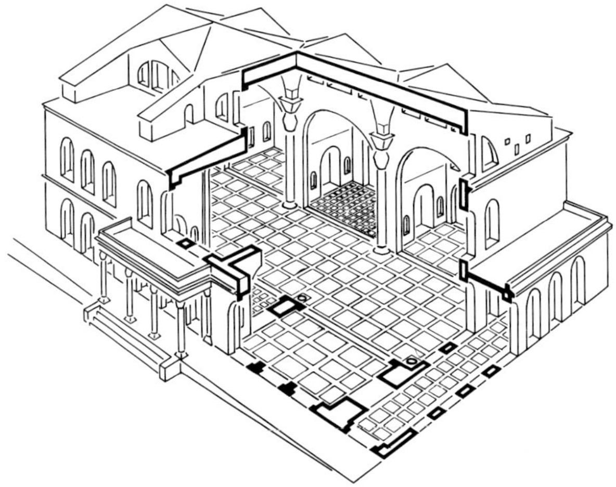

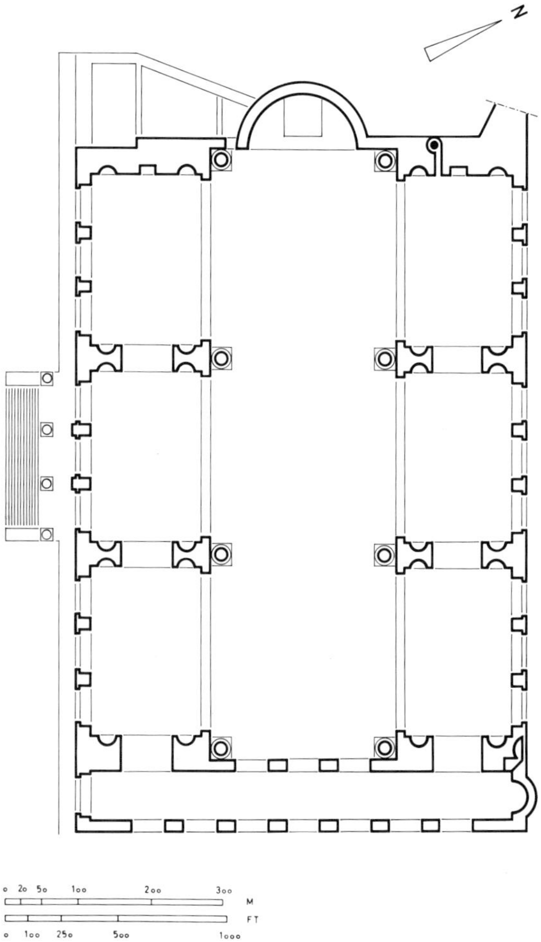

4. Individueller und kollektiver Komfort

Entwicklung des römischen Hauses

Während der Blütezeit des Kaiserreiches war auf dem Palatin, zwischen den Kaiserpalästen und den berühmten Tempeln der Kybele (Templum Magnae Matris) und des Apoll, eine aus Ästen erbaute Hütte zu sehen, die von den Besuchern der Stadt neugierig bestaunt wurde: in dieser Hütte, so erklärten die Fremdenführer, habe einst Romulus gewohnt. Diese Behauptung war keineswegs völlig aus der Luft gegriffen, denn durch neuere Ausgrabungen wurden tatsächlich auf dem traditionsreichen Hügel die Fundamente solcher Hütten freigelegt, die ins 8. vorchristliche Jahrhundert zurückgehen, also von den Gründern der Ewigen Stadt bewohnt wurden. Wie die Hütten ausgesehen haben, wissen wir ziemlich genau durch die verkleinerten Darstellungen in Gestalt von Terrakotta-Aschenurnen. Natürlicherweise boten diese Behausungen keine besonderen Annehmlichkeiten; so war es den Dichtern und Moralisten ein leichtes, die tugendhafte Einfachheit des ersten Königs der Verweichlichung seiner Nachfahren entgegenzustellen.

Hundertfünfzig Jahre später entstanden in Rom allmählich bequemere Häuser. Die ersten wurden von den etruskischen Eroberern errichtet, die um 600 v.Chr. unter Tarquinius ganz Latium im Besitz nahmen. Von da an bewohnte der König zweifellos die am Fuß des Palatin am Rand des Forums gelegene einzigartige «regia», die später die Pontifices maximi und zuletzt Iulius Cäsar beherbergte. Der Hauptraum mit seinem im Mittelpunkt gelegenen Herd entspricht etwa dem Typus des mykenischen «megaron»-Hauses.

Das eigentliche römische Haus wurde zur Zeit der Etrusker-Herrschaft entwickelt, doch unterscheidet sich sein Grundriß stark von dem der Regia. An die Stelle des Megaron tritt als Hauptraum das Atrium. Die Gelehrten sind sich keineswegs darüber einig, wie dieser eigenständige, wichtigste Teil des italischen Hauses in der ersten Zeit ausgesehen hat. Nach den einen handelte es sich zunächst um den von Rasen gesäumten, weitgehend offenen Hof eines Bauernhauses; die Familie wohnte in einem Tablinum genannten Raum, der sich auf der anderen Seite auf einen Gemüsegarten hin öffnete. Nach einer anderen Hypothese war das Atrium ursprünglich vollkommen überdacht, dem Mittelgewölbe etruskischer Felsengräber vergleichbar, die lediglich dem Wohnhaus nachgebildet worden sein sollen.

Jedenfalls war das etruskisch-römische Haus des 5. und 4. vorchristlichen Jahrhunderts axial angelegt. Durch eine

Tür in der Mitte der Straßenfront gelangte der Besucher durch einen kurzen Korridor in das Atrium und von dort aus ins Tablinum, wo ihn der Herr des Hauses erwartete; die übrigen Räume waren symmetrisch auf beiden Seiten dieser Achse verteilt.

Zwischen dem 5. und 2. Jahrhundert nahm das Atrium seine endgültige Gestalt an: es war fast stets von einem nach innen geneigten Dach überdeckt, das in der Mitte eine große viereckige Öffnung freiließ; unter dieser war in den Boden ein Becken zur Aufnahme des abfließenden Regenwassers eingelassen, das sogenannte «impluvium». In der Dachöffnung sehen die einen den Überrest des ursprünglichen Hofes, die anderen eine Einrichtung zur Belüftung und Beleuchtung des zunächst geschlossenen und daher allzu dunklen und ungesunden Mittelraumes. Sie war entweder lediglich eine Aussparung zwischen den sich im rechten Winkel schneidenden Tragbalken des Daches, oder sie wurde durch Säulen begrenzt, die das Gebälk trugen. Etwas später wurde der Hortus, der Gemüsegarten, von einem Säulengang eingerahmt – entsprechend einer Gepflogenheit, die sich in der griechischen Welt im 4. Jahrhundert auszubreiten begann. Damit haben wir das klassische pompejanische Haus, das oft als einziger römischer Wohnhaustyp bezeichnet wird. Heute wissen wir jedoch, daß es sich hier um einen ureigentlich italischen Typ handelt, der sich in den Provinzen niemals durchgesetzt hat und schon zu Beginn der Kaiserzeit aus Rom fast völlig verschwunden war.

Das Haus des Loreius Tiburtinus

Betrachten wir eines der in neuerer Zeit ausgegrabenen Häuser in der Via dell'Abbondaza in Pompeji. Durch ein hohes, von Toren mit Bronzeringen verschlossenes Portal, zu dessen Seiten die Klienten auf Bänken warteten, bis sie vom Herrn des Hauses empfangen wurden, betreten wir den Vorraum («fauces»); ihn säumen links und rechts Ladenräume, die sich nur zur Straße hin öffnen, nicht zum eigentlichen Haus gehören und vermietet wurden. Wir gelangen ins Atrium, einen großen rechteckigen Raum mit einem Marmorbecken in der Mitte, dem Impluvium. Auf beiden Seiten liegen Schlafgemächer. Bis dahin entspricht alles dem üblichen Schema. Auf der dem Eingang gegenüberliegenden Seite des Atriums aber suchen wir vergeblich nach dem Tablinum: man kommt unvermittelt in einen kleinen Hof, der von einem Säulengang umgeben ist, und von dort in eine Loggia, hinter der sich ein großer Garten ausbreitet. Zwei ihrer Wandmalereien wegen besonders bemerkenswerte Räume säumen das kleine Peristyl: links ein Speiseraum, auf dessen Wänden in zwei übereinanderliegenden Friesen die ganze Geschichte Trojas dargestellt ist, rechts ein quadratisches Zimmer, dessen Ausmalung die Glaubensvorstellungen der Bewohner widerspiegelt. (Auf diese Wandmalereien werden wir noch einmal zurückkommen.) Der Garten bildet ein langgestrecktes Rechteck, dessen Achse ein mit Marmorplatten ausgelegter Kanal ist; er war dazu bestimmt, das einem Brunnen unterhalb der Loggia entspringende Wasser auf-

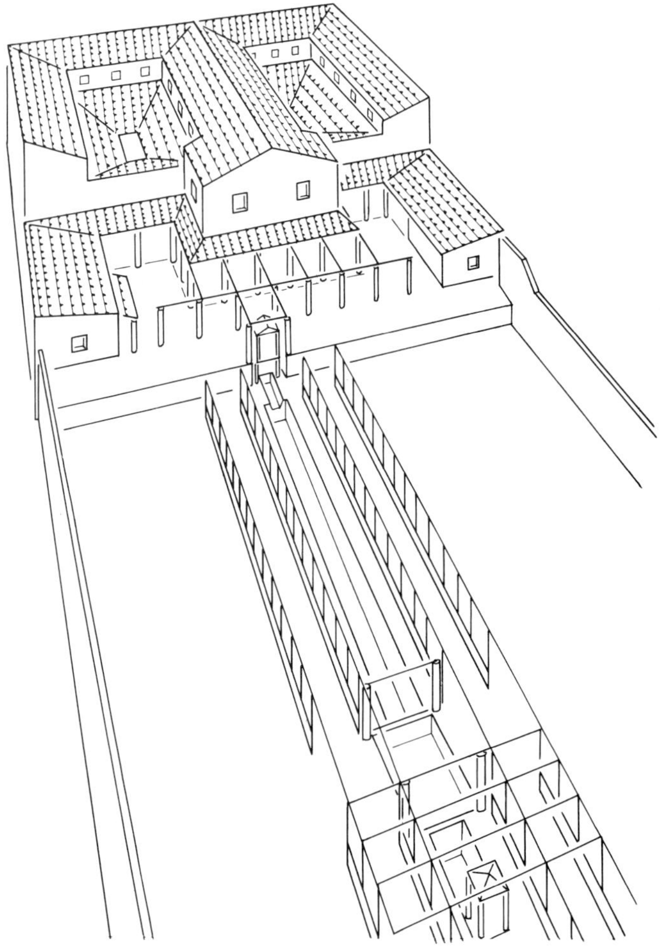

▲ Pompeji: Haus des Loreius Tiburtinus, Rekonstruktion (nach Pane)

zunehmen. Auf zwei Bänken aus Gußmörtel konnte man sich am Brunnen niederlassen und in aller Ruhe die Gemälde bewundern, auf denen Narziß und die Liebesgeschichte von Pyramus und Thisbe dargestellt waren. Im Garten spendeten gepflegte Obstbäume, Weinlauben und Hagebuttenhecken Schatten; halb im Laubwerk verborgen standen Statuen – Kopien berühmter Meisterwerke; am Rand des Kanals erhoben sich zwei winzige Tempelchen.

Besitzer dieses Hauses war entweder Loreius Tiburtinus, der auf einem der Wandgemälde in der Tracht eines Isispriesters erscheint, oder ein gewisser Octavius Quartio, ein angesehener Bürger der Stadt. Besser als andere Villen, die nicht so sorgfältig ausgegraben und restauriert wurden und nicht so gut erhalten sind, vermittelt dieses Haus eine Vorstellung davon, wie angenehm das Leben unter den ersten Kaisern in der Stadt am Fuße des Vesuv gewesen ist. Aus dem Patrizierhaus, das so angelegt war, daß der Pater familias vom Tablinum aus, in dem er tagsüber thronte und nachts mit seiner Gattin das eheliche Bett teilte, seine strenge Herrschaft über alle Angehörigen der «gens» ausüben konnte, wurde in den letzten Jahrhunderten der Republik ein mit allen Annehmlichkeiten ausgestatteter Wohnsitz. Zwar blieb das Atrium erhalten, in dem der Hausherr seine Klienten empfing, aber das individuelle und familiäre Leben spielte sich im anderen Teil der Wohnanlage ab; die dortigen Bequemlichkeiten waren dem warmen Klima angemessen, das kaum kalte Winde kennt und Wasser und Pflanzen zum begehrtesten Luxus werden läßt.

In diesem Rahmen spielt die Dekoration eine wesentliche Rolle: Das Haus wird zu einem wahren Gemälde- und Skulpturenmuseum, ja, manchmal sogar zu einer Art von Heiligtum; in der Antike lassen sich künstlerisches und religiöses Empfinden kaum voneinander trennen. Es ist hier nicht der Ort, auf die pompejanische Wandmalerei, diese so ursprüngliche und hochinteressante Schöpfung römischen Geistes, näher einzugehen; betont sei nur, daß man sie niemals unabhängig von ihrem architektonischen Rahmen oder in Einzelelementen betrachten darf, die aus der Gesamtkomposition herausgerissen sind. Die Malerei des zweiten Stils (2. Hälfte des 1. Jh. v. Chr.) und des vierten Stils (63–79 n. Chr.) erweckt im Betrachter den Eindruck, daß hinter der illusionistisch geöffneten Wand eine irreale Welt beginnt. Ein besonders bezeichnendes Beispiel für diese illusionistische Raumgestaltung findet sich im Haus des Loreius Tiburtinus in dem sich an die Loggia anschließenden Zimmer: große weiße Flächen, die in der Mitte Rundbilder mit Darstellungen der Jahreszeiten tragen, scheinen zwischen luftigen Architekturen ausgespannt zu sein, durch die der Blick in eine geheimnisvolle Ferne schweift.

Neros Goldenes Haus (Domus Aurea)

Das Lebensideal der Bürger unterschied sich nicht von dem der Herrscher; diese aber verfügten über weit größere Mittel, um es zu verwirklichen. Das Goldene Haus jedoch konnte nur von einem Nero konzipiert werden. Heute sind von diesem Palast lediglich düstere Räume übrig, die unter den Ruinen der Titusthermen begraben sind; diese wurden absichtlich an der Stelle des Nero-Palastes errichtet, um die Erinnerung an den verhaßten Kaiser auszulöschen. Die Räume waren Teil des an den Oppius Mons angelehnten Wohntrakts. Ein großer fünfseitiger, exedraartiger Hof trennte die beiden Flügel; der Westflügel gliederte sich um einen großen rechteckigen Innenhof, den Mittelpunkt des Osttrakts bildete ein achteckiger Kuppelsaal, der von fünf Räumen umgeben ist. Diese Anordnung brachte einige Schwierigkeiten mit sich, denn es gab tote Winkel und kleine lichtlose Räume, die zugemauert werden mußten. Die Kühnheit des Grundrisses sowie der Kuppel, die am Scheitelpunkt und seitlich durchbrochen ist, bezeugen die fortschrittliche Einstellung und das Können der Erbauer des Palastes, Severus und Celer, die nicht nur Baumeister, sondern auch Techniker waren. Das Kuppelgewölbe ruht auf Rippen, die den Druck auf Pfeiler an den Ecken des Achtecks ableiten, so daß die Wände zwischen dem Kuppelsaal und den anstoßenden Räumen entlastet sind und deshalb entbehrlich waren: das durch die Öffnungen in der Kuppel einfallende Licht erhellte den ganzen Gebäudekomplex. Nach Meinung mancher Historiker handelt es sich bei dem achteckigen Saal um den Rest des von Sueton beschriebenen berühmten Speisesaals, dessen durch einen Mechanismus bewegte Kuppel der Drehung der Gestirne folgte.

Die Anlage umfaßte jedoch nicht nur diesen Palast, von dem übrigens offenbar nur noch das Erdgeschoß erhalten ist. Neros wahrhaft großartiger Plan bestand darin, den von Tiberius in der Nähe des bescheidenen Hauses des Augustus errichteten Palast und die von Mäzen den Kaisern vererbten Gärten auf dem Esquilin miteinander zu verbinden. Dazu wäre es notwendig gewesen, den ganzen östlichen Teil des Tales, in dem das Forum lag, vom Haus

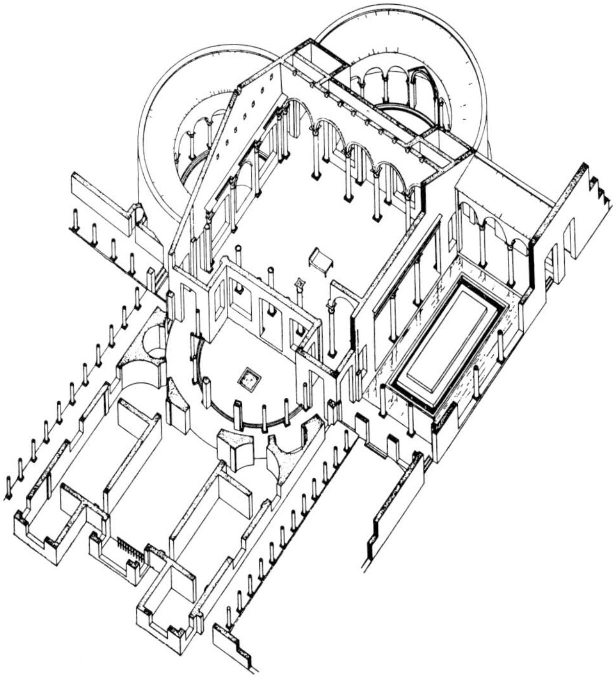

▲ Tibur (Tivoli): Villa Hadriana. Axonometrische Rekonstruktion des großen Speisesaals (nach Kähler)

der Vestalinnen ab einzubeziehen. Von einem ersten Versuch zur Verwirklichung des Plans, der sogenannten Domus Transitoria (Haus des Durchgangs), sind uns, vor allem auf dem Palatin, mit anmutigen Wandmalereien geschmückte Reste erhalten. Voll verwirklicht konnte der Plan jedoch erst nach dem großen Brand im Jahre 64 n.Chr. werden, durch den die in der von Nero benötigten Senke gelegenen, übrigens recht häßlichen Wohnviertel in Schutt und Asche gelegt worden waren. Heute stehen an dieser Stelle der Titusbogen, der Tempel der Venus und der Roma und das Kolosseum. Nero legte hier einen gewaltigen Park an, und dort, wo später das Amphitheater errichtet wurde, befand sich ein künstlicher See. Man hat das ganze Unternehmen als ungeheuerlichen Wahnsinn bezeichnet; der Plan beweist aber, daß Nero, den man als schlechten Politiker betrachtet, immerhin ein ausgezeichneter Städteplaner gewesen ist. Die von ihm erlassenen Vorschriften für den Wiederaufbau der übrigen vom Feuer verheerten Stadtviertel sind sehr überlegt, und zwar sowohl hinsichtlich der notwendigen Sicherheitsmaßnahmen und der geplanten Annehmlichkeiten als auch vom künstlerischen Standpunkt her. Der Gedanke, im Herzen des zur Millionenstadt angewachsenen Rom Grünanlagen zu schaffen, war keineswegs absurd. In der Phantasie der Chronisten jener Zeit nahm der Park gewaltige Ausmaße an: Sueton behauptete, daß sich meilenweit Wälder und Wiesen erstreckten, die von freigelassenen wilden Tieren bewohnt gewesen seien. In Wirklichkeit aber war die Anlage kleiner als die Farnesinischen Gärten, die heute den Palatin bedecken. Auch die Absicht, den Park mit dem Forum durch eine Triumphstraße zu verbinden, die von einem «Portikus von tausend Fuß Länge» gesäumt sein sollte, war durchaus vernünftig; auf diese Weise wurde der altehrwürdige Platz im Osten durch eine architektonische Perspektive gefaßt, die das Auge weit mehr befriedigte als die dichtgedrängten alten Häuser, an deren Stelle sie trat.

Der Widerspruch bei der Anlage des Goldenen Hauses war, daß es eine «villa», ein Landhaus, inmitten der Stadt gewesen ist. Die praktische Veranlagung der Römer ließ nicht zu, daß mit dem Boden dort, wo er teuer und knapp war, verschwenderisch umgegangen wurde. (Auch noch in unserer Zeit verhindern oft gleiche Erwägungen die Durchführung ausgezeichnet durchdachter städtebaulicher Vorhaben.) Auf dem Land jedoch waren die Großgrundbesitzer rasch dabei, den Prunk der großartigen Schöpfungen Neros noch zu übertreffen, wogegen niemand etwas einzuwenden hatte. Niemand hat sich über die Hadriansvilla in Tibur (dem heutigen Tivoli) entrüstet, und doch ist sie, von ihrer Lage abgesehen, in jeder Hinsicht weit extravaganter als das Goldene Haus Neros.

Die Villa Hadriana in Tibur

Die gesamte Anlage auf dem Steilhang eines Apenninenausläufers bedeckt eine Fläche von ungefähr 150 Hektar. Zunächst gelangt der Besucher auf einen langgestreckten, von Mauern und einem Portikus gesäumten Platz, der 232 auf 97 Meter mißt; in der Mitte befand sich ein Teich. Diesen Teil der Anlage bezeichnet man herkömmlicherweise als «Poikile»; so hieß ein berühmter Portikus in Athen, den Hadrian angeblich für seine Villa kopieren ließ. Wir werden jedoch gleich sehen, was es mit diesen gemutmaßten Übertragungen auf sich hat. Im Osten der Poikile schloß sich ein erster Gebäudekomplex an. Zuerst durchquert der Besucher einen anmutigen Rundbau; ein Kanal umschließt eine kleine runde Insel. Auf ihr erhebt sich eine Villa, die, nach einer klugen Feststellung von Kähler, «all das enthält, was ein Mensch, der einmal ganz für sich sein möchte, zum Leben braucht, ausgenommen allerdings eine Küche». Man kann sich gut vorstellen, wie der häufig von Schwermut befallene Kaiser sich für einige Zeit in diese luxuriöse Einsiedelei zurückgezogen hat. – Darauf folgt ein von einem Säulengang umschlossener Hof, der im Norden zu zwei komplizierten Bauwerken führt; diese nennt man Bibliotheken, vermutlich aber handelte es sich um prunkvolle Speisesäle. Im Osten wird ein breiter Gang von zwei Reihen quadratischer Zimmer begleitet, die mit gefälligen schwarz-weißen Mosaiken gepflastert sind (anmutiges Laubwerk, das für den Geschmack jener Zeit sehr bezeichnend ist); der breite Gang führt zu einer Kapelle. In dieser Raumflucht wurden vermutlich die Gäste untergebracht. Weiter östlich erhebt sich über dem eben beschriebenen Gebäudekomplex eine andere Raumgruppe, die auf einen großen Säulenhof hin ausgerichtet ist; in ihr erkannte man den Überrest einer älteren Villa, die auf die republikanische

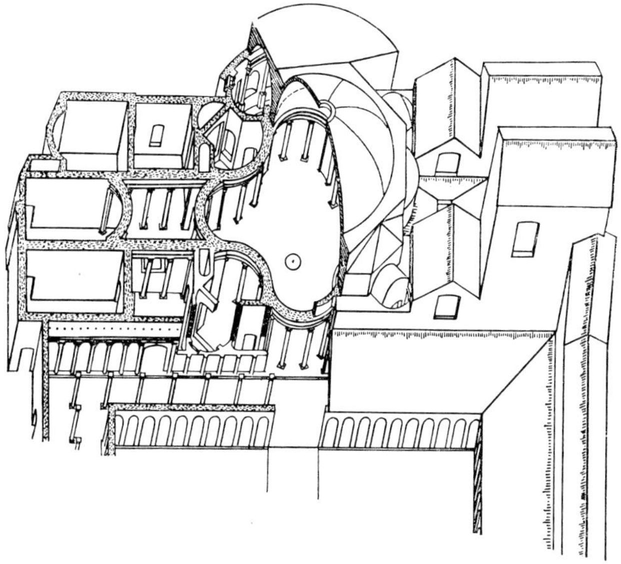

▲ Villa Hadriana: Plan des Kuppelsaals im Osten der Piazza d'Oro (nach Kähler).

▼ Villa Hadriana: Axonometrische Rekonstruktion des Saales im kleinen Palast (nach Kähler)

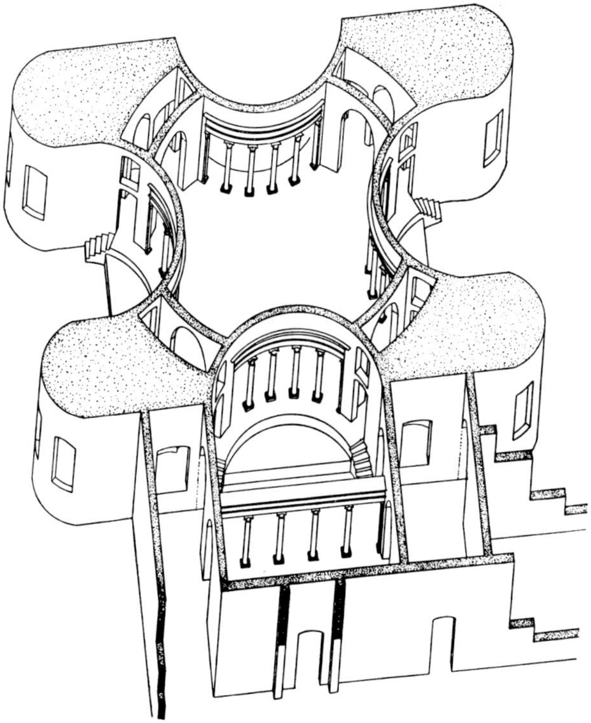

Zeit zurückgeht und später zur Hauptresidenz des Kaisers umgebaut wurde. Ebenfalls im Osten, aber noch höher, liegt der prächtigste Teil der Anlage: ein großer, fast quadratischer Säulenhof, der einst als Garten bepflanzt war. Auf der einen Seite befindet sich ein Vorraum in Gestalt eines Kuppelsaals, dessen Grundriß ein sphärisches Achteck bildet; auf der anderen Seite erhebt sich ein Pavillon, der dank der Großzügigkeit einer Industriefirma sorgfältig wieder aufgebaut werden konnte. Das von Säulen und Pfeilern getragene Gesims dieses Pavillons bildet ein abgerundetes Quadrat mit konkaven Seiten und ist ebenfalls von einer Kuppel überdacht. Kähler hat nachgewiesen, daß der luftige Kiosk, der mit seinen durchbrochenen Wänden die Gesetze der Schwerkraft aufzuheben scheint, auf den Kuppelsaal in Neros Goldenem Haus zurückgeht. Als bei Ausgrabungen zu Beginn des 17. Jahrhunderts diese Anlage entdeckt wurde, waren die Archäologen von ihr so entzückt, daß sie sie als Piazza d'Oro (Goldenen Platz) bezeichneten; der große römische Barockbaumeister Borromini fand hier Vorbilder, die seinen Vorstellungen genau entsprachen: zumindest in diesem Fall läßt sich also nicht bestreiten, daß man bei der Architektur des antiken Rom durchaus von «Barock» sprechen kann.

Diesen anmutigen Gebäuden schlossen sich nach dem Tal hin massive Bauten aus roten Ziegeln an. Zu den Anlagen, die eine Verlängerung der einen Seite der Poikile bilden, gehören Springbrunnen und Nymphäen sowie große überwölbte Räume, von denen einer einen kleeblattförmigen Grundriß hat. Im Süden grenzen die Baulichkeiten an Thermen, die allerdings einem anderen Komplex von gewaltiger Größe angehören; dieser zweigt von der Mitte einer Seite der Poikile schräg ab. In der Südhälfte des Tales, das sich am Fuß des Berges entlang zieht, legte man einen großen länglichen Teich an, eine gigantisch vergrößerte (119 Meter lange) Nachbildung des Euripus im Garten des Loreius Tiburtinus und, wie dieser, von Standbildern gesäumt. Den Abschluß bildete eine gewaltige, einer Höhle nachgestaltete überwölbte Apsis, die dem Serapis geweiht war, dem Gatten der Isis und Hauptgott des hellenisierten Ägyptens. Hadrian gab darüber hinaus dem Tal den Namen Kanopus, benannt nach einem Vorort von Alexandria, in dem ein Arm des Nils zu einem Serapis-Tempel führte. Dennoch waren die Zugeständnisse bescheiden, die er an diese exotische Kultur machte: wohl finden sich unter den Statuen am Ufer des Teiches ein Greis, der den Nil symbolisiert, und in einiger Entfernung auch ein schuppiges Krokodil; in der Hauptsache aber war der Teich nicht von Pharaonen oder von Göttern mit Tierköpfen, sondern von Nachbildungen der berühmtesten Schöpfungen aus der Blütezeit der griechischen klassischen Kunst flankiert. (Heute werden die Statuen im Museum aufbewahrt, aber man hat am Rand des wieder mit Wasser gefüllten Kanals Kopien aufgestellt.) Überrascht erkennt man unter den Standbildern die Karyatiden vom Erechtheion (die hier allerdings keinerlei architektonische Funktion haben) sowie zwei Amazonen – die eine nach Phidias, die andere nach Polyklet. Weitere Götterbilder, ein Ares, ein Hermes, eine Athena, sind weniger berühmten Originalen nachgebildet, doch stammen diese sämtlich aus dem Jahrhundert des Perikles oder sogar aus der spätarchaischen Epoche.

▲ Villa Hadriana: Rekonstruktionsvorschlag für den Kuppelsaal im Osten der Piazza d'Oro (nach Kähler)

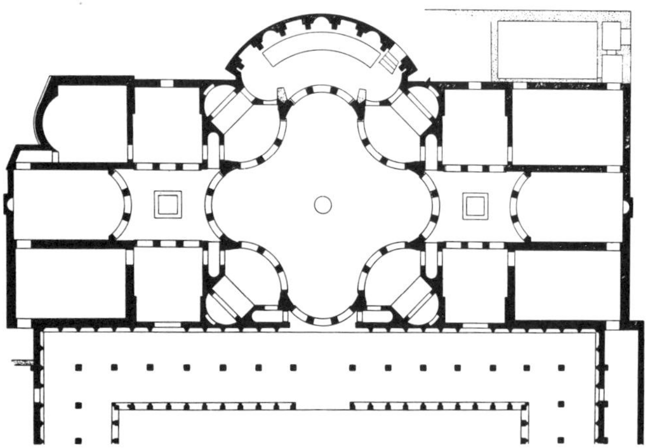

Oft bezeichnet man diese Statuen als typisch für den hadrianischen Klassizismus und als Beweis für seine nachahmenden Tendenzen. Aber betrachten wir einmal den Rahmen, in den die Meisterwerke gestellt waren: die dem Serapeum gegenüberliegende Rundung des Teiches säumt eine anmutige korinthische Säulenreihe mit abwechselnd geradem und bogenförmigem Gesims; diese Arkaden bilden den Rahmen für die Statuen. Eine unklassischere, den Konzeptionen eines Iktinos fremdere Komposition läßt sich kaum denken! Für Hadrian und seine Zeitgenossen waren das originale oder sorgfältigst kopierte griechische Gemälde oder Standbild Kleinode, deren Wert dadurch herausgestellt wurde, daß man sie einem Rahmen einfügte, der dem ursprünglichen Stil der klassischen Werke konträr war. Unseres Erachtens kann man in dieser Zeit nicht von Klassizismus sprechen; diese Bezeichnung ist lediglich für die Augusteische Zeit angebracht, in der tatsächlich ein klassischer Stil neu entstanden ist. Hier dagegen handelt es sich um eklektizistische Kunstliebhaberei, die mit dem Eklektizismus unseres 19. Jahrhunderts vergleichbar ist.

Die Humanisten des vergangenen Jahrhunderts, die die Villa Hadriana rekonstruierten, stützten sich weit mehr auf literarische Zeugnisse als auf die erhaltenen Ruinen. Daher kamen sie zur Auffassung, daß es sich hier um eine Aneinanderreihung von genau kopierten berühmten griechischen Anlagen gehandelt hätte. Neuere Untersuchungen haben jedoch ergeben, daß diese ländliche Residenz im Gegenteil eine durchaus eigenständige und «moderne» Schöpfung war. Wie beim Goldenen Haus Neros hatten hier in Tibur dem Neuen aufgeschlossene Baumeister Gelegenheit, ihre Vorstellungen zu realisieren: so wurden beispielsweise sämtliche zur damaligen Zeit ausführbare Gewölbearten angewendet. Über dem Vorraum der Piazza d'Oro und im Serapeum finden wir das aus sphärischen Dreiecken gebildete «Schirmgewölbe», bei dem die Abschnitte wie vom Wind geblähte Segel aussehen. Das auf einem abwechselnd konvex und konkav verlaufenden Gesims aufruhende Gewölbe, dem wir an der Piazza d'Oro begegnet sind, erscheint wieder bei einem zweiten Bauwerk hinter dem Serapeum, das als «kleiner Palast» oder als «Akademie» bezeichnet wird.

Trotz seiner gewaltigen Peristyle und der riesigen Thermen ist die Hadriansvilla letztlich doch in erster Linie ein ungeheuer großer, mit Baulichkeiten übersäter Park; keines der Gebäude spielt eine absolut beherrschende Rolle. Wenn auch heute die ursprüngliche Bepflanzung verschwunden ist (dafür erheben sich nun an ihrer Stelle prächtige Ölbäume, Pinien und Zypressen), so vermittelt der Ort doch eine gewisse Vorstellung von der Vollkommenheit der römischen Gartenbaukunst, der Pierre Grimal eine kundige, durchdachte Arbeit gewidmet hat. Diese Kunst sollte, wie die ganz in der Nähe befindliche Villa d'Este beweist, in Italien nie mehr erlöschen und sich zur Zeit der Renaissance von diesem Land aus über ganz Europa verbreiten.

Die Thermen als Komfort für die Allgemeinheit

Durch die von den Biographen Hadrians gesammelten Anekdoten wissen wir, daß der Kaiser trotz der zahlreichen prunkvollen Bäder, über die er in seinen Palästen verfügte, es sich nicht nehmen ließ, auch die öffentlichen Bäder zu besuchen. Diese Einrichtungen übten auf die Römer eine ebenso starke Anziehungskraft aus wie die Klubs auf die Engländer. Zweifellos hatten viele Römer, wenn sie baden wollten, gar keine andere Wahl, denn die Bewohner der großen Mietshäuser, die im großen und ganzen den bereits besprochenen Horrea Epagathiana ähnelten, hatten in ihren Wohnungen kein fließendes Wasser. Auch die meisten Einfamilienhäuser, die «domus», besaßen lediglich einen Brunnen in der Mitte des Innenhofes. Also waren die Menschen gezwungen, die öffentlichen Bäder aufzusuchen. Die Männer taten dies am Nachmittag, entspannten sich nach getaner Arbeit, trieben Sport, unterhielten sich mit Freunden, besuchten Vorträge oder lasen in den Bibliotheken. Die Frauen genossen die gleichen Annehmlichkeiten im Laufe des Vormittags.

Die Thermen spielten also in den römischen Städten und im Leben ihrer Bewohner eine wesentliche Rolle. Selbst die kleinsten Städte hatten gewöhnlich mehrere Badeanstalten; man baute Bäder sogar für die im allgemeinen recht schlecht behandelten Bergarbeiter. Die größten und schönsten Thermen waren natürlich in der Hauptstadt des Reiches. Wie sie ausgesehen haben, wollen wir anhand der Thermen des Diokletian zeigen, in deren gewaltigen Ruinen heute das Museo Nazionale delle Terme untergebracht ist.

▲ Diokletiansthermen, Schnitt durch den großen Saal

Die Thermen des Diokletian

Der Grundriß des Gebäudes, das eine Fläche von über 13 Hektar bedeckt, bildet mit seinen 376 Metern Länge und 361 Metern Breite nahezu ein Quadrat; in der Mitte einer der Längsseiten wölbt sich der Rundraum des Schwitzbades halbkreisförmig vor. Die Achse des Bauwerks verläuft durch die Mitte der beiden Schmalseiten; symmetrisch zu ihr sind auf beiden Seiten die verschiedenen Räume verteilt. Alle wichtigen Badeanlagen jedoch liegen direkt auf der Achse: von Nordosten nach Südwesten folgen aufeinander ein 2500 Quadratmeter großes, nicht überdachtes Kaltbad (Frigidarium), dann die «cella media», ein von Kreuzgratgewölben überdachter großer Saal, an den sich kleinere Kaltbäder anschließen. Dieser Saal sowie der anstoßende große Rundsaal des auf lauwarmer Temperatur gehaltenen Luftbades (Tepidarium) sind von Michelangelo zur Kirche Santa Maria degli Angeli umgebaut worden; die Raumaufteilung und der Dekor des antiken Bauwerks sind noch großenteils erhalten. In der Exedra, durch die man heute in die Kirche gelangt, befand sich das Heißwasserbad (Kaldarium), ein rechteckiger Raum mit drei weiteren Apsiden, die zusammen mit der noch erhaltenen Apsis ein Kreuz bildeten.

Um diese Achse waren symmetrisch die übrigen Räume verteilt. Durch zwei Vorhallen, die die große «natatio», das Schwimmbecken des Kaltbads, flankierten, gelangte man in die Umkleideräume, die jeweils durch eine von außen sichtbare Apsis abgeschlossen waren. Nachdem sich der Badelustige entkleidet hatte, konnte er sofort ins Wasserbecken steigen oder eine der Palästren aufsuchen – große rechteckige, von Säulengängen gesäumte Höfe in der Achse der «cella media», wo ihm alle möglichen Sportgeräte zur Verfügung standen. Wenn es ihm heiß geworden war, konnte er nach Belieben in die «natatio» zurückkehren, sich in einem der Kaltwasserbecken rings um die «cella media» erfrischen oder durch eine Reihe von beheizten Räumen, die das Gebäude im Südwesten abschlossen, direkt zum Kaldarium gelangen.

▼ Rom: Diokletiansthermen, Plan. Ca. 1:2500

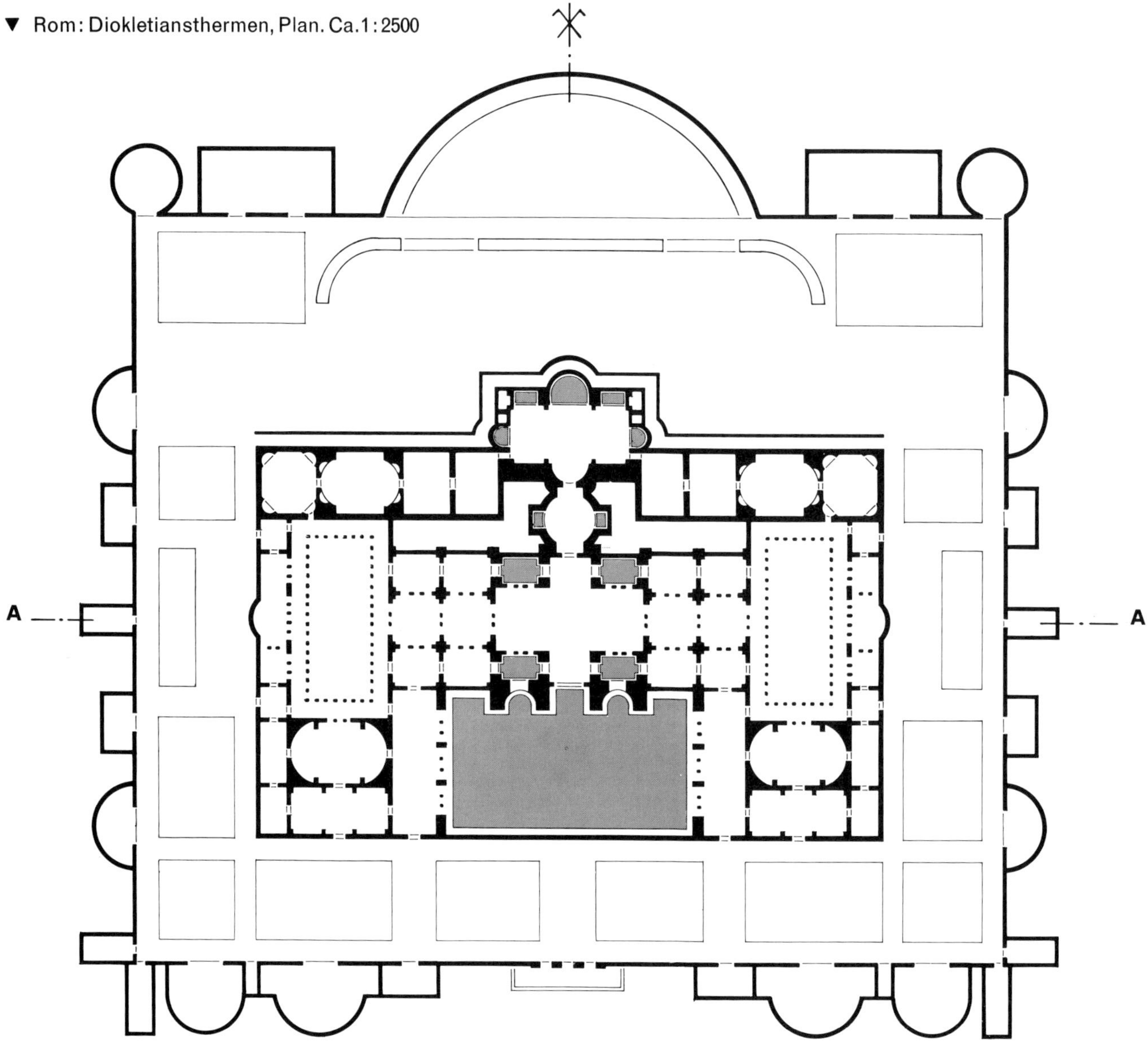

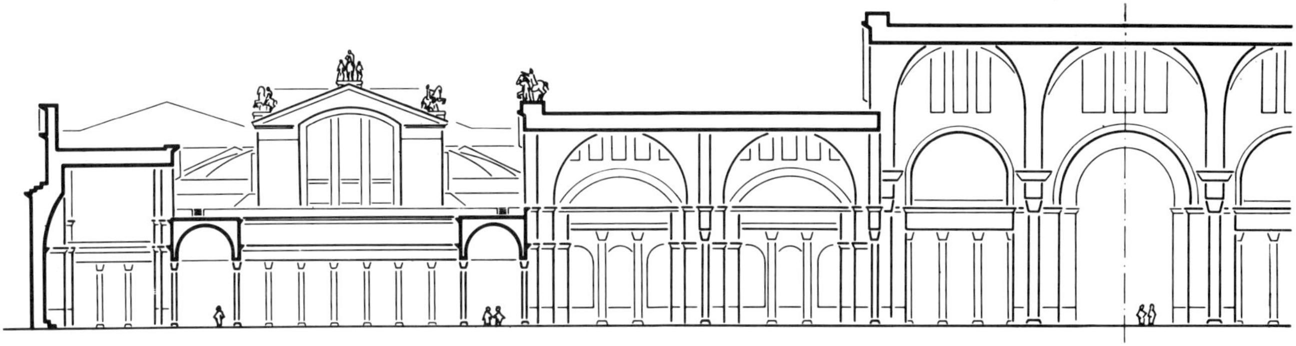

▲ Diokletiansthermen, Schnitt. Ca.1:5000

Doch das war noch nicht alles. Die riesige Badeanlage war rings von einem Park umgeben, der von einer Mauer eingefaßt war; diese wies eine Reihe von abwechselnd quadratischen und halbkreisförmigen Ausbuchtungen auf, wie dies bei den «pulpita» der Theater zu sehen war. Nach der größten dieser Exedren, die in der Achse des Bauwerks vor dem Kaldarium liegt, ist heute jener Platz benannt, in den die Via Nazionale einmündet: Piazza dell'Essedra.

Die Gestaltung der großen Thermen der Kaiserzeit

Die Thermen des Diokletian wurden zu Beginn des 4. Jahrhunderts n.Chr. erbaut. Angeordnet wurde der Bau von Maximianus Herculius nach seinem Sieg in Afrika im Jahre 297; vollendet wurde er acht Jahre später. Etwas prinzipiell Neues sind diese Thermen nicht; der Baumeister begnügte sich damit, ein schon zweihundert Jahre früher entwickeltes Schema in einen größeren Maßstab zu übertragen und einige Einzelheiten abzuwandeln.

Die im Voranstehenden beschriebene Aufteilung der Räumlichkeiten findet sich erstmals in den Titusthermen angedeutet, doch voll verwirklicht wurde sie in den zweifellos von Domitian vor 96 n.Chr. begonnenen Thermen des Trajan. Dem gleichen Schema folgten dann mehrere Thermen in Rom, besonders die Thermen des Caracalla, von wo aus es sich rasch über ganz Italien und die Provinzen ausbreitete: so entsprechen ihm die zwischen 145 und 162 in Karthago erbauten Thermen des Antoninus ganz und gar. Die älteren Badeanlagen hingegen, so die Bäder in Pompeji, sind weit einfacher und bescheidener; vor allem weisen sie kein Schwimmbecken auf. Die Entwicklung des Thermenbaus zeigt deutlicher als jede andere Art von Architektur, welch großen Einfluß die Baumeister der Hauptstadt auf ihre Kollegen in der Provinz ausgeübt haben. Ihre Schöpfungen dienten im ganzen Reich als Vorbilder. Zweifellos errichtete man auch im 2. und 3. Jahrhundert noch einfachere Badeanlagen, die nicht den für die großen Kaiserthermen bezeichnenden symmetrischen Grundriß aufweisen, aber auch sie sind, wie die Einrichtungen in der Hadriansvilla bezeugen, nach einem italischen Vorbild gestaltet. Natürlich läßt sich nicht leugnen, daß es eine ganze Reihe von lokalen Unterschieden gab. In Ländern mit heißem Klima spielten die Warm- und Schwitzbäder manchmal nur eine untergeordnete Rolle; dafür errichtete man mehr kühle Räume, in denen man bei der sommerlichen Hitze der Ruhe pflegen konnte. In den nördlichen Regionen des Reiches dagegen war es umgekehrt. Vereinzelt kommt es auch zu isolierten Schöpfungen eines eigenständigen Baumeisters: so waren zwei zu Beginn der Regierungszeit Trajans errichtete Badeanlagen in Acholla, einer kleinen Hafenstadt im östlichen Tunesien, nur teilweise überdacht. In den östlichen Provinzen des Reiches erinnern manche Anlagen an griechische Gymnasien. Aber im allgemeinen hatten die Städte den Ehrgeiz, Thermen zu besitzen, die denen von Rom genau entsprachen.

Diese Verbreitung der Thermen hat viel zur Ausbildung der eigenständigsten Strömungen der dynamischen römischen Architektur beigetragen. Um die Gefahr von Bränden auszuschalten, mußte man auf Gebälk verzichten und infolgedessen sämtliche Räume durch Gewölbe überdachen. Daher entstanden die großen Thermen der Kaiserzeit erst von dem Zeitpunkt an, nachdem die Entwicklung des Kreuzgratgewölbes die Überdachung großer Spannweiten erlaubte. Durch aneinandergefügte Kreuzgratgewölbe überdachte man vor allem die «cellae mediae» der Frigi-

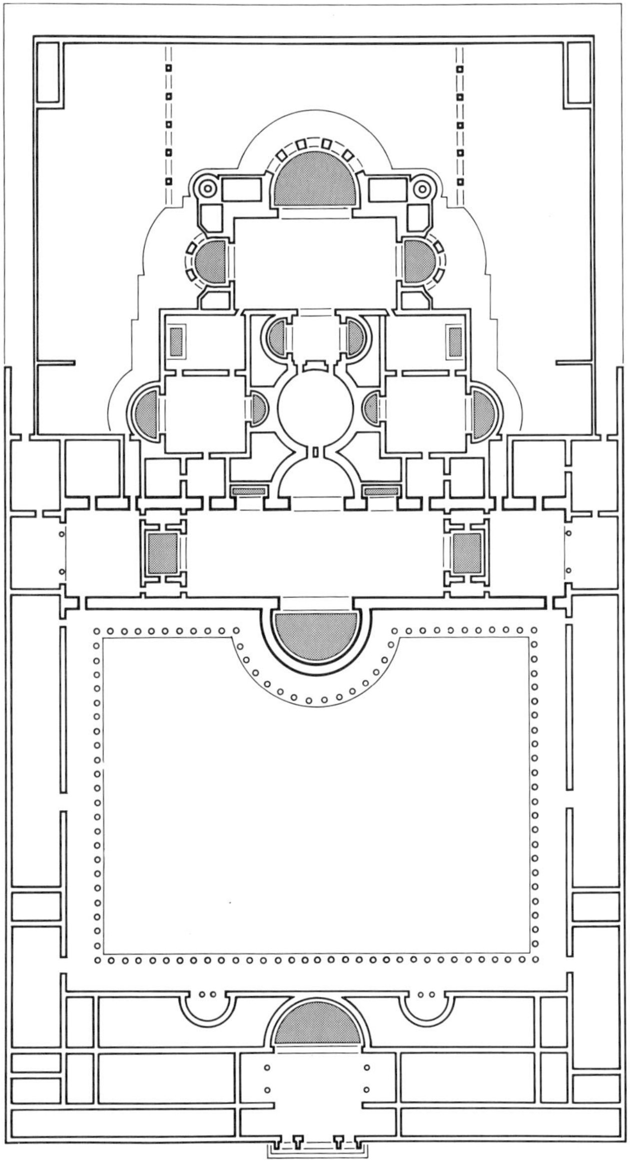

▲ Trier: Kaiserthermen, Plan. Ca.1:2000

darien, die gewaltigen Vorsäle vor den Kaltbädern; sie wurden entweder von massiven Pfeilern oder, wie in den Thermen des Antoninus in Karthago, von gewaltigen Granitsäulen getragen. Die Warmbäder waren meist von Kuppeln überwölbt und hatten deshalb einen kreisförmigen oder vieleckigen Grundriß, so in den Thermen des Caracalla; eine Ausnahme bildet das rechteckige Kaldarium in den Thermen des Diokletian. In Tibur gaben Hadrians Baumeister seiner Neigung für das Ausgefallene nach, so daß Bauten entstanden wie die kleinen Thermen, in denen ein achteckiger Saal mit vier konvexen Seiten von einer bizarr geschwungenen Kuppel überdeckt ist.

Meist baute man dauerhaft und solid; man verwandte besseren Mörtel als bei allen anderen Bauwerken, und deshalb weisen oft nur noch im Gußmörtelverfahren hergestellte Mauerreste auf das Vorhandensein einer fast völlig verschwundenen römischen Ansiedlung hin. Die erstaunliche Stabilität der Mauerreste der Cluny-Thermen, die im Herzen von Paris achtzehn Jahrhunderte überdauert haben, legt Zeugnis dafür ab, daß die gallisch-römischen Baumeister in dieser Hinsicht ihren Kollegen in anderen Provinzen nicht nachstanden. Man vermochte die technischen Qualitäten der Baumaterialien und das Maß ihrer Belastbarkeit sehr genau abzuschätzen; konsequenterweise benützte man für die oberen Teile der Bauwerke vornehmlich leichtes Gestein, etwa Bimsstein. Eigenartigerweise verwandte man in Afrika, wo kaum Ziegel gebrannt wurden, für die Gebäudeteile, die in Europa aus Ziegeln bestanden, behauene Sandsteinblöcke, die genau die Größe von Ziegeln hatten.

Großen Wert legte man darauf, die Räume thermisch nach außen zu isolieren – ein weiterer Grund für die bevorzugte Verwendung von Gewölben und für die Errichtung möglichst starker Mauern. Ferner verzichtete man auf durchbrochene Wände, was zudem den Vorzug hatte, daß sich das schöne Geschlecht den Badefreuden hingeben konnte, ohne neugierigen männlichen Blicken ausgesetzt zu sein. (Das eine Zeitlang geduldete gemeinsame Baden von Frauen und Männern wurde schließlich von Hadrian verboten.)
Die Außenfassaden bestanden also aus kahlen, geschlossenen Mauern, die gewöhnlich bis hinauf zu den Kuppeln und Gewölben von keinem einzigen Fenster durchbrochen waren. Zwar hätten die Baumeister diese strenge Fassade durch Portiken auflockern können, was aber nie geschah; offenbar wurde der Kontrast zwischen der kahlen Nüchternheit des Mauerwerks und dem reichen Dekor der Umfassungsmauer des Parks als ausreichend empfunden. Hinzu kam, daß wohl der Gegensatz zwischen der rein funktionellen Strenge der Fassaden und dem barocken Überschwang des Innendekors voll zur Geltung gebracht werden sollte.

▼ Rom: Thermen des Caracalla, Plan. Ca. 1:2700

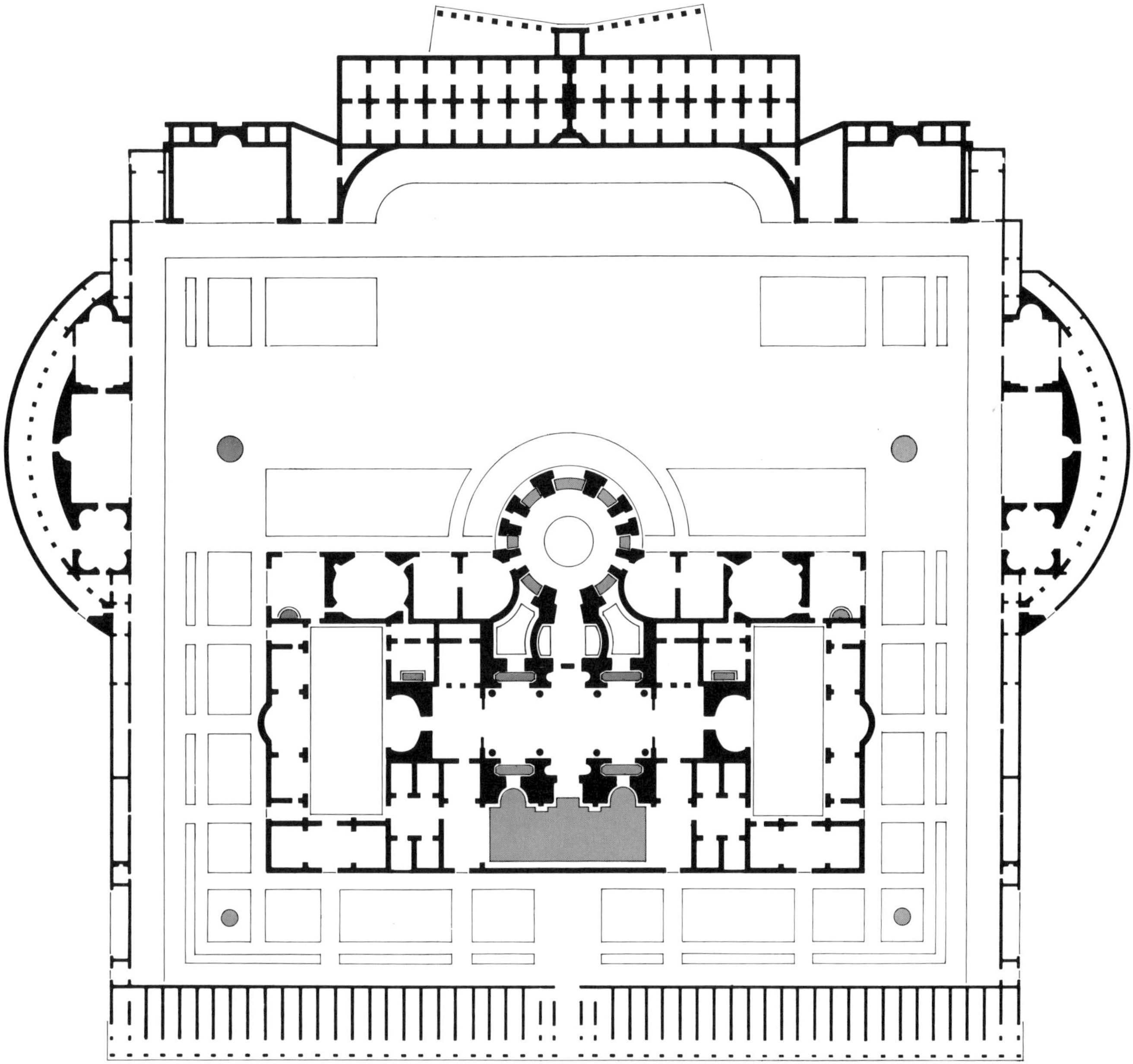

Die Ausschmückung der Thermen – Triumph des «Barock»

In der Ausschmückung von Thermen und Theatern hat sich der römisch-kaiserliche «Barock» am vollkommensten entfaltet. Die große «natatio» in den Thermen des Diokletian, ein in Marmor eingelassener See, widerspiegelte eine monumentale Fassade mit fünf großen, abwechselnd rechteckigen und abgerundeten Nischen (entsprechend der in den Theatern üblichen Anordnung, der wir schon wiederholt begegnet sind); in drei Reihen übereinander befanden sich mit Statuen geschmückte Ädikulen aus Marmor. Ebenso prächtig war das Innere ausgestaltet, wie die Kirche Santa Maria degli Angeli zeigt, in der noch ein Teil des antiken Schmuckes erhalten ist. Allenthalben bemühte man sich um formale und farbliche Gegensätze: die ersten ergaben sich aus dem Spiel der Kurven und Geraden, die die Brunnen und Becken begrenzten, die zweiten aus der Verwendung seltener und kostbarer Materialien, in erster Linie von Marmor aller Farben, aber auch von Granit und Porphyr – nicht nur für einen Teil der Säulen, sondern auch für Becken und Badewannen. In der Mitte des großen Rundsaals im Vatikanischen Museum steht ein Becken aus einem einzigen Porphyrblock von 14,40 Metern Umfang, das aus den Thermen des Diokletian stammt; ferner sind die beiden Brunnen auf der Piazza Farnese nichts anderes als Badewannen aus den Thermen des Caracalla. Die Kapitelle, bei denen man figürlichen Schmuck bevorzugte, und die Gesimse waren mit Reliefdarstellungen geschmückt: auf denen der Caracalla-Thermen ist Herkules dargestellt, der Schutzgott des Kaisers. Ein außergewöhnliches Kapitell in den Thermen des Antoninus in Karthago zeigt auf jeder Seite einen verschleierten Greis (vermutlich Saturn); seine Beine sind durch Drachen ersetzt, die von geflügelten Genien gebändigt werden. Dieses römische Kunstwerk erinnert an die phantastischsten Schöpfungen der romanischen und an die Ungeheuer der indischen Kunst.

Die Gewölbe waren mit Gold oder mit Mosaiken aus schillernder Glasmasse ausgelegt; dieses Verfahren, mit dessen Hilfe später die Christen ihre Kirchen ausschmückten und das in der byzantinischen Kunst seine Blüte erlebte, kam im Lauf des 1. nachchristlichen Jahrhunderts zum Schmuck von Bädern und Brunnen zur Anwendung. René Huyghes hat ganz richtig darauf hingewiesen, daß das byzantinische Mosaik (und später die bunten Glasfenster in den gotischen Kathedralen) das Licht verändert und dadurch im Betrachter so etwas wie eine hypnotische Verzauberung erzeugt, durch die er in eine übernatürliche Welt hineinversetzt wird. Diese künstlich hervorgerufene Verzückung ist jedoch keineswegs eine christliche Erfindung, sondern wurde aus der römischen Kunst übernommen. Solche Wirkungen suchten die Römer zunächst in Privathäusern mit Hilfe der Wandmalerei zu erreichen, die im zweiten und vierten Stil gleichsam die Wand durchbrach und dahinter eine Scheinwelt aufbaute; dem gleichen Zweck dienten später die Mosaiken im Inneren der Thermen. Die Bezeichnung Mosaik, «musivum opus», war der Verkleidung von Mauern und Gewölben vorbehalten; den Boden bedeckte das sogenannte «tesselatum». So nannte man seit dem Beginn des 2. Jahrhunderts auch schwarze Darstellungen auf in Italien weißem, in Afrika und im Orient vielfarbigem Grund. Ein gutes Beispiel sind in Ostia die «Marmorteppiche» aus der Zeit des Antoninus Pius, die in den Thermen Neptun, den Gott der Badeanlage, mit seinem Gefolge zeigen. In allen Thermen war eine Vielzahl von Gottheiten zu sehen, teils als Mosaikdarstellungen auf dem Boden oder an den Wänden, teils, wie wir gesehen haben, als Bestandteile der architektonischen Ornamentik oder auch als Standbilder. Ihre Vorbilder waren gewöhnlich die sinnlichsten oder ausdrucksstärksten Schöpfungen griechischer Kunst: die berühmte Laokoongruppe im Vatikanischen Museum wurde in den Ruinen der Trajansthermen gefunden, und die heute im Museum der Diokletiansthermen aufbewahrte herrliche Aphrodite wurde 1913 in den Thermen von Kyrene ausgegraben. Die Thermen dienten also, wie die Tempel, als Museen und mit ihren Bibliotheken meist auch als kulturelle Zentren: Dort verkehrten Literaten, Philosophen hielten ihre Vorträge, und Dichter trugen im Schatten der Exedren ihre Werke vor.

Die politische Bedeutung der Thermen

Die Regierung, die für die Errichtung solcher Gebäude gewaltige Summen ausgab und den Bädern das durch aufwendige Bauanlagen herbeigeführte Wasser zur Verfügung stellte, wußte genau, daß diese Gelder nicht verloren waren: sie trugen zur «psychologischen Beeinflussung» der Massen bei, auf die keine Regierung verzichten kann, die trotz der starken Zentralisierung der Macht auf die Unterstützung der öffentlichen Meinung angewiesen ist. Dies geht deutlich aus der Inschrift auf den Thermen des Diokletian hervor, die zur Zeit Karls des Großen von einem gelehrten Pilger aus Deutschland abgeschrieben wurde und uns in einer Handschrift überliefert ist: «Unsere unbesiegten und ruhmreichen Herrscher Diokletian und Maximian als Augusti, Vater der Kaiser und Caesares, unsere erhabenen und unbesiegten Herren Constantinus und Maximian, sowie die edelsten Caesares Severus und Maximinus haben ihren lieben Römern diese glücklichen Thermen des Diokletian geweiht, die Maximian Augustus nach seiner Rückkehr aus Afrika plante und in Anwesenheit Seiner Majestät zu bauen befahl und die er dem Namen seines Bruders Diokletian weihte, nachdem er die Häuser (an der vorgesehenen Stelle) für ein so gewaltiges Unternehmen aufgekauft hatte, und er ließ sie mit all ihrem Schmuck vollenden.» Daher fand man in den Thermen oft Trophäen und alle möglichen Denkmäler, um jene, die sich der vielen Annehmlichkeiten dieser Einrichtungen erfreuten, daran zu erinnern, daß die Macht der Herrscher ihnen dieses Glück verschaffte und erhielt. Und weil die Thermen das wirksamste Instrument der Sozialpolitik der Kaiser waren, weil die Ärmsten des Volkes und sogar die Sklaven, die keineswegs ausgeschlossen waren, sich dort eines Luxus erfreuten, der dem der Mächtigsten des Reiches entsprach, wurden auch bei anderen Baulichkeiten, die für ähnliche Zwecke bestimmt waren, die gleichen architektonischen Prinzipien angewandt. Wie wir bereits gesehen haben, weist das Pantheon, der bezeichnendste Tempel der Kaiserzeit, die gleichen Eigentümlichkeiten auf wie die öffentlichen Bäder, so daß früher manche Archäologen fälschlicherweise annahmen, der gewaltige Rundbau habe zu den nahen Thermen des Agrippa gehört.

Einfluß der Thermenarchitektur: die Basilika des Maxentius

Wie die beim Bau der Thermen entwickelten technischen Lösungen auch auf andere Gebäude übertragen werden konnten, die nicht dem gleichen Zweck dienten, sondern dazu bestimmt waren, große Volksmengen aufzunehmen und sie mit den Herrschern in Berührung zu bringen, wollen wir am Beispiel eines Bauwerks zeigen, das um die gleiche Zeit entstanden ist wie die Thermen des Diokletian.

Die Basilika des Maxentius, die heute den Namen Konstantins trägt, erhebt sich mit ihren mächtigen Ziegelgewölben an der Via Sacra, unweit der Stelle, wo diese in das Forum einmündet; sie wurde erbaut zwischen dem Tempel der Venus und Roma und einem Rundbau, der heute zur Kirche Santi Cosma e Damiano gehört. Dieser ganze Teil der «Velia» (wie das Stadtviertel im Altertum hieß), wurde zwischen 306 und 312 von Maxentius völlig umgestaltet. Maxentius, der Sohn von Maximian Herculius, versuchte, sich durch Gewalt in das Kaiserkollegium einzudrängen, wurde aber von Konstantin geschlagen; dieser vollendete dann das Werk seines Rivalen und nahm den Ruhm für dieses Bauwerk für sich in Anspruch. Nach einer sehr strittigen Überlieferung soll die Rotunde der Kirche Santi Cosma e Damiano ursprünglich ein Tempel gewesen sein, der dem Gedächtnis des in jungen Jahren 307 n.Chr. gestorbenen Sohnes des Maxentius, Romulus, geweiht war; fest steht jedenfalls, daß der Bau aus den ersten Jahren des 4. Jahrhunderts stammt. Um die gleiche Zeit wurde der von Hadrian errichtete Tempel der Venus und Roma restauriert. Die Basilika selbst war nahezu fertiggestellt, als Konstantin in Rom einzog.

Vom Ursprung der Basilika, dieser mit einem griechischen Namen bezeichneten wesenhaft römischen Schöpfung, war bereits die Rede. Aber mit sämtlichen früheren Basiliken, besonders mit der Basilica Aemilia und der Basilica Iulia zu beiden Seiten des Forum Romanum, hat die Basilika des Maxentius kaum mehr gemein als die Zweckbestimmung und den rechteckigen Grundriß. Anstelle eines von einem Wald von Säulen oder, wie in der Basilica Iulia, von Arkaden begrenzten Mittelschiffes weist sie einen einheitlichen Innenraum auf, der mit seinen 80 auf 51 Metern den größten überdachten Raum der Antike darstellt. Trotz der gewaltigen Ausmaße wurden die Gewölbe von nur vier Pfeilern getragen. Das 80 auf 25 Meter große Mittelschiff war mit drei Kreuzgewölben überdacht, jedes der beiden Seitenschiffe von drei senkrecht zur Achse des Gebäudes stehenden Tonnengewölben. Heute sind nur noch die Gewölbe des nördlichen Seitenschiffes erhalten, weil es sich an einen Hügel anlehnte, dessen Flanke vor dem Bau der Basilika abgetragen worden war. Maxentius hatte nur eine einzige Apsis auf der dem Eingang gegenüberliegenden Westseite vorgesehen; Konstantin aber beschloß, das Gebäude anders auszurichten, ließ dementsprechend eine neue Apsis in der Mitte der nördlichen Längsmauer bauen und legte den Eingang auf die gegenüberliegende Seite, so daß man von der Via Sacra her die Basilika betreten konnte. In der westlichen Apsis wurde eine Kolossalstatue des Kaisers aufgestellt, deren Reste (der Kopf, eine Hand und ein Teil eines Beines) heute im Hof des Konservatorenpalastes auf dem Kapitol stehen, während in der Apsis auf der Nordseite ein Tribunal seinen Sitz hatte.

Es ist evident, daß diese Basilika den großen Thermensälen eng verwandt ist und daß ihre Konstruktion Voraussetzung war für die Kirchenbauten namentlich Ostroms. (Übrigens wurden während der Regierungszeit Konstantins, zunächst in Rom, die ersten großen christlichen Basiliken errichtet – Sankt Peter, der Lateran, Sankt Paul vor den Mauern, San Lorenzo. Sie alle hatten aber eine Balkendecke, wie sie später im ganzen Abendland verbreitet war.) Im Osten hingegen, vor allem in Konstantinopel, setzte sich die überwölbte Kirche durch; Bauwerke wie die Sophienkirche mit ihren Kuppeln, ihren gewaltigen, nüchternen Fassaden und ihrem prächtigen Innenschmuck stehen in Beziehung zu den römischen Thermen. Zur Zeit der Renaissance kamen auch in Italien diese Bautechniken wieder zur Geltung: der Petersdom vermittelt eine Vorstellung, wie der Raum der Thermen des Caracalla und des Diokletian ausgesehen haben.

Theater und Amphitheater

Die Thermen waren für jeden Römer ein der Allgemeinheit dienender Palast, in dem ihm alltäglich alle Annehmlichkeiten eines prunkvollen, luxuriösen Lebens der Mächtigen des Reiches geboten wurde. Aber darüber hinaus war auch für häufige weitere Zerstreuungen gesorgt, die, wie Jérôme Carcopino mit Recht gesagt hat, nicht nur die Bürger davon abhielten, sich mit politischen Fragen zu beschäftigen, sondern auch zwischen dem Herrscher und den Untertanen eine Art von Bindung schufen, wie sie heute noch in totalitär regierten Ländern angestrebt wird. Im ganzen Römerreich war keine Stadt so klein, daß sie nicht ein Theater, einen Zirkus oder ein Amphitheater besessen hätte, meist verfügte sie sogar über mindestens zwei dieser Einrichtungen. In Gegenden, wo es nur wenige größere Städte gab, so etwa in Gallien, wurden sie auf dem Land in der Nähe alter Heiligtümer errichtet, bei denen die eingeborene Bevölkerung zusammenzukommen pflegte. In der unmittelbaren Umgebung von Paris, in Genainville im Vexin und in Champlieu in Département Oise, kann man noch heute zwei solche neben ländlichen Heiligtümern gelegene Theater sehen. Herodes, der König von Judäa, bemühte sich, seine Untertanen aus der hartnäckigen Isolierung herauszuführen, die ihnen ihr monotheistischer Glaube aufzwang, und ließ ein Theater errichten. Aber selbst er wagte es nicht, in Jerusalem heidnische Tempel oder auch nur Triumphbogen zu erbauen.

Für unser Thema ist die Beobachtung nicht unwichtig, daß der Aufwand und die Prachtentfaltung bei diesen der Unterhaltung und den Annehmlichkeiten des Lebens dienenden Bauten offenbar zur Ausbildung eines Geschmackes geführt hat, der seine Maßstäbe «barocken» Prinzipien entnimmt. Als Beispiele wählen wir zwei ausgezeichnet erhaltene und von italienischen Archäologen restaurierte Bauwerke in Tripolitanien: das aus den ersten Jahren der Kaiserzeit stammende Theater in Leptis Magna und das zu Beginn des 3. Jahrhunderts entstandene Theater in Sabratha.

Das Theater in Leptis Magna

Das Theater in Leptis Magna wurde in den ersten Jahren der Kaiserzeit erbaut: Man hat die drei Widmungsinschriften wiedergefunden, laut denen ein angesehener Bürger dieser damals noch kaum romanisierten punischen Stadt, Annobal (d.h. Hannibal) Rufus aus der berühmten phönizischen Familie Tapapi, «Verschönerer seines Vaterlands, Freund der Eintracht, Priester, Suffet, Präfekt der Kulte», dem Kaiser Augustus im 24. Jahr seines Tribunats (also 1–2 n. Chr.) das auf eigene Kosten errichtete Bauwerk widmete. Jeder der Texte ist zweisprachig, in Latein und Phönikisch, abgefaßt – ein Beweis dafür, wie sehr die Tendenzen auf kulturelle Angleichung gerichtet waren. Auch die zahlreichen Titel des Annobal Rufus (der bezeichnenderweise einen punischen und einen römischen Namen trägt) sind keineswegs ein Ausdruck orientalischer Prunksucht. «Ornator Patriae» war ein Ehrentitel, der großzügigen Förderern verliehen wurde. Der Titel «Freund der Eintracht» weist darauf hin, daß Annobal sein Ansehen und seinen Reichtum dafür eingesetzt hat, die verschiedenen Parteien innerhalb der Stadt auszusöhnen; vermutlich hat er sich den «Nationalisten» entgegengestellt, die noch von dem unabhängigen punischen oder libysch-punischen Staat träumten, für den sich König Juba I. eine Generation zuvor eingesetzt hatte.

In einem vorangehenden Kapitel (S. 56) wurde bereits kurz das Problem gestreift, das der Bau der «cavea» stellte, der im Halbkreis stufenförmig angeordneten Sitzreihen. Leptis Magna liegt in einer Küstenebene an der Mündung eines Wadi, also in fast völlig ebenem Gelände. Dennoch bediente sich der Baumeister Annobals nicht der römischen Methode, die «cavea» durch eine aus mehreren übereinanderliegenden Bogenreihen bestehende Fassade abzustützen, sondern er ließ die unteren Sitzreihen aus dem gewachsenen Fels herausmeißeln. Der ringsum aufgeschüttete und durch Gußmauerwerk zusammengehaltene Felsschutt bildete den Unterbau für die mittleren Sitzreihen, und nur die obersten Reihen werden von massiven Gußmörtelpfeilern abgestützt. Von außen sah die «cavea» des Theaters also wie ein riesiger, kompakter Zylinder aus;

er war von fünf überwölbten Gängen durchbrochen, die zum «praecinctio» führten, zum Wandelgang, der die «cavea» in halber Höhe unterteilte. Diese «introvertierte» Konzeption des Bauwerks, die Giacomo Caputo und Ernesto Vergara Caffarelli mit Recht mit der eines Mausoleums verglichen haben, entspricht, wie wir gesehen haben, einer der vorherrschenden Strömungen römischer Baukunst. Sie kommt hier allerdings deutlicher zum Ausdruck als bei den typisch römischen Theatern und Amphitheatern mit ihren Arkaden-Fassaden, über deren reinen Funktionalismus wir bereits gesprochen haben. Sehr außergewöhnlich sind die als Läden dienenden überwölbten Räume, die der Baumeister in Leptis Magna an beiden Enden der «cavea» errichtete; sie erklären sich vermutlich aus der Tatsache, daß der Marktplatz in unmittelbarer Nähe war. Ungewöhnlich ist auch der Abschluß der Bühne: statt einer hohen massiven Mauer wie in Orange finden wir hier einen von einem Säulengang gesäumten Platz, der nichts anderes war als ein Heiligtum des Kaiserkultes. In seiner Mitte erhob sich ein Tempel, der den nach ihrem Tod unter die Götter erhobenen Kaisern gewidmet war – was wiederum an den gleichzeitig religiösen und politischen Charakter dieses Bauwerks erinnert. Annobal Rufus und seine Nachfolger verstanden es übrigens sehr geschickt, die traditionellen religiösen Anschauungen ihrer Landleute mit der neuen Ideologie zu verknüpfen: auf dem höchsten Punkt der «cavea» hatte man in der Mitte des oberen Wandelgangs einen Platz ausgespart und dort einen der Ceres geweihten Tempel errichtet. Ceres, die Demeter der in Sizilien ansässigen Griechen, war seit vier Jahrhunderten in Nordafrika «heimisch» und eine der wichtigsten Schutzgöttinnen Afrikas. Diese Lösung geht direkt auf das Beispiel des Pompejus zurück, der in Rom unmittelbar bei seinem Theater einen Venustempel erbaut hatte. Das Heiligtum in Leptis Magna wurde erst zur Zeit des Tiberius eingeweiht, war aber offenbar schon von Anfang an vorgesehen.

Wenden wir uns nunmehr dem wichtigsten Teil des Theaters, der Bühne, zu. Diese bestand aus einer Plattform, die etwa einen Meter höher lag als die Orchestra, zu der eine gerade Mauer mit Nischen («pulpitum») abfiel. Das Proszenium war von einem Bretterboden bedeckt, von dem natürlich außer den Stützmauern nichts mehr erhalten ist. Dafür ist es gelungen, die prächtig geschmückte Proszeniumswand teilweise zu rekonstruieren. Sie bestand aus vier massiven Ziegelmauern mit drei großen Apsiden dazwischen; diese waren durch Tore unterbrochen, die die Bühne mit den Gängen verbanden. Auch die Säulen und das Gesims, die die Bühnenfront wie eine Palastfassade erscheinen lassen (sie wurde übrigens erst im 2. Jahrhundert aufgestellt), hat man wiedergefunden und an der ursprünglichen Stelle angebracht.

Das Theater in Sabratha

Wenn wir uns einen Eindruck von der großartigen Wirkung machen wollen, die von einer solchen Bühnenfront ausging, müssen wir Sabratha besuchen, die westlichste der drei phönikischen Städte in Tripolitanien. Das Theater dieser Stadt wurde zwei Jahre nach dem in Leptis Magna erbaut; es war eines der prächtigen Geschenke des Septimius Severus an den Landstrich, aus dem seine Familie hervorgegangen war. Das Theater ist nicht, wie das von Leptis Magna, teilweise aus dem Fels gehauen, sondern in der herkömmlichen Weise erbaut. Seine halbrunde Fassade mit ihren beiden Bogenreihen ist dem zur gleichen Zeit entstandenen Kolosseum von El Djem vergleichbar; es ist interessant zu sehen, wie der Baumeister des Theaters, der dieselbe Bautechnik anwandte wie der Erbauer des römischen Amphitheaters, dem Bau viel von seiner Schwere nahm. Er behandelte die Bogen genau wie die Portale eines Triumphbogens; die Archivolten liegen mit einem Gesims auf den Pilastern auf; eingefaßt werden sie nicht von den sonst üblichen Halbsäulen, sondern von weiteren Wandpfeilern. Dadurch werden allzu harte Lichtkontraste vermieden, ohne daß das Gebäude deshalb weniger kraftvoll wirken würde. Einer sorgfältigen Restauration ist es gelungen, die drei Stockwerke der Bühnenwand neu zu errichten. Diese «frons scaenae» ist, von den Zuschauerreihen her gesehen, ungemein eindrucksvoll. In Orange, wo zwar die Rückwand erhalten ist, die Säulen aber fehlen, steht man vor einer geschlossenen Mauer, deren ockergelber Farbton die erdrückende Wirkung noch steigert; in Sabratha hingegen glaubt man sich angesichts der vielen Säulen, die luftige Balkone tragen oder zierliche, pavillonartige Vorbauten bilden, durch die man den Himmel und das Meer erblickt, in einen phantastischen Palast versetzt. Von dieser Bühnenwand geht eine illusionistische Wirkung aus, die mit jener der pompejanischen Wandmalerei, vor allem des vierten Stils, vergleichbar ist; diese leitet sich ja von solchen Theaterwänden her.

Schon durch das Spiel von Licht und Schatten werden die Ruinen von einem intensiven Leben erfüllt; dazu kommen die Schöpfungen der Bildhauerei, deren Gestalten durch die Schauspieler zu neuem Leben erweckt werden. Leider sind uns die Statuen von Sabratha nicht erhalten, doch die Standbilder in Leptis Magna konnten ausgegraben werden: Darstellungen von Göttern und Menschen, unter ihnen eine Zuschauerin, die es sich auf einem wohlgepolsterten Schemel bequem gemacht hat; es ist Crispina, die Frau des Kaisers Commodus.

In Sabratha ist dafür das «pulpitum», das wie üblich aus rechteckigen und runden Nischen besteht, mit außergewöhnlichen Reliefs geschmückt: mit Szenen aus Tragödien oder Possenspielen. (Das «pulpitum» im Theater von Vienne, das leider anläßlich moderner Aufführungen durch die Requisiten stark beschädigt wurde, weist einen anmutigen Tierfries auf, dasjenige in Hippo ein interessantes abstraktes Ornament, dessen Motive der Mosaikkunst entlehnt sind.) In Sabratha wechselt die Vorstellung einer Tragödie des Euripides mit einer Komödienszene ab; Schauspieler mit Masken deklamieren. Entgegen einer oft geäußerten Meinung war das traditionelle Theater im 3. Jahrhundert noch keineswegs tot, und klassische Werke wurden häufig aufgeführt.

Heute fehlen diesen Theatern lediglich die bunte Bemalung und die sicherlich großzügige Vergoldung. Die Orchestra im Theater von Leptis Magna hatte zunächst einen Boden aus bemaltem Gips, wie er heute noch in Cäsarea in Palästina zu sehen ist; dieser billige Ersatz für Mosaikbeläge wurde im 2. Jahrhundert wohl wegen seiner Empfindlichkeit durch ein Marmorpflaster ersetzt.

Nochmals sei darauf hingewiesen, daß die Gestaltung der Proszeniumswand, der «frons scaenae», auf andere Gebäudetypen einen sehr großen Einfluß ausgeübt hat, wie wir bereits am Beispiel von Wohnhäusern, Palästen und Sakralbauten gesehen haben: eng verwandt sind ihr die Aula Regia im Palast des Domitian auf dem Palatin, das Innere des «Dianatempels» in Nîmes und des Bacchustempels in Baalbek sowie auch die prächtige Fassade, die das große Becken in den Thermen des Diokletian überragte.

Deutliche Parallelen finden sich ferner zu den großen Brunnen oder Nymphäen mit ihren abwechselnd rechteckigen und runden Nischen, wie wir beim Heiligtum des Nemausus gesehen haben; anderseits waren in den Nischen des «pulpitum» oft Brunnen untergebracht. Im 3. Jahrhundert wurde es sogar Mode, die ganze Orchestra in ein Schwimmbecken zu verwandeln, so daß in ihnen Wasserballette mit leicht bekleideten Tänzerinnen und ähnliches aufgeführt werden konnten.

Bedeutung des «Barock»-Stils

So führte das Bemühen, die Annehmlichkeiten für einzelne wie für die Allgemeinheit zu vervollkommnen, die römischen Baumeister zu Lösungen ähnlich denen, die sie gefunden hatten, als sie dem religiösen Empfinden ihrer Gesellschaft Ausdruck zu geben versuchten. Tatsächlich glaubten die Bürger des Reiches, daß das ihnen ermöglichte Wohlleben die natürliche Folge der Stärke des durch seine Tugenden gerechtfertigten Rom sei: weil das römische Volk und sein Herrscher gerecht und fromm seien, habe die Vorsehung ihnen aufgetragen, die Welt zu ordnen und glücklich zu machen. Wir brauchen hier auf die Bedeutung dieser Ideologie nicht weiter einzugehen, doch müssen wir erkennen, daß sie ihren Ausdruck in scheinbar widersprüchlichen, in Wirklichkeit jedoch sich ergänzenden und mit den gleichen technischen Mitteln verwirklichten Formen gefunden hat: einerseits in den machtvollen, strengen Schöpfungen der funktionellen Architektur, die die Macht des Reiches verkörpern, anderseits in einem Stil, den man mit vollem Recht als «barock» bezeichnen darf – und das nicht nur, weil er die gleichen ästhetischen Strömungen widerspiegelt wie der Barock des 17. Jahrhunderts, sondern auch, weil seine Überreste den Schöpfern unseres Barocks als Vorbild gedient haben. In seiner Vorliebe für Kurven und in seiner reichen Ornamentik bringt der römische «Barock» der Kaiserzeit die Idee der Fruchtbarkeit, der Fülle, der lebensbejahenden Freiheit und der Verbindung mit den lebendigen Kräften der Natur zum Ausdruck. Harmonisch verbindet er sich mit der funktionellen Architektur: bei den Häusern, den Thermen, den Theatern und Amphitheatern, aber auch beim Pantheon schützt die massive und fensterlose oder die in machtvolle Arkaden gegliederte Fassade das Zauberreich, das sich der Mensch im Inneren der Gebäude durch die Bändigung der Naturkräfte geschaffen hat. So ist jedes römische Bauwerk gleichsam ein verkleinertes Abbild dieses Reiches, das den Menschen des Mittelmeergebiets im Schutz der an den Grenzen stehenden Legionen die einzige Zeit des Friedens, die «pax romana», bescherte, die ihnen im Laufe ihrer langen Geschichte beschieden war.

Anmerkungen

Palmyra (Syrien)

Palmyra, die Karawanenstadt in einer Oase, existierte am Rand des Römerreichs, ohne je wirklich in das Reich eingegliedert zu werden. Trotz der starken Ausstrahlung des Hellenismus blieb ihre semitische Kultur stets lebendig. Die Stadt stand nicht nur unter dem Einfluß der römischen Kultur, sondern gleichzeitig unter dem mindestens ebenso starken Einfluß der parthischen Kultur, in der persische und griechische Traditionen zu einer originären Einheit verschmolzen waren. Deshalb kann man im Hinblick auf diese Stadt nicht von römischer Baukunst sprechen. Besonders in dem in der ersten Hälfte des 1. nachchristlichen Jahrhunderts entstandenen Baalstempel verbanden sich typisch mesopotamische Elemente (so die dreieckigen Zinnen) mit Elementen, die direkt oder indirekt vom Hellenismus übernommen waren. Dennoch bezeugt dieses Bauwerk das Aufkommen eines neuen Stils, der sich später weiterentwickelte und im 2. und 3. Jahrhundert zu einer Ausdrucksform führte, die man als «palmyrischen Klassizismus» bezeichnet.

«In dieser Kunst», schreibt Daniel Schlumberger in «Descendants non méditerranéens de l'art grec» (S.281), «treten in der Baukunst an die Stelle der alten, oft aus Persien oder Mesopotamien stammenden Formen der Profile und Dekors griechisch-römische Formen; die Totentürme werden aufgegeben und durch Totenhäuser oder Grüfte ersetzt, die Tempel werden den griechischen Tempeln nachgebildet, die Straßen werden nach dem Beispiel von Antiochia mit Kolonnaden geschmückt; nur sporadisch und in genau umrissenen Details klingt in der Baukunst der Stil der vorangegangenen Zeit nach. Das denkwürdigste dieser Details ist zweifellos die massige Konsole, die zum Aufstellen von Statuen überall an Pilastern und Säulen angebracht wurde.»

Dieser wachsende Einfluß der Kunstauffassung des Mittelmeergebiets hängt offensichtlich mit der Festigung der politischen und wirtschaftlichen Macht Roms im Nahen Osten während des 2. Jahrhunderts zusammen, als das Partherreich unter den Schlägen von Trajan und Lucius Verus allmählich zerbrach. Man nimmt allgemein an, daß dieser Einfluß von Antiochia ausgegangen ist. Es wäre von Interesse, im einzelnen festzustellen, welche Elemente aus dem Hellenismus übernommen wurden und welche ureigentlich römische Schöpfungen sind.

Vitruv

M. Vitruvius Pollio war Kriegsbaumeister bei den Legionen Cäsars. Nach dessen Ermordung im Jahre 44 v. Chr. wurde er Architekt; zu seinen bemerkenswertesten Schöpfungen zählt eine um 20 v. Chr. in Fanum errichtete Basilika, die er selbstgefällig im 1. Kapitel seines 5. Buches beschreibt. Um die gleiche Zeit begann er mit der Niederschrift seiner großen Abhandlung über die Baukunst. Obwohl seit der Renaissance berühmt, ist Vitruv kein großer schöpferischer Baumeister gewesen; bei der Verwirklichung der großen Bauprogramme unter Augustus spielte er nur eine sehr bescheidene Rolle. Aber zu seiner praktischen Berufsausbildung trat eine fundierte, im wesentlichen griechisch orientierte Allgemeinbildung. Offensichtlich faßte er in seiner Schrift zahlreiche Abhandlungen aus den verschiedensten Zeiten zusammen, schuf also, wie Pellati gesagt hat, «eine Art von eklektizistischer Anthologie der vorausgegangenen sechs Jahrhunderte». Er drückt sich klar und geschliffen aus, besitzt ein ausreichendes technisches Wissen; doch sein Horizont ist zweifellos eng, und es fehlt ihm an künstlerischem Empfinden. Mit Recht hat man ihm vorgeworfen, daß er für die griechische Kunst kaum Verständnis aufgebracht und, was noch schwerer wiegt, nicht erkannt habe, welch umwälzende Neuerungen sich in der Baukunst seiner Zeit anbahnten. Er begriff nicht die Bedeutung des gebrannten Ziegels und wußte fast nichts über die Möglichkeiten des Gewölbebaus.

Vitruvs Verdienst ist es, der Theoretiker und Gesetzgeber einer Kunst gewesen zu sein, die sich damals auf die riesigen neueroberten Gebiete des Reiches ausdehnte; ohne seine Schrift, die den Baumeistern in den Provinzen die von den großen Architekten während mehrerer Jahrhunderte gesammelten Erfahrungen zur Verfügung stellte, wäre die Vollkommenheit der im 1. Jahrhundert in den Provinzen entstandenen Bauwerke nicht denkbar. Aber man darf nicht, wie es vom 16. bis zum 19. Jahrhundert allzu oft geschehen ist, seine Abhandlung als eine «summa» der antiken Baukunst ansehen. Stets muß man daran denken, daß die großartigsten und eigenständigsten Schöpfungen der römischen Baukunst erst nach seinem Tod entstanden sind, und zwar infolge von Entwicklungen und Neuerungen, deren Tragweite er zeitlebens nicht erkannt hat. Eine allzu unkritische Auslegung seiner «De Architectura» hat dazu geführt, daß lange die Auffassung vorherrschend war, die römische Baukunst sei keiner Entwicklung fähig gewesen und habe sich mit mehr oder weniger Geschick bemüht, alte Vorbilder zu kopieren.

Leptis Magna Stadtplan 1:12000

A Altes Forum
B Theater
C Marktplatz
D Neues Forum
E Thermen

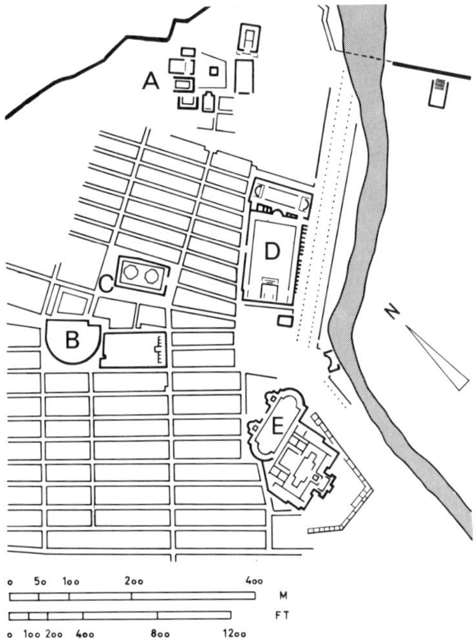

Altes Forum Plan 1:1200

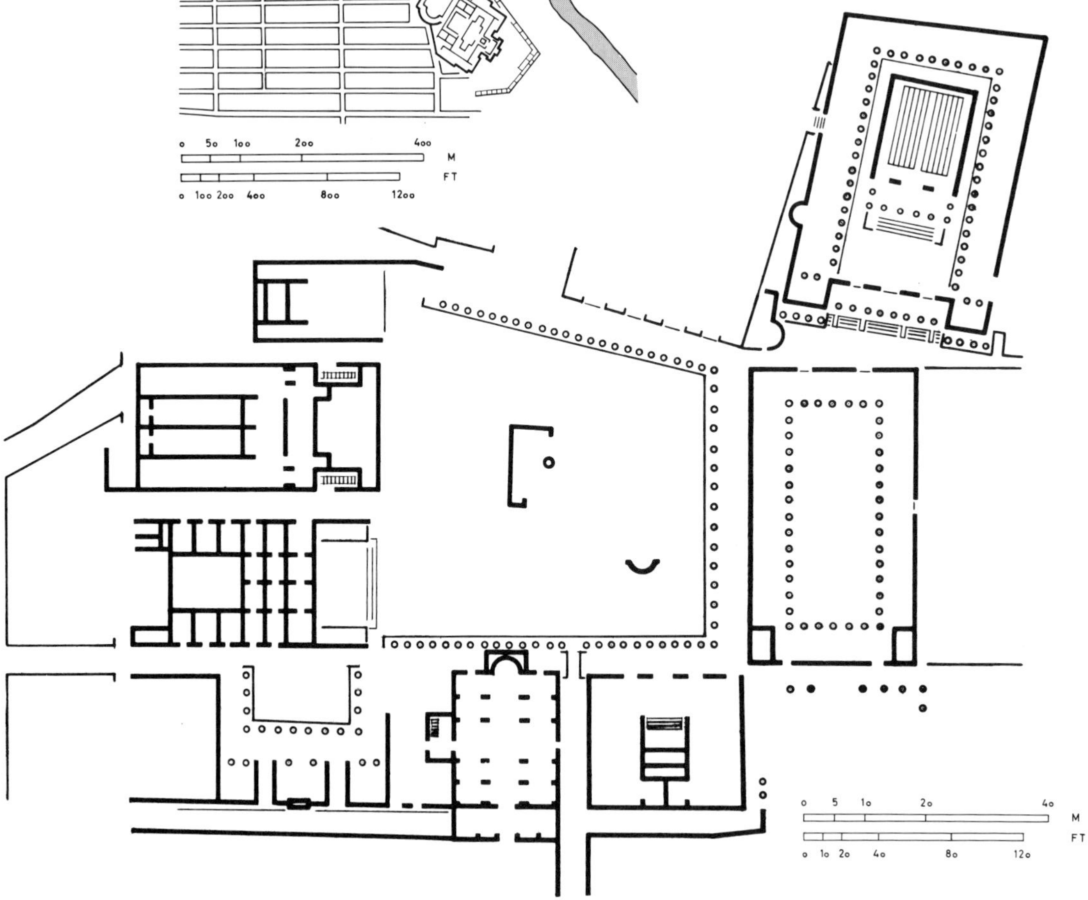

Theater Plan 1:1200

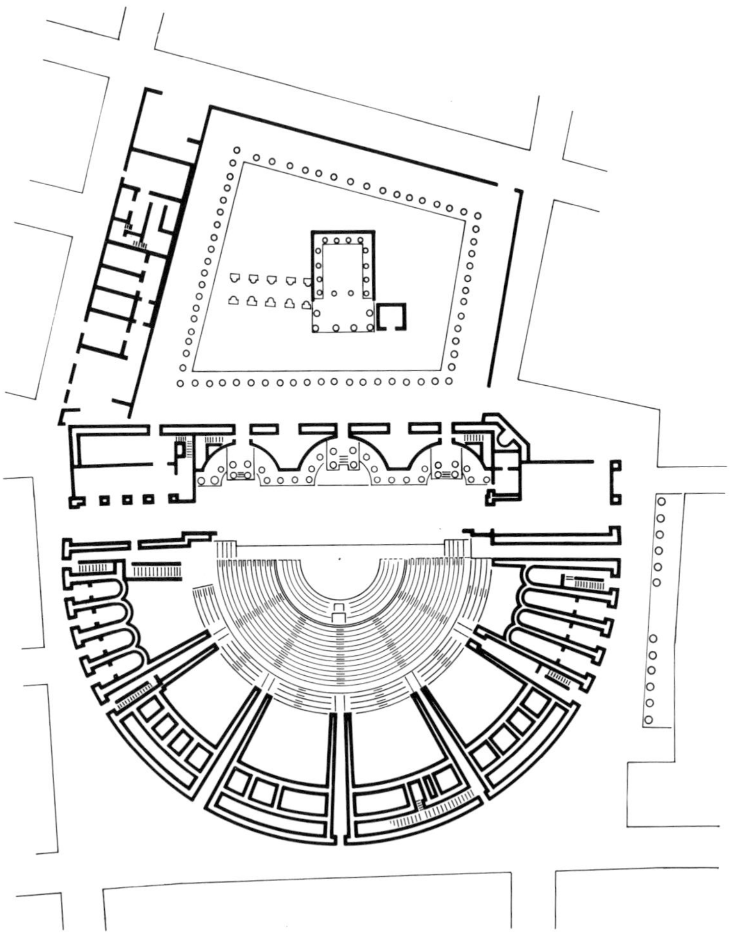

Neues Forum Plan 1:1200

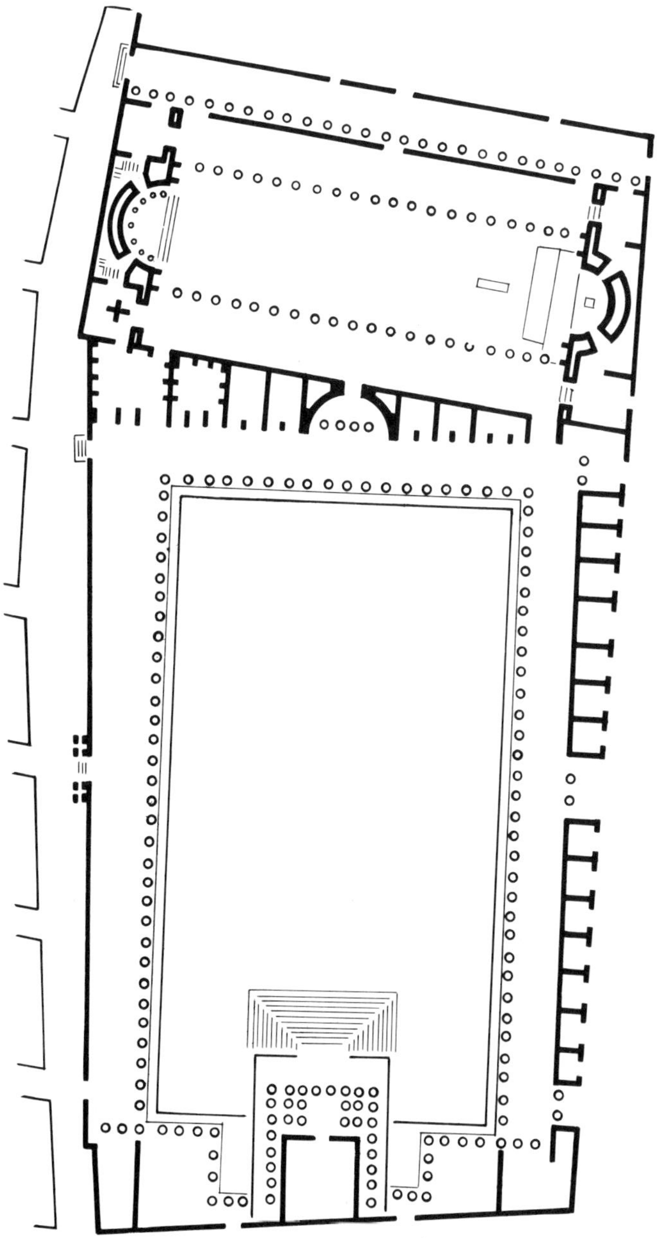

Legenden

Leptis Magna (Tripolitanien) – **Das Theater**

155 Das dem Kult des Kaiserhauses geweihte Heiligtum, ein Peripteros, erhob sich, wie bei vielen Theatern, hinter der Bühne.

156 Die «cavea», die halbkreisförmig angeordneten Zuschauerränge.

157 Detail der «cavea». Unten die Öffnung eines Vomitoriums, darüber eine Treppe, die die Zuschauerreihen verbindet. Sie endet bei der «praecinctio», einer offenen Galerie etwa in halber Höhe der «cavea».

158 Wanddekor in einer der Logen für Staatsbeamte. Die Inschrift, von der einige Buchstaben zu sehen sind, weist auf Caninius hin, der kurz nach der Zeitenwende Prokonsul in Afrika war.

Sabratha (Tripolitanien) – **Das Theater**

159 Außenfassade der «cavea». Wie bei dem um die gleiche Zeit entstandenen Amphitheater von El Djem (Abb. 69 bis 70) überwiegen bei dieser Fassade die geschlossenen Flächen. An die Stelle der üblichen Halbsäulen sind hier Wandpfeiler getreten.

160 Die wiederaufgebaute «frons scenae». Im Vordergrund das reliefgeschmückte «pulpitum» und die eigentliche Bühne; den Abschluß bilden die Kolonnaden vor der Bühnenwand, die eine Palastfassade nachahmen und die Tore umrahmen, durch die die Schauspieler auf- und abtraten. Diese Bauweise mit ihren vorspringenden und eingezogenen, teils geradlinigen, teils geschwungenen Elementen trug entscheidend zur Ausbildung des «barocken» Baustils bei.

161 Das Haupttor oder Königstor, darunter die mittlere Nische des «pulpitum». Die Reliefdarstellung zeigt Septimius Severus, wie er den afrikanischen Göttern opfert.

162 Blick auf das «pulpitum». Die Reliefs auf den Seitenwänden zeigen Szenen aus Dramen.

Palmyra (Syrien) – **Der Baalstempel**

163 Cella mit Säulengang; die Kapitelle wurden von den Eingeborenen ihrer Bronzeverkleidungen beraubt.

164 a) Detail eines Pfeilers mit plastischem Palmetten- und Rankendekor.

b) Detail des ionischen Kapitells einer Halbsäule an der Umfassungsmauer des Tempelhofs.

165 Ein Teil der Mauer des Tempelhofs. Die Fassade ist durch Wandpfeiler mit korinthischen Kapitellen gegliedert. (Die Löcher im Mauerwerk stammen von Dieben, die die bronzenen Schwalbenschwanzverbindungen zwischen den Steinblöcken herausgemeißelt haben.)

166 Einer der «thalamoi», der Räume an beiden Enden der Cella, die der Gottheit vorbehalten und in denen Kultstatuen aufgestellt waren. (Sie entsprechen dem Adyton, dem Allerheiligsten, im Tempel von Baalbek, Abb. 88.)

167 Ausschnitt aus der Decke eines «thalamos». Die Verzierungen wurden mit dem Steinbohrer geschaffen.

Palmyra (Syrien) – **Die Totentürme**

168 Blick auf die Nekropole: Dieses auf allen Seiten von der Wüste umschlossene Tal der Toten liegt außerhalb der Oase von Palmyra.

169 Der Turm des Elahbêl. Im ersten Stock erkennt man im einzigen Fenster der Fassade den Sarkophag des Erbauers dieses Turmes.

170 Innenraum des Turmes. Jeder der übereinanderliegenden Räume enthielt nach dem Vorbild des Columbariums eine Reihe von Nischen, die durch Stelen mit Abbildern der Toten verschlossen waren. Die Stelen wurden durch Antikensammler entfernt und sind heute in den Museen zahlreicher Länder verstreut.

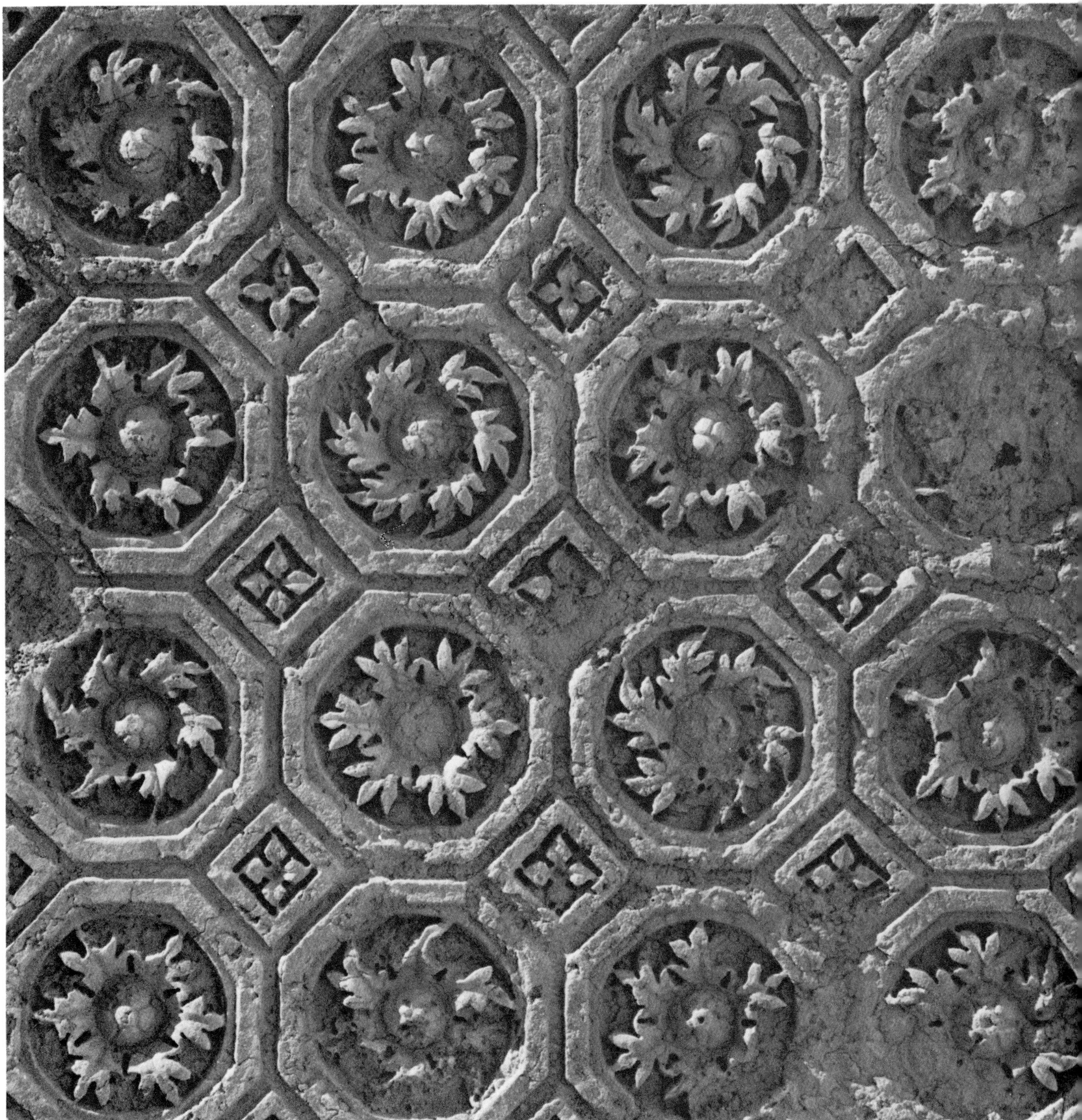

Das Theater in Sabratha

Plan 1:1000 und Längsschnitt 1:600

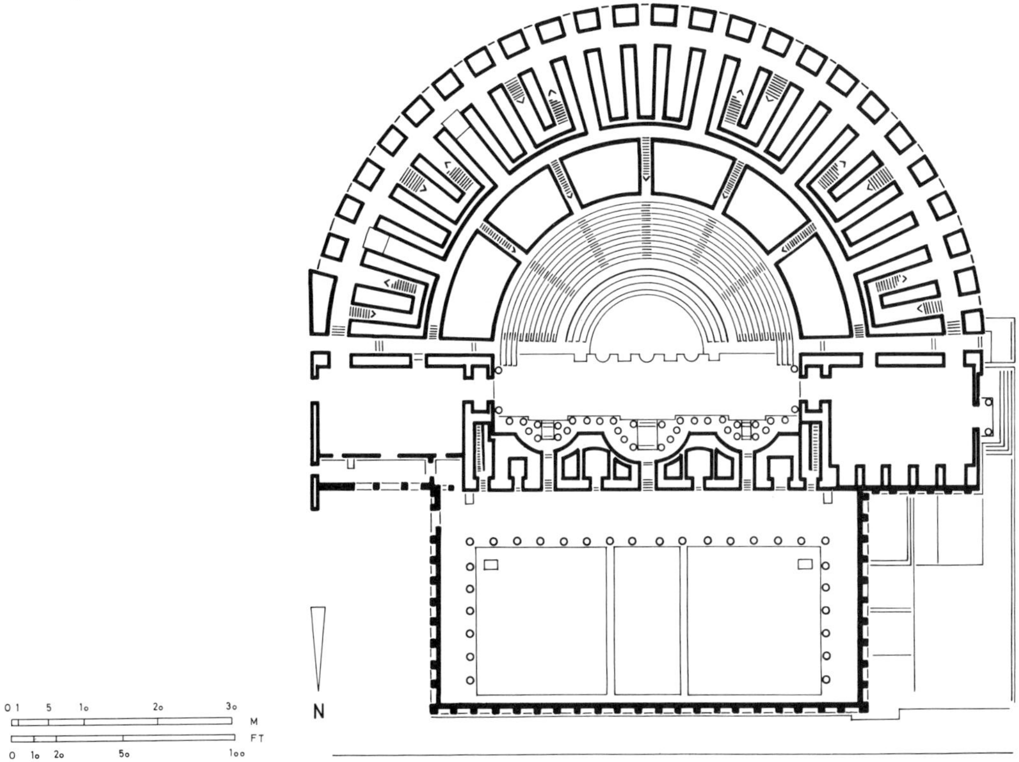

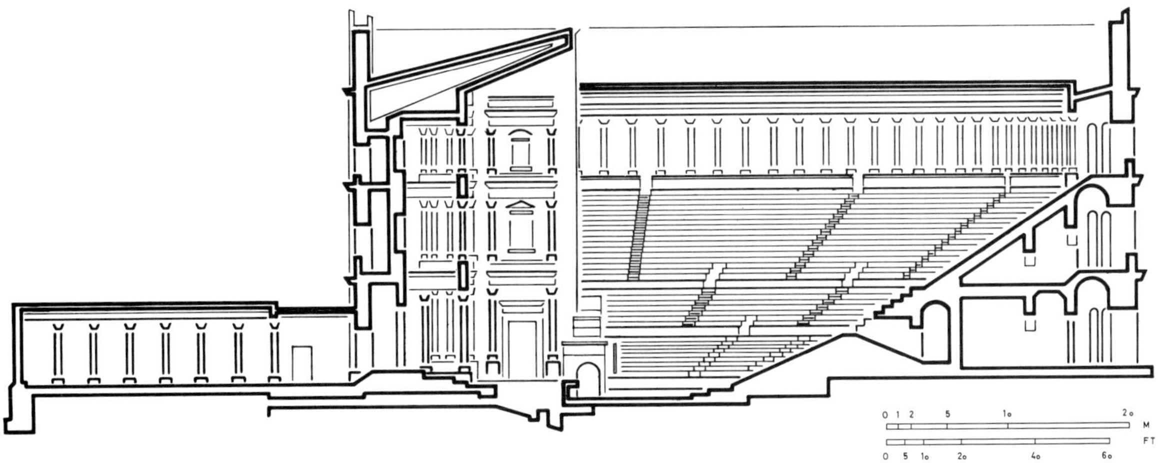

Der Baalstempel in Palmyra Plan 1:500 und Gesamtansicht

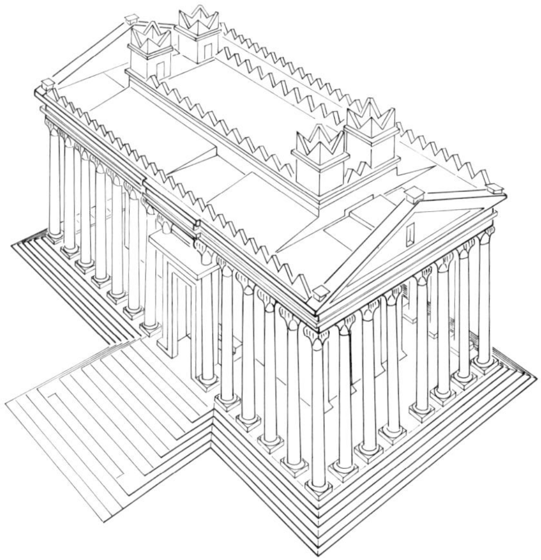

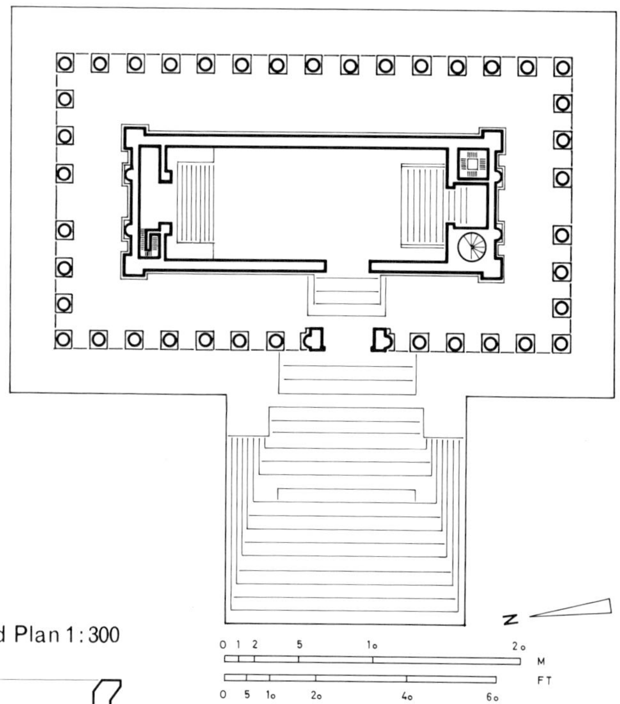

Totenturm von Jamlischu Aufriß, Querschnitt und Plan 1:300

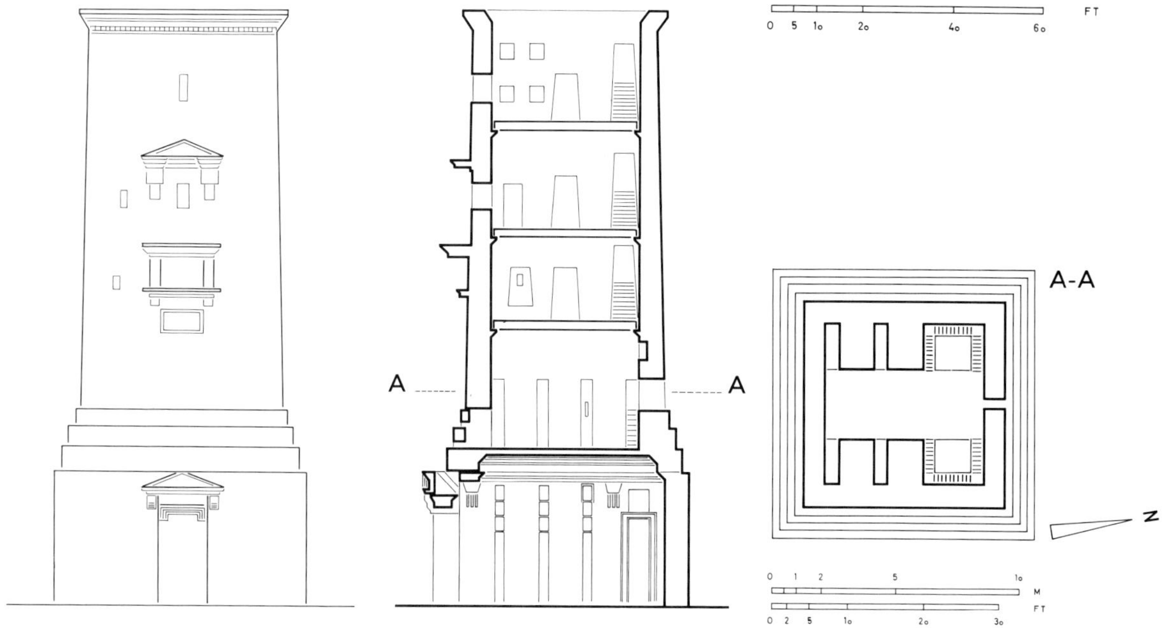

5. Der Symbolismus der römischen Architektur

Im Laufe unserer Darstellung ist wiederholt darauf hingewiesen worden, daß bei zahlreichen römischen Bauwerken hinter ihrer funktionellen Aufgabe ein ideologischer Inhalt zu suchen sei. Auf diesen Aspekt wollen wir im Folgenden näher eingehen. Als Beispiele seien einige Gebäude herausgegriffen, in denen der Symbolwert über ihrem Nutzwert steht.

Der Triumphbogen

Beginnen wir mit den Triumphbogen. Im Bildteil dieses Bandes sind mehrere solche Bauten abgebildet: der Bogen des Trajan in Timgad, der Bogen des Marcus Aurelius in Tripolis, der Bogen des Caracalla in Cuicul (dem heutigen Djemila). Im ganzen römischen Reich standen Hunderte solcher Denkmäler. Die berühmtesten Triumphbogen sind in Rom zu sehen: die Bogen des Titus und des Septimius Severus auf dem Forum Romanum und der Konstantinsbogen in der Nähe des Kolosseums. Durch ihren reichen Schmuck, ihr Alter und ihr historisches Interesse fast ebenso bekannt sind die Triumphbogen im Süden Frankreichs, in Saint-Rémy, Carpentras, Cavaillon und vor allem in Orange. Es gab kaum eine Stadt im ganzen Reich, die nicht einen oder mehrere solcher Bogen in mehr oder minder prächtiger Form und mit unterschiedlich prunkvollem Schmuck aufzuweisen gehabt hätte.

Ein Triumphbogen ist eigentlich nichts anderes als ein großes Tor; er besteht aus zwei massiven, in ihrem Querschnitt rechteckigen Baukörpern, die durch einen Rundbogen miteinander verbunden sind; darüber erhebt sich eine schwere Attika mit Statuen. Flankiert wird der Bogen von zwei oder vier Säulen, die entweder mit den Mauerpfeilern verbunden oder frei auf vorspringende Postamente gestellt sind und ein Gesims tragen, das ebenfalls mehr oder weniger stark in die Masse des Bauwerks eingegliedert ist. Es verläuft unmittelbar über dem Bogen und trennt diesen von der Attika.

Dieses Grundschema kann auf verschiedene Weise abgewandelt sein. Zunächst einmal gibt es Triumphbogen mit einem Durchgang; diese zerfallen, je nach der Zahl und Verteilung der Säulen und nach den dekorativen Elementen, in mehrere Untergruppen. Bogen mit zwei Durchgängen gibt es nicht; bei den Bauten mit Doppelbogen handelt es sich stets um Tore (so bei dem Augustusbogen in Vienne, der zur gleichen Zeit entstanden ist wie die Maison Carrée) oder auch bei der Porta Nigra in Trier, von der bereits die Rede war. Tore und Triumphbogen müssen auseinandergehalten werden; warum, werden wir gleich sehen.

Einige der schönsten römischen Triumphbogen, etwa der des Septimius Severus und der des Konstantin, weisen drei Durchgänge auf, doch handelt es sich hier nicht um eine Aneinanderfügung von mehreren Bogen; vielmehr sind die seitlichen Durchgänge nichts anderes als Durchbrüche durch die gewaltigen Pfeiler. Der älteste Triumphbogen dieser Art steht in Orange und wurde unter Tiberius errichtet.

Eine besondere Form des Bogens sind jene, die dort errichtet wurden, wo sich zwei Straßen im rechten Winkel schneiden: hier erbaute man ein «Tetrapylon» oder «ianus quadrifrons». Dabei handelt es sich um zwei sich kreuzende Bogen in einem kubischen Baukörper. (Bei der Besprechung des Bogens des Marcus Aurelius in Tripolis werden wir sehen, wie diese Zusammenstellung entstanden ist.)

Die Frage nach dem Ursprung des Triumphbogens hat bis in die jüngste Zeit hinein zu leidenschaftlichen Auseinandersetzungen Anlaß gegeben. Manche Kunsthistoriker versuchten nachzuweisen, daß er dem Hellenismus entstamme, während andere ihn als typisch römische Schöpfung betrachteten. Heute weiß man, daß die zweite Ansicht richtig ist; wie sich diese Denkmalform entwickelt hat, läßt sich sehr genau verfolgen.

Die kurz nach dem Zweiten Weltkrieg auf dem Forum Romanum durchgeführten Ausgrabungen haben ermöglicht, den ältesten Triumphbogen zu rekonstruieren. Er wurde im Jahre 29 v.Chr. in der Südostecke des Platzes zwischen dem Templum Castorium und dem Templum Divi Iulii zu Ehren des Siegers von Aktium errichtet, der sich damals noch Caesar Octavianus nannte. Dieser Triumphbogen war die Weiterentwicklung eines älteren, typisch römischen Bogentyps, der erstmals zu Beginn des 2.vorchristlichen Jahrhunderts erscheint, des «fornix». Die Fornices, deren berühmtester im Jahre 121 v.Chr. von Fabius Maximus zur Erinnerung an seinen Sieg über die Allobroger errichtet wurde, hatten, wie die Triumphbogen, Durchgang und Attika, aber keine Säulen und waren zudem erheblich kleiner.

Der Triumphbogen ist also ein Sonderfall des von einem Gesims und von mauergebundenen Säulen eingerahmten Bogens, dessen Entwicklung im ausgehenden 2.Jahrhundert v.Chr. einen entscheidenden Abschnitt in der Geschichte der römischen Baukunst darstellt.

Nicht weniger umstritten als die Ursprünge des Triumphbogens war seine Bedeutung. Eine Erklärung liefern die von Georges Dumézil erforschten uralten Kriegsriten, die bis in die vorgeschichtliche Zeit des römischen Volkes zurückreichen. Vor Beginn eines Feldzugs wurden die Krieger durch magische Riten in eine Art von Raserei versetzt, die ihren Landsleuten ebenso gefährlich geworden wäre wie den Feinden, wenn die Krieger nicht nach dem Kampf durch andere Riten wieder in das friedliche Leben zurückgeführt worden wären. Einer dieser Riten bestand darin, daß die heimkehrenden Kämpfer durch einen heiligen Bogen gehen mußten, der die zerstörerische Kraft von ihnen nahm; beim Durchschreiten hängten sie an den Pfeilern oder dem Torsturz die den Feinden abgenommene Beute und auch die eigenen Waffen auf, die durch die Berührung mit Blut «tabu» geworden waren. Die Erinnerung an diese Opfergaben lebte in den Darstellungen auf den Bogen der klassischen Zeit fort: auf dem Bogen in Orange beispielsweise zeigen die Flachreliefs auf den Pfeilern gallische Waffen. Auch noch später waren die Römer davon überzeugt, daß der Sieger von übernatürlicher Kraft beseelt sei, doch war diese in ihren Augen keine vorübergehende Raserei mehr, sondern eine manchen bevorzugten Menschen gewährte Gnade der Götter. Der Triumphbogen wurde zu einer Manifestation der Übernatürlichkeit dieser Begnadung: indem man das Abbild des siegreichen Feldherrn auf die Attika stellte, brachte man zum Ausdruck, daß er über allen übrigen Sterblichen stand. Die gleiche Bedeutung haben die mit dem Standbild eines Kaisers geschmückten Säulen, von denen im Folgenden die Rede sein wird. Durch diese religiöse Bedeutung unterscheiden sich die Triumphbogen in ihrem Wesen von den einfachen Toren.

In der Kaiserzeit schließlich wurde, wie Jean Gagé aufgezeigt hat, der religiöse Aspekt des Sieges erweitert und vertieft. Nun war der Kaiser der einzige und ständige Sieger; die Heerführer waren nur seine Stellvertreter, und wenn sie siegten, war dies nur durch die Gnade möglich, die die Götter dem Kaiser schenkten. Diese siegende Kraft war etwas Übermenschliches, gewann kosmische Bedeutung, wurde der treibenden Kraft des Universums gleichgestellt, die die Gestirne ihre Bahnen ziehen und die Jahreszeiten wechseln läßt: sie galt nicht nur als eine beschützende, sondern auch als eine befruchtende Kraft. Daher verherrlichten die Denkmäler einen Sieg nicht um seiner selbst willen, sondern als Einzelwirkung jener universellen Kraft, die von der höchsten Vorsehung ausgeht.

Die drei Triumphbogen in Nordafrika, mit denen wir uns nun befassen wollen, sind Ausdruck dieser mystischen, gleichzeitig sozialen und naturalistischen Auffassung.

Der Trajansbogen in Timgad

Der Bogen in Timgad bildet den Westeingang der trajanischen Kolonie, von deren Gründung die Inschrift auf dem Fries berichtet; daher bezeichnet man ihn als Trajansbogen. Zwar wurde von manchen Wissenschaftlern bezweifelt, daß der Bogen in die Regierungszeit dieses Kaisers zurückgehe; seine enge Verbindung mit dem «decumanus maximus», der Ostwestachse der Stadt, beweist jedoch, daß er von Anfang an in die Gesamtplanung der Anlage eingegliedert war. Die Hauptstraße war nach dem Beispiel der großen Straßen in orientalischen Städten von Säulengängen gesäumt, zu denen man durch die beiden seitlichen Durchgänge des Bogens gelangte, während der weit größere mittlere Durchgang auf die Straße führte. Zudem läßt sich die Gestaltung des Bogens nur im Zusammenhang mit der Anlage der Straße erklären: um Bogen und Straße enger zu verbinden, hat der Baumeister die beiden seitlichen Durchgänge mit je einer Ädikula eingerahmt, die als Vorbau vor der Pfeilerwand steht; die Innenseite des Bogens war damit gleichzeitig dekorativer Abschluß der Säulengänge auf beiden Seiten der Hauptstraße. Die Adikulen besitzen jede einen Durchgang, von je zwei auf hohe Sockel gestellten korinthischen Säulen flankiert, die auf einem vorspringendem Gesims einen geschwungenen Giebel tragen; über dem Bogen befindet sich eine Nische, in der einst Statuen standen; eingesäumt wird sie von auf Kragsteinen stehenden kleinen Säulen und einem kleinen vorspringenden Gesims. Diese «barocke» Gestaltungsweise ist der Innenausstattung des «Dianatempels» in Nîmes und des Bacchustempels in Baalbek verwandt, die fast zur gleichen Zeit entstanden sind wie der Bogen in Timgad. Entsprechende Wirkungen wurden mit den Scheinportiken des unter Domitian erbauten Forum Transitorium in Rom und der Aula Regia im Palast des gleichen Kaisers erzielt: überall tendiert die Säule mit ihrem Sockel und dem vorspringenden Gesims dahin, sich vom eigentlichen Bauwerk abzulösen und eine unabhängige Einheit zu bilden.

Eine ganz andere, jedoch allgemein üblichere Konzeption des Triumphbogens findet im Titusbogen auf dem Forum Romanum und im Trajansbogen in Benevent ihren Ausdruck: hier bildet das Bauwerk eine geschlossene Einheit, deren Wuchtigkeit durch den Verzicht auf plastische Tiefenwirkung gesteigert wird. Die stilistische Vereinheitlichung führte dazu, den Dekor bei diesen Bogen hauptsächlich auf Reliefdarstellungen zu beschränken, die zwar die Fläche auflockern, ihre Geschlossenheit aber nicht aufheben. Der Bogen in Timgad dagegen war mit Statuen geschmückt, von denen allerdings nur noch ein Torso erhalten ist. (Er wurde bei der Restaurierung in einer der Nischen wieder aufgestellt.) Die größten der Statuen waren vermutlich aus Bronze und standen auf der Attika. Bei den meisten anderen Bogen ist dieser wandartige Aufbau über dem Hauptgesims in vertikale Vor- und Rücksprünge gegliedert, die der Gestaltung des unteren Teiles entsprechen; in Timgad hingegen besteht die Attika aus einem geraden Aufbau auf einem Gesims oberhalb der Ädikulen-Giebel und einem weit vorspringenden Kranzgesims. Dadurch wird die Horizontale betont, während die Ädikulen mit ihren Nischen und die Durchgänge die Vertikale zur Geltung bringen. Beide Elemente des Bauwerks bilden einen harmonischen Kontrast zueinander. Zweifellos stand auf der Attika ein Triumphwagen mit einem Abbild des Kaisers und der Siegesgöttin, flankiert von Gefangenen oder Trophäen. Abbildungen auf Münzen beweisen, daß fast alle Triumphbogen mit solchen Gruppen geschmückt waren, von denen uns allerdings nicht eine einzige erhalten geblieben ist. Den Anfang machte Augustus im Jahre 19 v.Chr.; damals baute man den zehn Jahre zuvor zur Erinnerung an den Sieg bei Aktium errichteten Bogen völlig um, so daß das Denkmal nicht mehr einem Bürgerkrieg, sondern einem hervorragenden diplomatischen Erfolg galt – nämlich der Rückgabe der römischen Feldzeichen, die die Parther den Truppen des Crassus abgenommen hatten. Dargestellt waren zwei Parther, die die Feldzeichen dem Viergespann mit dem Kaiser entgegenstreckten. Durch Münzen wissen wir, daß auf dem Bogen, durch den man auf das Trajansforum gelangte, eine von Trophäen umgebene Quadriga aufgestellt war. Die Statue in Timgad, die heute wieder in einer der Nischen steht – wo, nach ihren Maßen zu schließen, ihr ursprünglicher Standort war –, stellt Venus dar. Auf der Ostseite des Bogens stehen zwei achteckige Sockel mit Inschriften, denen zu entnehmen ist, daß sie einst Statuen des Mars und der Concordia trugen, die zu Beginn des 3. Jahrhunderts von einem angesehenen Bürger der Stadt namens L. Licinius Optatianus gestiftet worden waren. Durch diese Standbilder wurde die räumliche Staffelung der Anlage noch betont. Daß ausgerechnet der

Gott des Krieges und die Göttin der Eintracht aufgestellt wurden, mag zunächst überraschen, erklärt sich aber aus der politischen Lage der damaligen Zeit: Der Kaiser Septimius Severus, während dessen Regierung Licinius Optatianus lebte, hatte zwei Söhne, von denen der ältere, Caracalla, sich gern mit Mars vergleichen ließ. Außerdem war allgemein bekannt, daß er seinen Bruder Geta haßte, so sehr sich der Vater auch um eine Aussöhnung bemühte. Somit ist die Anrufung der Göttin der Eintracht verständlich; sie ist übrigens auch auf dem Tetrapylon in Leptis Magna dargestellt, wie sie einer von der kaiserlichen Familie abgehaltenen Zeremonie vorsitzt. Indem sie die Göttin ehrten, gaben die nordafrikanischen Notabeln den Kaisersöhnen den diskreten Wink, von ihrem mörderischen Bruderzwist abzulassen. Sie vermochten allerdings die Ermordung Getas nicht zu verhindern; dessen Name wurde später ausgelöscht. Die Standbilder in Timgad geben uns darüberhinaus einen Hinweis auf die religiöse Bedeutung dieses Bogens, wie aus der Inschrift auf dem Fels nicht eindeutig hervorgeht: Das Bauwerk war dem Kult des Herrscherhauses geweiht. So galt das Standbild der Venus nicht der Liebesgöttin, sondern der Ahnherrin des römischen Volkes und Schutzgöttin der Kaiserinnen, die ihr gleichgestellt wurden. Welchen Wert Trajan der Verehrung der Venus beimaß, hatte er dadurch zu erkennen gegeben, daß er den von Cäsar zu Ehren der Venus Genitrix errichteten Tempel erneuern ließ.

Unsere Schwarzweiß-Aufnahme läßt leider die farblichen Gegensätze nicht erkennen, auf denen ein Teil der künstlerischen Wirkung des Bogens in Timgad beruht: durch die Verwitterung hat der Kalkstein, aus dem die meisten Elemente des Bogens bestehen, einen goldgelben Überzug erhalten, von dem sich der Marmor der Statue und der Säulchen kräftig abhebt; gesteigert wird die Leuchtkraft des Gesteins durch die tiefdunklen Schatten in den Nischen und Arkaden. Dieser Farbkontrast hat sich erst im Lauf der Zeit gebildet; früher war die Farbe des Gesteins einheitlicher, so daß die kleinen Säulen aus Marmor sich nicht so deutlich abhoben.

Der Bogen des Caracalla in Cuicul (Djemila)

Der Bogen des Caracalla in Cuicul, dem heutigen Djemila, bildet den Eingang zum Forum der Severer, über dessen Entstehung im Zusammenhang mit der Geschichte der Stadt bereits gesprochen wurde. Der Bogen weist nur einen Durchgang auf; dieser ist von «Vorbauten» flankiert, die an den Bogen in Timgad erinnern, aber weniger «barock» gestaltet sind. Jeder Vorbau hat zwei Stockwerke, die dem eigentlichen Bogenbau und der Attika des Bogens entsprechen; das untere besteht aus zwei Säulen, die durch einen Vorsprung des Gesimses miteinander verbunden sind; dadurch wirkt die Ädikula sehr geschlossen, aber auch reichlich schwer. Diese Schwere wird allerdings durch das zweite Stockwerk zum Teil aufgehoben; es wird von zwei kleinen Säulen gebildet, auf denen ohne Zwischenglied ein schmaler Giebel aufliegt. Das Bauwerk fügt sich harmonisch in die Gesamtanlage des Forums der Severer

▼ Cuicul (Djemila): Caracalla-Bogen, Fassade und Plan. Ca. 1:200

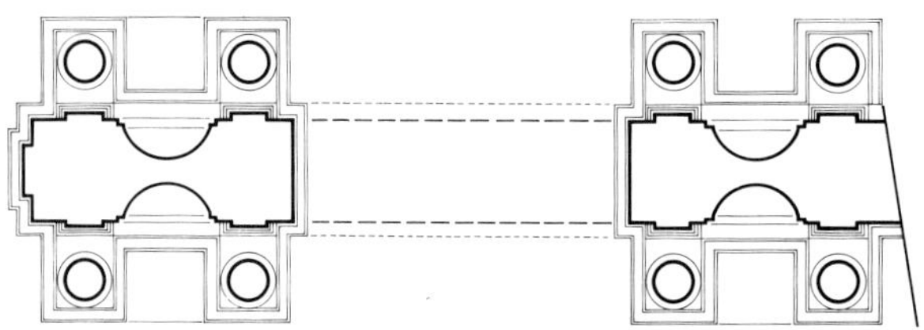

▲ Rom: Der Tetrapylon des Konstantin auf dem Velabrum (nach einem Stich von Rossini)

ein, das nach den Worten von Louis Leschi «mit seiner sanften Neigung, seinem großenteils erhaltenen Pflaster und vor allem mit den Gebäuden, die es in gleichzeitig geschlossener und abwechslungsreicher Ordnung säumen, die vielleicht schönste architektonische Anlage im ganzen römischen Afrika ist».

Die Tetrapylone

Die beiden Triumphbogen, die im Vorangehenden besprochen wurden, sind eigentlich nichts anderes als zwei aneinandergestellte Fassaden. Allerdings wurden schon im 1. Jahrhundert die beiden Schmalseiten dieser Bauwerke ausgestaltet – sei es durch die Anbringung von Inschriften (so beim Augustusbogen auf dem Forum, in dessen Seiten der republikanische Festkalender der Triumphe eingemeißelt ist) oder durch ein Dekor: Beim Triumphbogen in Carpentras sind es die kraftvollen Reliefdarstellungen auf den Schmalseiten, die die historische Bedeutung des Bauwerks erklären; gezeigt werden Szenen aus den Feldzügen des Augustus gegen die Germanen und Armenier (um die Zeitwende).

Eine folgerichtigere Lösung aber bot sich gleichsam von selbst an, wenn der Bogen an einer Stelle errichtet wurde, an der zwei Straßen sich kreuzten: man vereinigte vier Bogen zu einem Tetrapylon. Das antike Oea, das mit Leptis Magna und Sabratha im tripolitanischen Bund zusammengeschlossen war (nach dem das Gebiet den Namen Tripolis erhielt), weist nur noch ein einziges bedeutendes römisches Bauwerk auf, nämlich den Tetrapylon des Mark Aurel, mit dem wir uns im Folgenden befassen werden.

Der römische Name des Tetrapylon ist gleichzeitig der Name eines der ältesten und geheimnisvollsten Götter des römischen Pantheons, des Ianus. Zahlreiche Gelehrte haben versucht festzustellen, um was für eine Gottheit es sich ursprünglich gehandelt hat; jedenfalls wissen wir, daß Ianus der Gott der Eingänge und Durchgänge und des Beginnens war, und daß sein Hauptheiligtum auf dem Forum im wesentlichen aus einem doppelten Durchgang bestand, der bei Kriegsbeginn geöffnet und erst dann wieder geschlossen wurde, wenn der Friede eingekehrt war. Im Laufe der römischen Geschichte konnte man allerdings das Tor so selten schließen, daß die Kaiser jedesmal, wenn ihnen dies vergönnt war, große Feierlichkeiten abhielten.

Der Tetrapylon des Mark Aurel in Tripolis

Da vom Ianusbogen auf dem Forum nichts mehr übrig ist, wissen wir nicht genau, wie er ausgesehen hat. Dagegen gibt es noch einige gut erhaltene Tetrapylone, darunter den in Cavaillon, der in den letzten Jahren der Regierungszeit des Augustus errichtet worden ist. Der Tetrapylon in Tripolis stand im Zentrum der Stadt unweit eines Tempels, der dem Schutzgott der etwa zwanzig Jahre vor Errichtung des Bogens gegründeten Kolonie geweiht war. Der Bogen ist insofern außergewöhnlich, als er ganz aus griechischem Marmor besteht. Erbaut wurde er an der Stelle, an der sich eine große und eine kleinere Straße kreuzten; daher weist er (im Osten und Westen) zwei Hauptfassaden und (im Norden und Süden) zwei Nebenfassaden auf. Auf den Seiten der Hauptfassaden hatten die vier rechteckigen Pfeiler tiefe Nischen; außerdem waren die Bogen von zwei

Freisäulen flankiert, die ein vorkragendes Gesims trugen. Über dem Schnittpunkt der beiden Durchgänge erhebt sich ein achteckiger Tambour, der eine niedere, innen durch Kassetten gegliederte Kuppel trägt. Wie die äußere Form dieser Kuppel ausgesehen hat, ist nicht genau bekannt; manche Kunsthistoriker glauben, daß ein hoher, laternenähnlicher Aufbau den Bogen gekrönt hätte – ähnlich dem Turm der Conocchia in Capua –, während andere eine Flachkuppel für wahrscheinlicher halten. Jedenfalls ist anzunehmen, daß eine Statue den Abschluß bildete. Im Unterschied zu den zur Zeit der Severer in Leptis Magna und Tebessa errichteten Ianusbogen hatte das Bauwerk in Tripolis keine Attika; in Leptis Magna war die Attika mit Reliefdarstellungen aus der Geschichte geschmückt, in Tebessa waren unter der Attika, ähnlich wie beim Bogen in Cuicul, Ädikulen angebracht, so daß in beiden Fällen die Innenkuppel verdeckt wurde.

▼ Tripolis: Tetrapylon des Mark Aurel, Fassade und Plan. Ca. 1:150

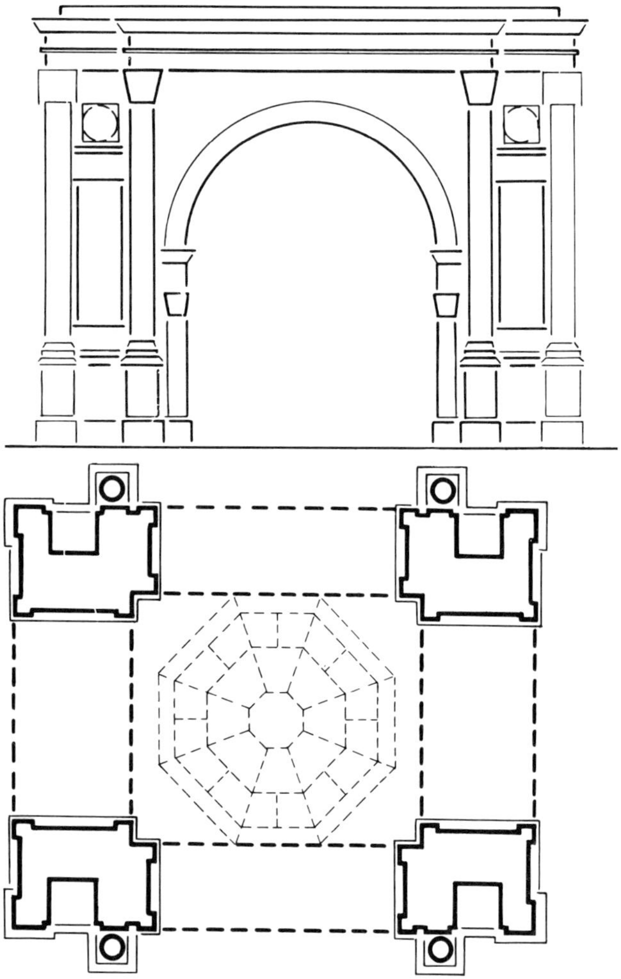

Der bildhauerische Schmuck des Ianusbogens in Tripolis ist ungemein reich und interessant. Auf den Schlußsteinen der Hauptfassaden sind fliegende Siegesgöttinnen dargestellt, über den Nischen, in denen Statuen der Kaiser aufgestellt waren, Büsten angebracht. Diese sind zwar stark verstümmelt, doch lassen ihre Zahl, ihre Verteilung und die in ihrer Nähe dargestellten Siegesgöttinnen den Schluß zu, daß es sich um die Jahreszeiten handelt. Die Jahreszeiten neben Siegesgöttinnen finden sich auch auf dem Trajansbogen in Benevent, auf dem Konstantinsbogen und dem Bogen des Septimius Severus in Rom. Auf den weder durch Säulen noch durch Nischen gegliederten Nebenfassaden entfalten sich große Flachreliefs, von denen allerdings nur die von der Nordseite erhalten sind. In der Sockelzone finden sich Trophäen und dazwischen zwei gefangene Barbaren; in der rechten oberen Ecke ist Minerva, in der linken Apollo dargestellt, die beide in einem Wagen fahren und als die römischen Verkörperungen der beiden alten phönikischen Schutzgottheiten von Oea zu betrachten sind. Hier ziehen sie in den Kampf, um den römischen Heeren beizustehen – damit sollte die Loyalität der nicht-römischen Bevölkerung der Stadt symbolisiert werden. Wie diese Darstellungen ist auch der übrige Dekor von großer Vollkommenheit. Bemerkenswert sind das Weinlaub an den Ecken der Pfeiler, die Akanthusblätter, die wie beim Nymphäum in Nîmes den Fuß der Säulenschäfte umschließen, sowie die eleganten herz- und spiralförmigen Ornamente am oberen Rand der Sockel. Dieser üppige Schmuck ist für die afrikanische Kunst in der Zeit der letzten Antonine und der Severer bezeichnend. Er ist Ausdruck eines mystisch-naturalistischen Weltverständnisses, das aus der Begegnung der alten phönikischen Tradition mit der spiritualistischen Philosophie hervorgegangen ist, wie sie etwa ein Mark Aurel vertrat. Beim Bogen in Tripolis symbolisieren diese Bilder die Begegnung der beiden Schutzgottheiten der Stadt, Baal und Baalat, die in der Gestalt von griechischen Gottheiten ihre Macht in den Dienst des römischen Reiches stellen.

Das herrliche Bauwerk wurde im Jahr 163 n. Chr. von C. Calpurnius Celsus, einem Angehörigen des Magistrats von Oea, dem Kaiser Mark Aurel und dessen Stiefbruder L. Verus gewidmet. Prokonsul in Afrika war damals einer der letzten Vertreter der alten römischen Patrizierfamilien, S. Cornelius Scipio Salvidienus Orfitus. Er kam, von seinem Legaten begleitet, nach Oea, um dieses Zeugnis für die patriotische Gesinnung der von ihm verwalteten Bevölkerung und für ihren Glauben an die Zukunft des Reiches einzuweihen. Damals führte L. Verus wieder einmal die Legionen gegen das Partherreich. Aber schon bereiteten die im Donauraum versammelten Quaden und Markomannen unter dem Druck anderer germanischer Stämme den ersten großen Ansturm vor, der dem jahrhundertelangen Frieden der zivilisierten Welt ein Ende bereiten sollte.

Der Tetrapylon in Tripolis ist eines der interessantesten Denkmäler dieser politischen Ideologie des Kaiserreichs, deren Grundzüge bereits zu Beginn dieses Kapitels kurz dargestellt worden sind. Hier verbanden sich die ältesten religiösen Traditionen der Mittelmeerwelt mit dem humanistischen Idealismus der gebildeten Aristokratie in einem pantheistischen Synkretismus, für den das Römerreich die irdische Verwirklichung der von der Vorsehung gewollten Ordnung war.

Gräber und Siegesdenkmäler

Die Verwandtschaft der politischen Religion, die nicht mehr so kalt und nüchtern war wie zur Zeit des Augustus, mit den spiritualistischen Lehren, die dem einzelnen eine glückselige Unsterblichkeit verhießen, erklärt die auffallende Ähnlichkeit von Siegesdenkmälern und Grabbauten. Mit den Friedhöfen haben wir uns bislang noch nicht befaßt, doch darf dieser Aspekt der römischen Städte nicht unberücksichtigt bleiben. Jede Stadt war von einer gewaltigen Nekropole umgeben, die aber nicht wie unsere ummauerten Friedhöfe nach außen hin abgeschlossen war, sondern längs der Straßen verlief und mit ihren Grabschriften die Vorübergehenden zum Verweilen einlud.

Der hier zur Verfügung stehende Raum erlaubt die ausführliche Besprechung nur eines einzigen römischen Mausoleums, das allerdings wegen seiner eigenartigen Lage und seines vorzüglichen Erhaltungszustandes besondere Beachtung verdient. Die zweifellos im ausgehenden 1. Jahrhundert n. Chr. erbaute Conocchia steht am Rand der Via Appia unweit des alten Capua, der Hauptstadt von Kampanien, die 211 v. Chr. von den Römern zerstört worden war, weil sie Hannibal in ihren Mauern aufgenommen hatte,

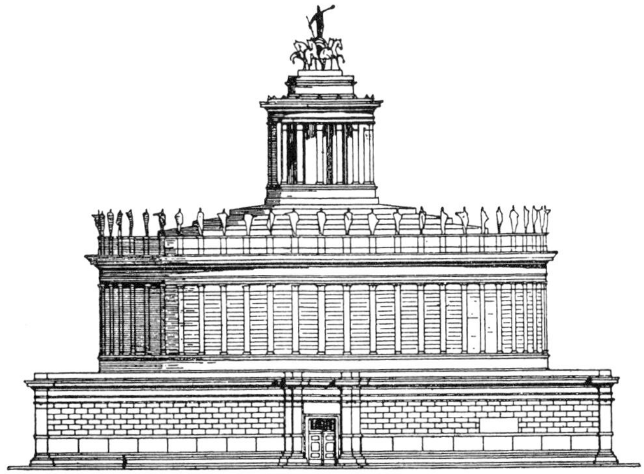

▲ Rom: Das Grabmal Hadrians (Engelsburg). Ca. 1:1000

später aber erstand sie aus den Ruinen wieder. Das Mausoleum ist dreistöckig: auf einem quadratischen Sockel steht ein reich gegliederter, zwischen Ecksäulen eingebuchteter Baukörper, darüber erhebt sich ein rundturmartiger Aufbau. Der Sockel enthält die Grabkammer, während die übrigen Elemente massiv und rein ornamental sind.

Mit dieser Dreigliederung gehört die Conocchia einem im ganzen Mittelmeergebiet verbreiteten Grabmaltyp an. Seine Ursprünge sind zweifellos im westlichen Kleinasien zu suchen: die Herrscher der dort ansässigen Völker hatten die Gewohnheit, für sich riesige Grabbauten in Gestalt von

▼ Santa Maria Capua: Das Mausoleum, die sogenannten Carceri Vecchie (nach Pane)

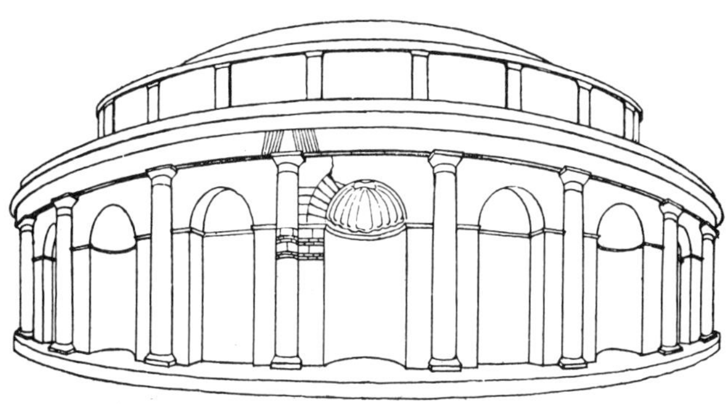

Pfeilern errichten zu lassen, die sie seit dem 5. vorchristlichen Jahrhundert durch griechische Künstler ausschmükken ließen. Durch das berühmte Mausoleum von Halikarnass, das die Königin Artemisia 353 v. Chr. für ihren Gatten Mausolos erbauen ließ und das den sieben Weltwundern zugerechnet wurde, waren derartige Grabmäler in der ganzen hellenistischen Welt und schließlich auch in den Ländern am westlichen Mittelmeer üblich geworden. Die beiden häufigsten Formen der sehr zahlreichen römischen Mausoleen sind der wuchtige Rundbau (so die Grabmäler des Augustus und des Hadrian, die heutige Engelsburg) und der hohe Turm. Übrigens findet man beide Typen in den verschiedensten Mittelmeerkulturen nebeneinander; die aus dem Hügelgrab hervorgegangene gedrungene Rotunde war schon den Etruskern bekannt, und auch die eigenartigen Grabbauten der numidischen Könige gehören dieser Gruppe an. In der Gegend von Capua ist sie durch die «Carceri Vecchie» vertreten, deren abwechselnd aus Stein- und Ziegelschichten erbaute Zylinder auf der Außenseite durch von Pilastern eingerahmte Nischen gegliedert sind und eine kreuzförmige Grabkammer enthalten, in die ein langer Gang führt.

Grabtürme finden wir in Syrien rund um Palmyra; dieser Typ ist eng lokalisiert, aber bestimmten, typisch römischen Grabbauten verwandt – handelt es sich doch um Kolumbarien mit Nischen im Inneren, in die Aschenurnen gestellt wurden. In hellenistischer Zeit begegnen wir ihnen bei den Karthagern (so im Mausoleum von Dougga) und seit dem Beginn des Augusteischen Zeitalters in Gallien (so im Grabmal der Julier in Saint-Rémy), in Spanien und natürlich auch in Italien.

Die Tore zum Jenseits

Der zuletzt genannten Gruppe gehört die Conocchia an; die Gliederung in drei Stockwerke finden wir auch in Saint-Rémy und bei vielen anderen Grabmälern. Sie ist eine ferne Erinnerung an das Mausoleum von Halikarnass – an jenen Totentempel, der auf einem hohen Sockel stand und von einer flachen Pyramide gekrönt war. Jedes der Stockwerke hatte eine symbolische Bedeutung, wie aus dem bildhauerischen Schmuck am Mausoleum in Saint-Rémy deutlich hervorgeht und in abgeschwächter Form auch noch bei dem Grabmal in Kampanien zu erkennen ist. Der Sockel, der bei der Conocchia die Grabkammer enthält, ist zur Aufnahme der vergänglichen Reste des Verstorbenen bestimmt, also der Urne, in der seine Asche

▼ Die Conocchia bei Capua: isometrische Darstellung, Vorderansicht und Grundrisse. Ca. 1:200

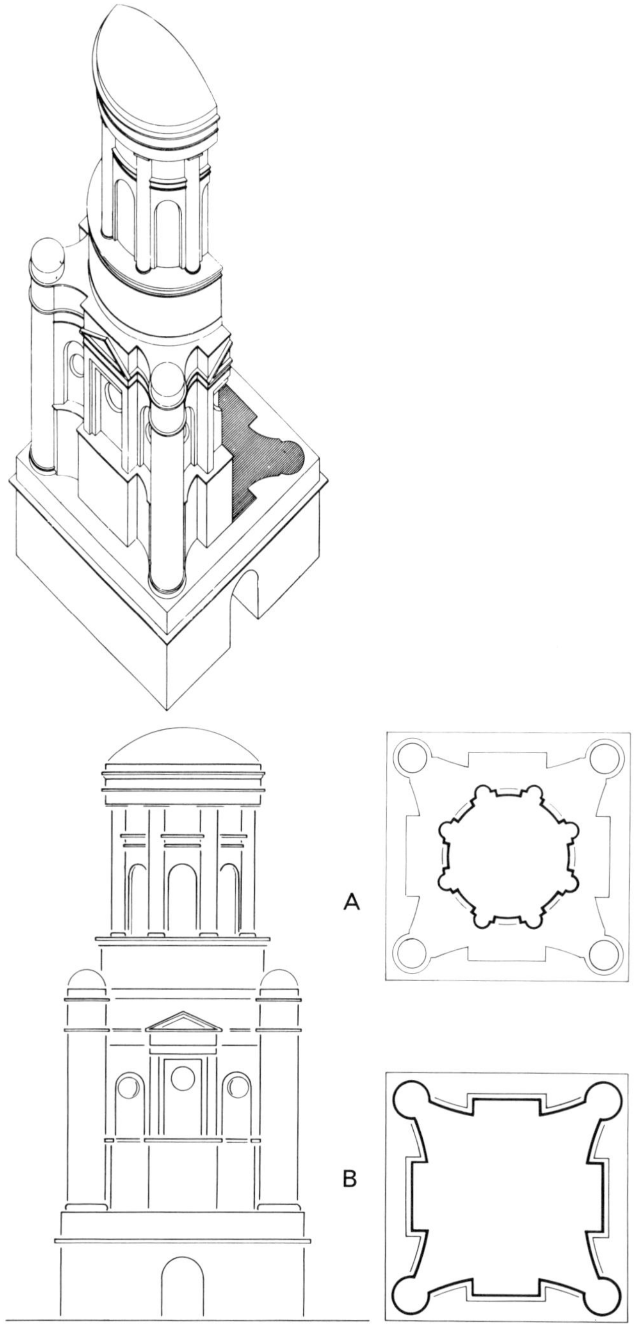

aufbewahrt wurde; in Saint-Rémy erinnern Reliefs an den Wänden an das Erdenleben der Verblichenen. Das zweite Stockwerk zeigt die Verherrlichung des Toten und seinen Übergang ins Jenseits, weshalb dort die Türe, deren wesentliche Bedeutung in der römischen Kunst bereits herausgestellt wurde, eine besonders wichtige Rolle spielt. Der gallisch-römische Baumeister des Grabmals gab diesem Teil sinnvollerweise die Gestalt eines Tetrapylons, wodurch nicht nur der Gedanke des Triumphs ins Spiel gebracht, sondern auch die Komposition aufgelockert wird. In Capua wählte man eine andere Lösung: jede Seite des zweiten Stockwerks bildet eine von Rundtürmen flankierte Exedra mit einer aufgesetzten, übergiebelten Ädikula in der Mitte und zwei Bogennischen auf den Seiten. Diese Linienführung, die die Eigenart des Bauwerks ausmacht, erinnert an die Stadttore mit halbkreisförmigem Grundriß und seitlichen Türmen. Tatsächlich leitet sie sich unmittelbar von diesen her; eine Zwischenstufe sind die «cippi» (Leichensteine) – reich geschmückte Halbsäulen ohne Sims auf den Gräbern. (Ein Beispiel hierfür ist die im Band «Art Romain» der Reihe «Les Neuf Muses» auf Tafel XXXVI abgebildete Säule von Volusia Arbuscula: ein Silen geht durch das Tor zur Unterwelt, das von Säulentorsi flankiert ist; diese erzeugen die gleiche «barocke» Unruhe wie bei der Conocchia.) Die Ädikulen in Capua stellen also die Tore zum Jenseits dar, das nach einer in der Antike wie im Mittelalter weit verbreiteten Vorstellungen als Festung gestaltet ist. Möglicherweise standen in den Nischen die Bildnisse der Verstorbenen. Diese Vermutung ist insofern zutreffend, als auf manchen Sarkophagen der Verstorbene häufig beim Durchschreiten des Tores zur Unterwelt dargestellt wird.

Ein anderer, weniger wichtiger Grund mag den Baumeister veranlaßt haben, die Wände des zweiten Stockwerks einzubuchten: zahlreiche Mausoleen weisen, allerdings am untersten Stockwerk, eine halbkreisförmige Exedra auf, die nichts anderes als eine Ruhebank war, auf der sich die Vorübergehenden für kurze Zeit in der Nähe des Toten niederlassen und seiner gedenken und bei ihm sein konnten; oft gehören diese Bänke zu dem Garten, von dem zahlreiche große Mausoleen umgeben sind. Bei den Grabtempeln in Pompeji sind die Exedren rings um das Grab angebracht, so daß die gesamte Anlage einen dem Rundtempel in Baalbek entsprechenden konkaven Grundriß hat.

Das dritte Stockwerk wird von einem kleinen Rundtempel gebildet; er ist sowohl Heiligtum für den unter die Götter erhobenen Toten als auch eine symbolische Darstellung der himmlischen Gefilde, in denen er für alle Ewigkeit lebt. Die Entstehungsgeschichte dieses Teils des Bauwerks ist ebenso kompliziert und beachtenswert wie die der beiden anderen Stockwerke. Das Mausoleum von Halikarnass bestand aus einem Grabtempel auf quadratischem Grundriß; er erhob sich auf einem hohen Sockel und besaß ein pyramidenähnliches Dach. Die Griechen dagegen gaben den Bauten für ihre Toten die Form von Rundtempeln mit Säulenumgang (Tholoi); diese waren, wie Fernand Robert nachgewiesen hat, ursprünglich den Erdgottheiten geweiht, deren Kult dem Totenkult sehr ähnlich war. Bei späteren Mausoleen wurde – bei der Synthese beider Formen – der quadratische Tempel meist durch einen Rundtempel ersetzt, wodurch das Bauwerk vielgestaltiger wurde. Während der Kaiserzeit hatte sich im römischen Reich die Grenze zwischen dem Götter- und dem Heroenkult mehr und mehr verwischt. Nun erhielt auch der Tholos eine andere Bedeutung: mit seiner runden Gestalt wurde er zum Symbol des Himmelsgewölbes. Schon seit hellenistischer Zeit glaubte man nicht mehr, daß die Gefilde der Seligen unter der Erde lägen, sondern nahm unter dem Einfluß der Eschatologie und der Religionen des Ostens an, daß die Toten in die oberen Sphären des Himmelszeltes zu den Gestirnen versetzt würden. Von dieser Zeit an symbolisierte der Tholos die letzte Phase des menschlichen Geschickes – nämlich das den Tugendhaften vorbehaltene Paradies.

Durch den Stoizismus erhielt das ganze Bauwerk einen Symbolwert; er prägte wesentlich das Gesicht der römischen imperialen Kultur. Für den Stoiker ist das Leben ein ständiger Kampf, in dem sich der Weise das Heil durch seine «virtus» verdient, die sowohl im engeren moralischen als auch im ursprünglichen Sinn als «männlicher Mut» zu verstehen ist. Jeder kann in der Situation, in die er hineingestellt ist, seine «virtus» entfalten: der Kaiser als Lenker der Menschheit, der Soldat als Kämpfer, der Arbeiter in der Ausübung seines Berufs.

Die Bedeutung der Trajanssäule

Die zu Beginn dieses Kapitels angedeutete Übereinstimmung von Sieges- und Grabdenkmälern dürfte uns nun besser verständlich sein. Die Trajanssäule ist beides zugleich; ihre Gliederung entspricht, allerdings im einzelnen abgewandelt, der der Conocchia in Capua: Der Sockel enthielt die Asche des Kaisers; der Säulenschaft mit seinem spiralförmig nach oben ansteigenden Reliefband schildert nicht nur das historische Geschehen der Eroberung Dakiens, sondern zeigt auch den von Trajan geführten Kampf, durch den er das Recht auf Vergöttlichung erwarb – einen Kampf, in dessen Verlauf er seinen Mut, sein strategisches Geschick, aber auch die für einen Herrscher notwendigen sittlichen Qualitäten bewies: Frömmigkeit gegenüber den Göttern, Gerechtigkeit und Wohlwollen gegenüber den Bürgern und Soldaten, Milde gegenüber den Besiegten. Sehr aufschlußreich ist die Feststellung, daß die Hauptthemen des langen Bilderfrieses, die (wie Karl Lehmann-Hartleben aufgezeigt hat) ebensosehr und mehr noch ihres Wertes als Beispiel denn ihres historischen Interesses wegen ausgewählt wurden, auf den Sarkophagen der Aristokratie wiederkehren.

Die Trophäen

Bei anderen Bauwerken lassen sich rein von der architektonischen Gestaltung her gleiche Übereinstimmungen erkennen. So sind die zur Erinnerung an Siege oder Eroberungen errichteten Siegeszeichen, die Trophäen, den Mausoleen so ähnlich, daß man sie von diesen praktisch nicht mehr unterscheiden kann, wenn Inschriften und Dekor nicht auf uns gekommen sind. Zwei solcher Trophäen haben sich aber erhalten: die eine wurde zur Zeit des Augustus in La Turbie bei Nizza zum Andenken an die Befriedung der Alpen erstellt und von Jules Formigé restauriert, der in ihr die Grundelemente des Mausoleums von Halikarnass wiedererkannte; die zweite baute Trajan in Adamklissi in der Dobrudscha, um die Eroberung Dakiens zu verherrlichen – sie gehört der Kategorie der massiven Rundbauten an.

▼ Trophäe von La Turbie bei Nizza, Vorderansicht. Ca. 1:450

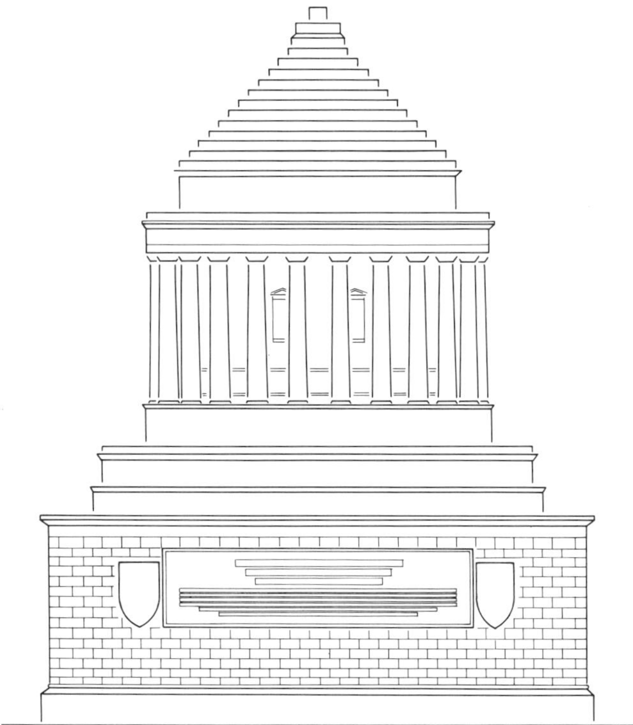

In unserem Zusammenhang ist an der Conocchia in Capua die Tatsache am bemerkenswertesten, daß sich der Baumeister zum Ausdruck der Ideen seiner Zeit «barocker» Formen bedient hat. Auch in diesem Fall ist die Verwendung dieses Terminus nicht nur vom künstlerischen Standpunkt, sondern auch auf Grund einer genauen historischen Entsprechung gerechtfertigt: Borromini verwandte dieselben Lösungen zur Gestaltung des Kampanile und der Kuppel von Sant'Andrea delle Frate, während die berühmteste Schöpfung dieses Baumeisters, die Fassade der Kirche Sant'Agnese an der Piazza Navona in Rom, die gleiche Linienführung aufweist wie das mittlere Stockwerk der Conocchia.

Zusammenfassung

Im Voranstehenden haben wir uns mit einigen der charakteristischsten Schöpfungen römischer Baukunst befaßt. Wir konnten dabei die Entwicklung von drei Strömungen verfolgen – den «Funktionalismus», den «Klassizismus» und den «Barock». Wie wir gesehen haben, ist eine dieser Strömungen, der Klassizismus, einer ganz bestimmten Zeit, ja sogar einer einzelnen Persönlichkeit verhaftet, nämlich dem Kaiser Augustus. Es ist nicht gerechtfertigt, von einem hadrianischen Klassizismus zu sprechen, wie einer der scharfsinnigsten Deuter römischer Kunst, van Essen, in einer 1960 unmittelbar vor seinem Tod veröffentlichten Arbeit aufgezeigt hat: «Während der Regierung Hadrians hat die griechische Kunst letztmals einen direkten Einfluß auf die römische Kunst ausgeübt. Aber bereits eine Analyse der künstlerischen Gesamtsituation bringt einen Unterschied zur augusteischen Zeit ans Licht: in der Bildhauerei vermochte sich der Hellenismus nicht wirklich durchzusetzen; in der Malerei wird er nur in geringem

Maße spürbar...; in der Architektur findet sich keine einzige Spur.» Wir möchten dieses Urteil in verschiedener Hinsicht abwandeln: unseres Erachtens ist der römische Klassizismus keine Wiederholung des Hellenismus; zudem hat die griechische Kunst die römische zu allen Zeiten beeinflußt, aber dieser Einfluß war niemals so stark, daß dadurch die originären Strömungen, in denen die Geisteshaltung jener Zeit zum Ausdruck kam, völlig erstickt worden wären. Jedenfalls ist festzuhalten, daß der Klassizismus in der künstlerischen Entwicklung Roms nur eine – wenn auch glanzvolle – vorübergehende Erscheinung war.

Wenn wir die Geschichte der römischen Kultur nicht (wie es die Humanisten der vorausgegangenen Jahrhunderte taten) ausschließlich auf der Grundlage ihrer literarischen Zeugnisse betrachten und darüber hinaus bei deren Wertung so kritisch verfahren, wie es die fast stets konservative, der Tradition verhaftete Einstellung der antiken Autoren bedingt, so erkennen wir, daß das Augusteische Zeitalter nicht der Höhepunkt dieser Kultur und nicht der Beginn eines langsamen Zerfalls war; vielmehr können wir feststellen, daß die Epoche um die Zeitwende die erste Etappe einer Blütezeit war, die im 2. Jahrhundert ihren Höhepunkt erreichte und sich nach Überwindung einer Krise bis ins 4. Jahrhundert fortsetzte. Diese Auffassung wird durch einen Vergleich der augusteischen Bauschöpfungen mit denen aus der Zeit der Antoninen voll gerechtfertigt –, und solche Vergleiche haben wir im Lauf unserer Darstellung wiederholt angestellt: nie waren Anzeichen eines Verfalls festzustellen, sondern im Gegenteil eine ständige Bereicherung der künstlerischen und technischen Mittel und eine immer kraftvollere Bestätigung der schöpferischen Persönlichkeit.

Der Klassizismus ist also lediglich eine Phase in der Entwicklung der römischen Eigenart; seine Rolle ist der vergleichbar, die das 16. Jahrhundert in literarischer und künstlerischer Hinsicht für die Ausbildung der französischen Wesenheit gespielt hat. Die beiden anderen Tendenzen hingegen, der Funktionalismus und der «Barock», liegen der gesamten römischen Kunst zugrunde. Wie wir gesehen haben, bilden sie keinen Gegensatz, sondern ergänzen sich so harmonisch, daß die bedeutendsten Schöpfungen der römischen Baukunst fast stets beide Strömungen verkörpern. Der Funktionalismus entspricht der praktischen Veranlagung der Römer und erlaubt ihnen, ihre Kraft und Tüchtigkeit zum Ausdruck zu bringen. Dementsprechend findet er sich sowohl bereits in den ältesten Schöpfungen als auch bis zum Ende des Römerreiches. – Der «Barock» hingegen ist Ausdruck einer Prachtliebe, die den großen Ahnen völlig fremd war und in Rom erst nach der Eroberung der hellenistischen Welt in Erscheinung trat; offenbar war der römische «Barock» eine Weiterentwicklung eines hellenistischen, der zwar durch Schöpfungen der Bildhauerkunst wie den Pergamonaltar und die Laokoon-Gruppe von Hagesandros, nicht aber durch Werke der Baukunst bezeugt ist.

Wenn es allerdings in der hellenistischen Welt tatsächlich Bauten mit geschwungenen Fassaden gegeben hat, von denen uns die Architekturlandschaften des zweiten pompejanischen Stils (der allerdings typisch römisch zu sein scheint) eine gewisse Vorstellung vermitteln, so kann es sich jedenfalls nur um sehr vergängliche Schöpfungen aus leichten und wenig dauerhaften Materialien gehandelt haben: Gartenpavillons, Vergnügungsschiffe, improvisierte Festdekorationen. Erst die römische Bautechnik hat es ermöglicht, mit Hilfe des «barocken» Formenapparats kühne, die Gesetze der Schwerkraft scheinbar aufhebende dauerhafte Bauten zu schaffen: das Gußmörtelverfahren erlaubte, statische Probleme so zu lösen, daß der Bau bis auf das konstruktive Gerüst reduziert werden konnte. Wir haben gesehen, wie die «barocken» Formen von dieser Zeit an bei all jenen Gebäuden angewandt wurden, die der allgemeinen Annehmlichkeit dienten und den ursprünglichsten Aspekt der Sozialpolitik der Kaiser darstellen.

Diese Lebensweise, die in mancher Hinsicht auffällig der unserer Industriekultur gleicht (obwohl das Imperium ganz und gar ein Agrarstaat war), ließ sich nur dank der Pax Romana verwirklichen. Als diese durch die Barbareneinfälle ein Ende fand, änderte sich das gesamte Leben. So sehen wir, wie sich vom Beginn des 4. Jahrhunderts an der Schwerpunkt der Bauvorhaben verlagert: die meisten Mittel wurden von da an für Festungsbauten, für christliche Kirchen und für Residenzen der Herrscher und Großen des Reiches zur Verfügung gestellt. Zwar war man auch weiterhin bemüht, die der Allgemeinheit dienenden Bauwerke, vor allem die Thermen und Zirkusse, zu erhalten; aber in den von den Barbaren verheerten Gebieten, etwa in Gallien, war man meist nicht mehr in der Lage, zerstörte Anlagen wieder aufzubauen. So verwandte man ihre Trümmer zum Bau von Befestigungen, bis sie in neuer Zeit in die Museen geholt wurden. Bezeichnend ist ferner, daß, von einigen Ausnahmen in den größten Städten abgesehen, die im 4. und auch noch im 5. und 6. Jahrhundert errichteten Badeanlagen unter dem Gesichtspunkt der Sparsamkeit ausgeführt wurden, so daß sie neben den gewaltigen Thermen des 2. und 3. Jahrhunderts recht dürftig wirken. Diese Veränderung geht übrigens weniger auf einen Niedergang der Bautechnik als auf das Bemühen zurück, den Verbrauch von Wasser und Brennmaterial einzuschränken. Was den Städtebau angeht, so nützte man den zur Verfügung stehenden Baugrund nach Kräften aus, denn zum Teil (so in den meisten Gebieten Galliens) war man gezwungen, sämtliche Häuser innerhalb der Stadtmauern zu errichten, und in anderen Gegenden (so in Afrika und zweifellos auch in Italien und in den östlichen Provinzen) mußten die Städte die Flüchtlinge vom Land aufnehmen. Die unbebauten Flächen, die die weströmischen Städte so angenehm aufgelockert hatten, die Plätze, breiten Straßen, Höfe und Gärten mußten geopfert werden.

Es ist nicht verwunderlich, daß dieser Wandel vor allem im Westen von einer technischen Vereinfachung begleitet war. Am bemerkenswertesten ist die Tatsache, daß man nach dem Bau der Maxentiusbasilika große Räume meist nicht mehr überwölbte: die christlichen Kirchen im weströmischen Reich besitzen seit der Zeit Kaiser Konstantins Balkendecken. Dennoch finden sich auch weiterhin «barokke» Formen, die sowohl dem damals höchst verfeinerten Hofzeremoniell als auch der christlichen Liturgie angemessen waren. Es soll nicht der Hinweis versäumt werden, daß der Prunk christlicher Gottesdienste zum größten Teil vom Pomp der weltlichen Hofhaltung übernommen wurde: Aus dem loggienartigen Aufbau in einer Apsis oder im Mittelpunkt eines konkaven Portikus, auf dem der Kaiser thronte, wurde in den christlichen Kirchen ein Altaraufbau für die Zurschaustellung von Märtyrerreliquien oder der Eucharistie. Ebenso übernahmen die Christen das Mosaik zur Ausschmückung von Fußböden, Wänden und Decken, ferner die Behänge aus kostbaren Stoffen und außerdem den vielfältigen architektonischen Dekor. Es ist jedoch festzustellen, daß «barocke» Formen nunmehr – wie vermutlich schon zu hellenistischer Zeit – auf die Ornamentik beschränkt waren und in der großen Architektur nicht mehr verwendet wurden.

Dennoch gingen die technischen Errungenschaften der Römer nicht völlig verloren. In Ostrom schlug man neue Wege ein und befaßte sich besonders mit dem Problem des Kuppelbaus; aber bereits im kaiserlichen Rom waren, trotz der ausschließlichen Verwendung des Gußmörtelverfahrens, die beiden Lösungen vorweggenommen worden, die für diese Gewölbeart entwickelt und die für die byzantinischen Bauten bezeichnend wurden: Pendentifs finden sich schon bei manchen Mausoleen des 2. Jahrhunderts sowie in den Thermen des Caracalla, während Trompen erstmals am Tetrapylon von Tebessa auftauchen. Selbst in Westrom, das seit Beginn des 5. Jahrhunderts unter germanischer Herrschaft stand, hat man die wichtigsten römischen Techniken nie vergessen; das bezeugen die karolingischen Kreuzgewölbe von Saint-Germain in Auxerre und in Flavigny und das Ringgewölbe von Saint-Michel-de-Cuxa, die alle nach dem römischen Mörtelgußverfahren aus dem 2. Jahrhundert hergestellt wurden.

So ist das Vermächtnis der römischen Baukunst den verschiedenen Kulturen des Mittelmeerraumes, den christlichen wie islamischen, zugeflossen. Zu dieser direkten Übertragung kam während der Renaissance und im 17. und 18. Jahrhundert die Wiederentdeckung der römischen Verfahren; welch große Bedeutung dieses Ereignis hatte, wurde schon wiederholt betont, so daß wir hier nicht mehr darauf einzugehen brauchen. Zum Schluß sei nur noch bemerkt, daß es völlig falsch wäre, wollte man im Empire und in den historisierenden Stilen des 19. Jahrhunderts das getreuliche Abbild der Baukunst der römischen Kaiserzeit sehen. Ob die Bauten jener Zeit nun architektonisch geglückt oder mißlungen sind, sei dahingestellt; fest steht jedenfalls, daß weder in Soufferts Pantheon noch in der Madeleine in Paris oder im Monumento Nazionale al Vittorio Emanuele am Kapitol in Rom jene geheimnisvolle, wunderbare Atmosphäre lebt, die die großen römischen Baumeister in ihren Thermen, Basiliken und Palästen eingefangen haben. Aber wie hätte auch dieser Geist wiedererstehen können außerhalb der Kultur, in der er sich einst entfaltet hat, losgelöst von der eigenartigen, vielschichtigen Geisteshaltung, die er hervorbrachte – einer Geisteshaltung, die wir nur schwer zu verstehen vermögen und von der die rationalistischen Humanisten des 18. Jahrhunderts nicht die geringste Ahnung hatten?

Zeittafel

v.Chr.	**Geschichtliche Ereignisse**	**Bauwerke**
753 (21.April)	Gründung Roms (nach Varro)	Hütten auf dem Palatin
		Nekropole auf dem Forum
Um 600	Rom unter etruskischer Herrschaft	Cloaca Maxima
Um 550	Servius Tullius	Stadtmauer
		Tempel auf dem Forum und dem Forum Boarium
509	Sturz der Tarquinier	Kapitol
Um 390	Keltenvorstoß nach Italien	Neubau der Stadtmauer
343	Römisch-kampanischer Bund	Lager in Ostia
Bis 291	Samnitenkriege	Gründung von Alba Fucens (303)
280	Krieg gegen Pyrrhos	Scipionengrab
264–202	Erster und Zweiter Punischer Krieg	Erste Tempel im Largo Argentina
2. Jahrhundert	Eroberung der Länder rings um das Mittelmeer	Ionischer Tempel auf dem Forum Boarium. Veiovistempel auf dem Kapitol. Samnitische Bauten in Herculaneum und Pompeji. Römische Häuser in Delos
82-79	Diktatur Sullas	Tabularium
		Basilika und Haus des Fauns in Pompeji
		Fortunaheiligtum in Praeneste
		Haus des Sulla in Glanum
62	Triumph des Pompeius	Theater des Pompeius
48–44	Diktatur Cäsars	Forum Cäsars (Forum Iulium)
		Tempel der Venus Genitrix
43–31	Zweites Triumvirat	Valetudotempel in Glanum (39)
		Errichtung eines Tempels für Julius Cäsar
31 (2. Sept.)	Seeschlacht bei Aktium	Augustusbogen auf dem Forum (29, umgebaut 19)
		Apollotempel auf dem Palatin (28)
		Augustusbogen in Rimini (27)
		Grabmal der Julier in Glanum
		Pont du Gard
		Kryptoportikus in Arles
27 (13. Jan.)	Erhebung Octavians zum Augustus	Nymphäum von Nîmes
		Theater des Marcellus
		Apollotempel auf den Prata Flaminia
		Maison Carrée in Nîmes
13	Rückkehr des Augustus aus Gallien	Bau der Ara Pacis
		Weihe des Augustusforums und des Tempels des Mars Ultor

n.Chr.	Geschichtliche Ereignisse		Bauwerke
14–37	Tiberius	.....	Fertigstellung des **Theaters in Leptis Magna** Bogen in Orange **Baalstempel in Palmyra** Haupttempel in Baalbek
41–54	Claudius	.....	3. Stil der pompejanischen Malerei
54–68	Nero	.....	**Domus Aurea** (nach 63) 4. Stil der pompejanischen Malerei
69–96	Flavische Kaiser: Vespasian, Titus und Domitian	.....	Pompeji und Herculanum verschüttet (79) **«Dianatempel» in Nîmes** Fertigstellung des Kolosseums Domus Flavia auf dem Palatin (92 fertiggestellt)
98-117	Trajan	.....	**Trajansforum** und **Trajansmarkt** (Baubeginn 106) **Timgad** gegründet (100)
117-138	Hadrian	.....	**Villa Hadriana in Tibur** (Tivoli) **Pantheon in Rom** Tempel der Roma und Venus Ausbau von Ostia: **Horrea Epagathiana**
138–161	Antonius Pius	.....	Aufschwung von Architektur und Städtebau in sämtlichen Provinzen; Bau des **Bacchustempels in Baalbek**
161–180	Mark Aurel		
180–192	Commodus	.....	Verbreitung von Thermen nach dem Beispiel Roms Forum, Basilika und Triumphbogen von Leptis Magna
193–235	Herrschaft der Severer	.....	**Theater von Sabratha** Caracallathermen **Amphitheater von El Djem** **Ölmühle von Brisgane**
235–284	Militärische Anarchie	.....	Aurelianische Mauer in Rom
284	Diokletian	.....	Bau der Kaiserpaläste in Split und Piazza Armerina Bauten des Galerius in Saloniki Diokletiansthermen in Rom **Maxentiusbasilika** (306–311)
293–305	Tetrarchie		

Bibliographie

Allgemeine Arbeiten über römische Kultur

Aymard, André und Jeannine Auboyer
Rome et son Empire. Paris 1954

Grenier, Albert
Le Génie Romain dans la Religion, la Pensée et l'Art. Paris 1954

Grimal, Pierre
Römische Kultur. München 1961

Picard, Gilbert Charles
La civilisation de l'Afrique Romaine. Paris 1959

Allgemeine Arbeiten über römische Kunst mit besonderer Berücksichtigung der Baukunst

Becatti, Giovanni
L'arte romana. Mailand 1962

Essen, Charles Claude van
Précis d'histoire de l'art antique en Italie. Brüssel 1960

Garcia y Bellido, Antonio
L'Arte Romano. Madrid 1963

Kähler, Heinz
Rom und sein Imperium. Baden-Baden 1962 (Kunst der Welt)

Picard, Gilbert Charles
L'Art Romain. Paris 1962

Picard, Gilbert Charles
L'Art Etrusque et Romain. Paris 1964

Schefold, Karl
Römische Kunst als religiöses Phänomen. Hamburg 1963

Arbeiten über römische Baukunst

Choisy, Auguste
L'Art de bâtir chez les Romains. Paris 1873

Crema, Luigi
L'Architettura Romana. Turin 1959

Lugli, Giuseppe
La tecnica edilizia romana, con particolare riguardo a Roma e Lazio. Rom 1957

Robertson, Donald Struan
A Handbook of Greek and Roman Architecture. Cambridge 1945

Römische Bauwerke

Lugli, Giuseppe
I monumenti antichi di Roma e suburbio. Rom 1932–1938

Lugli, Giuseppe
Roma Antica, Il centro monumentale. Rom 1946

Platner, Samuel Ball und Thomas Ashby
A Topographical Dictionary of Ancient Rome. Oxford und London 1929

1. Funktion und Struktur der Stadt

Bianchi Bandinelli, Ranuccio, Ernesto Vergara Caffarelli und Giacomo Caputo
Leptis Magna. Verona 1964

Boëthius, Axel
The Neronian Nova Urbs. Lund 1932

Courtois, Christian
Timgad antique Thamugadi. Algier 1951

Grimal, Pierre
Les Villes Romaines. Paris 1954

Gsell, Stephane
Afrique, Monuments antiques de l'Algérie. Paris 1901

Homo, Léon
Rome impériale et l'urbanisme dans l'Antiquité. Paris 1951

Lavedan, Pierre
Histoire de l'urbanisme dans l'Antiquité.

2. Eine zweckgebundene Baukunst
3. Vom Klassizismus zum «Barock»

Balty, Jean Charles
Etudes sur la Maison carrée de Nîmes. Brüssel 1960

Charbonneaux, Jean
L'Art Romain du siècle d'Auguste. Lausanne 1948

Kähler, Heinz
Die römischen Kapitelle des Rheingebietes. Berlin 1939

Kraus, Theodor
Die Ranken der Ara Pacis. Berlin 1953

Krencker, Daniel und Willy Zschietzschmann
Römische Tempel in Syrien. Berlin 1938

Naumann, Rudolf
Der Quellbezirk von Nîmes. Berlin 1932

Wiegand, Theodor
Baalbek. Berlin und Leipzig 1921

4. Individueller und kollektiver Komfort

Boëthius, Axel
The Golden House of Nero. Ann Arbor 1960

Kähler, Heinz
Hadrian und seine Villa bei Tivoli. Berlin 1950

Krencker, Daniel und Emil Krüger
Die Trierer Kaiserthermen. Augsburg 1929

Meiggs, Russell
Roman Ostia. Oxford 1960

Spinazzola, Vittorio
Pompei alla luce degli Scavi nuovi di Via dell'Abbondanza. Rom 1953
(mit wichtigen Angaben über die Straße und die Fassaden)

Tamm, Birgitta
Auditorium and Palatinum. Stockholm 1963

5. Der Symbolismus der römischen Architektur

Amy, Robert, Paul-Marie Duval, Jules Formigé, Jean Jacques Hatt, Gilbert Charles Picard und André Piganiol
L'Arc d'Orange. Paris 1962

Cumont, Franz
Recherches sur le symbolisme funéraire des Romains. Paris 1942
(befaßt sich vor allem mit der Deutung der Skulpturen, erklärt aber die Grundzüge des eschatologischen Symbolismus für alle Bereiche)

Franciscis, Alfonso de, und Roberto Pane
Mausolei Romani in Campania. Neapel 1957

Hatt, Jean Jacques
La tombe gallo-romaine. Paris 1951

Kähler, Heinz
Artikel «Triumphbogen» in Realencyclopaedie der class. Altertumswissenschaft, Bd. VII A I

Mansuelli, Guido Achille
Il Monumento Augusteo del 27 a.C. Nouve ricerche sull'Arco di Rimini. Bologna 1960

L'Orange, Hans Peter und Armin von Gerkan
Der spätantike Bildschmuck des Konstantinsbogens. Berlin 1939

Picard, Gilbert Charles
Les Trophées Romains. Paris 1957

Bei den meisten obengenannten Titeln handelt es sich um allgemeine Darstellungen, denen Hinweise auf weitere Einzelheiten und auf ältere Publikationen entnommen werden können.

Photovermerk

Die Flugaufnahme von Timgad, auf Seite 24, stammt von Pierre Pittet, Genf.

Verzeichnis der Abbildungen

Inhaltsverzeichnis

Verzeichnis der Pläne, Risse und Karten